A vida da linguagem

Dados Internacionais de Catalogação na Publicação (CIP)
(Câmara Brasileira do Livro, SP, Brasil)

Whitney, W.D.
 A vida da linguagem / W.D. Whitney ; tradução de Marcio Alexandre Cruz. – Petrópolis, RJ : Vozes, 2010.

 Título original : La vie du langage
 ISBN 978-85-326-3992-9

 1. Língua e linguagem 2. Linguística I. Título.

10-01242 CDD-410.7

Índices para catálogo sistemático:
1. Língua e linguagem : Linguística   410.7

W.D. Whitney

A vida da linguagem

Tradução de Marcio Alexandre Cruz

Petrópolis

© desta tradução
2010, Editora Vozes Ltda.
Rua Frei Luís, 100
25689-900 Petrópolis, RJ
Internet: http://www.vozes.com.br
Brasil

Título original francês: *La vie du langage*

Todos os direitos reservados. Nenhuma parte desta obra poderá ser reproduzida ou transmitida por qualquer forma e/ou quaisquer meios (eletrônico ou mecânico, incluindo fotocópia e gravação) ou arquivada em qualquer sistema ou banco de dados sem permissão escrita da Editora.

Diretor editorial
Frei Antônio Moser

Editores
Aline dos Santos Carneiro
José Maria da Silva
Lídio Peretti
Marilac Loraine Oleniki

Secretário executivo
João Batista Kreuch

Editoração: Sheila Ferreira Neiva
Projeto gráfico: AG.SR Desenv. Gráfico
Capa: Graphit

ISBN 978-85-326-3992-9

Editado conforme o novo acordo ortográfico.

Este livro foi composto e impresso pela Editora Vozes Ltda.

Sumário

Prefácio à edição brasileira, 7

Prefácio, 15

I Considerações preliminares: os problemas da ciência e da linguagem, 17

II Como cada homem adquire sua língua: a vida da linguagem, 22

III As forças que conservam e modificam a linguagem, 43

IV Crescimento da linguagem: mudança na forma exterior das palavras, 55

V Desenvolvimento da linguagem: mudança do sentido das palavras, 83

VI Desenvolvimento da linguagem: desaparecimento de palavras e de formas, 103

VII Desenvolvimento da linguagem: produção de novas palavras e de novas formas, 112

VIII Como são criadas as palavras, 134

IX Os dialetos: variações da linguagem segundo as classes e as localidades, 149

X As línguas indo-europeias, 170

XI Estrutura linguística: elementos e formas da linguagem, 198

XII Outras famílias de línguas: suas localidades, idade e estrutura, 211

XIII As línguas e as raças, 242

XIV Natureza e origem da linguagem, 253

XV A ciência da linguagem: conclusão, 280

Prefácio à edição brasileira

Não existe saber sem memória nem ciência sem passado. O reexame da obra daqueles a quem devemos os fundamentos e os desenvolvimentos de nosso campo são condições necessárias para uma compreensão mais acurada das teorias contemporâneas.

O livro *A vida da linguagem*, que ora apresentamos ao leitor brasileiro, é certamente uma dessas obras. Com efeito, esse clássico de William Dwight Whitney, publicado em 1875, estabelece as bases da linguística moderna, fixando, por assim dizer, a agenda de muitos dos estudos linguísticos que se desenvolverão ao longo de todo o século XIX.

Para que possamos melhor estimar o papel que desempenhou o pensamento de Whitney na história das ciências da linguagem, cumpre colocá-lo em perspectiva histórica. É o que faremos nas linhas que se seguem, antes de procedermos a uma exposição sumária das grandes linhas da obra do autor[1].

A definição de um domínio autônomo para os estudos da linguagem era recente. No momento em que Whitney desenvolve suas ideias em torno da linguística, a jovem ciência contava pouco mais de cinquenta anos, se considerarmos que essa definição se dá com Franz

---

1. Whitney, professor de sânscrito em Yale a partir de 1854, dedicou-se a duas grandes ordens de pesquisa, uma relativa ao comparatismo e outra, à linguística geral, isto é, aos fundamentos da linguagem humana e às causas de seu desenvolvimento. É, sobretudo, este segundo aspecto de sua obra que nos interessa aqui.

Bopp quando da publicação de seu livro intitulado *Do sistema de conjugação do sânscrito comparado com o sistema de conjugação das línguas grega, latina, persa e germânica*. Certamente, a comparação das línguas permitia determinar o parentesco de uma nação com outra e remontar de forma segura às tradições mais antigas, razão pela qual ela interessava, sobretudo, ao historiador e ao etnólogo. Mas Bopp nos faz entrever aí um fenômeno cuja aparente regularidade parecia permitir a fundação de uma ciência inteiramente à parte. Esse fenômeno é a mudança linguística. À nova ciência cabia, então, mostrar a ação das leis que fizeram com que idiomas saídos de um mesmo berço evoluíssem em direções tão diversas. Esse estudo dizia respeito, sobretudo, à fonética.

Essa parte da historiografia linguística é tão fascinante quanto complexa e, evidentemente, não podemos, nem pretendemos, dar conta, neste prefácio, de todos os seus aspectos. Gostaríamos apenas de destacar um aspecto que nos interessa em particular aqui e que concerne ao modo de apreensão do novo objeto.

No século XIX, a referência à biologia no tratamento dos fatos humanos é geral, e a teorização do novo objeto, não representando exceção, se dá a partir do modelo fornecido por essa ciência. A linguagem é, então, concebida ao modo de um organismo vivo. Mas isso que parecia inicialmente uma metáfora terminará, mais tarde, por ser tomado ao pé da letra. Em 1863, August Schleicher, principal representante dessa tradição, afirma: "as línguas são organismos naturais que, independentemente da vontade humana, crescem, se desenvolvem, envelhecem e morrem. [...] A glótica ou ciência da linguagem é, consequentemente, uma ciência natural"[2]. Nesse mesmo texto, Schleicher

---

2. SCHLEICHER, A. "La théorie de Darwin et la science du langage". Carta pública a Ernest Haeckel, 1863, reeditada em TORT, P. *Evolucionisme et linguistique...* Paris: Vrin, 1980, p. 61-62.

explica seu famoso esquema da evolução das línguas indo-europeias, concebido sob a forma de uma árvore genealógica:

> A uma época remota da vida da espécie humana, houve uma língua primitiva [...] a língua indo-germânica. Depois de ter sido falada por uma série de gerações, série durante a qual o povo que a falava cresceu provavelmente e se estendeu, ela adquiriu pouco a pouco em diferentes partes de seu domínio um caráter diferente, de modo que, no final, duas línguas daí saíram. É possível mesmo que muitas línguas tenham se formado e somente duas sobrevivido e se desenvolvido; a mesma observação se aplica às divisões ulteriores[3].

Essa inscrição dos estudos linguísticos no domínio das ciências naturais, contudo, não deixava de colocar problemas: a assimilação da língua a organismos vivos, a crença na existência de princípios e leis naturais que regem a história das línguas, a ideia de árvore genealógica, tudo isso conduzia a um apagamento total da dimensão humana da linguagem. Seu estudo se via reduzido "às proporções de um ramo da fisiologia"[4]. Era, sobretudo, o som considerado unicamente como realidade física que interessava. Essa dimensão humana da linguagem, todavia, resistia e, no último quartel do século XIX, ela iria fazer partir essa camisa de força que representou para os estudos da linguagem o ponto de vista da linguística naturalista.

Pode-se dizer mesmo que a linguística moderna nasce precisamente aí, quando sujeito, sentido e sociedade são resgatados. A semântica, a geografia linguística, a crioulística, a pragmática, mas também isso que será chamado de fonologia, todas essas disciplinas vêm reintroduzir aquilo que havia sido excluído dos estudos da linguagem.

---

3. Ibid., p. 67.
4. BRÉAL, M. *Essai de sémantique (science des significations)*. Paris: Hachette et Cie, 1897, p. 1.

Michel Bréal, Gaston Paris, Hugo Schuchardt, Paul Meyer, Hermann Paul, Baudouin de Courtenay, Nikolaij Krusevskij, Antoine Meillet, o próprio Saussure são alguns dos muitos linguistas cuja obra se inscreve nessa reação à linguística naturalista. Mas... e quanto a Whitney? Whitney, sem dúvida, se inscreve igualmente nessa reação, porém, mais do que isso, ele está em sua origem.

De fato, entre os linguistas desse período, ninguém mais do que Whitney, nem antes dele, insistiu com tanto vigor no caráter social da linguagem. Para ele, a linguagem não é um organismo natural, mas um produto humano, e a linguística deve, por extensão, ser situada no interior das ciências do homem. Desse modo, o célebre linguista efetua uma ruptura fundamental na história recente da linguística, reorientando seus rumos.

É a dimensão do uso, da comunicação que Whitney traz de volta, isto é, o ponto de vista do sujeito, em oposição àquele do filólogo ou do etimologista: "os homens esquecem facilmente as origens de suas palavras e suprimem, como inúteis obstáculos, as lembranças etimológicas, a fim de concentrar toda força da palavra no objeto novo ao qual ela está ligada"[5]. A chave para o enigma do signo deve ser procurada no fato, hoje trivial, de que "toda palavra transmitida é um signo arbitrário e convencional"[6].

No que se refere à questão da mudança linguística, esta será tratada por Whitney a partir de bases inteiramente diferentes daquelas da tradição naturalista. Segundo ele, "Não é absurdo, à primeira vista, que a linguagem, considerada como uma instituição de invenção humana, esteja submetida à mudança. As instituições humanas em geral se transmitem pela tradição, como a linguagem, e são modificadas ao

---

5. Cf. *A vida da linguagem*, p. 140.
6. Cf. *A vida da linguagem*, p. 32.

longo dessa transmissão", de modo que a mente "modifica, amplia os moldes e os adapta segundo suas necessidades"[7].

Whitney exerceu enorme influência sobre contemporâneos, como Ferdinand de Saussure, que reconheceu o papel fundamental que desempenhou o linguista norte-americano nos estudos da linguagem: "Alguns iluminados disseram: 'a linguagem é uma coisa completamente extra-humana, organizada em si mesma, como um vegetal parasita espalhado pela superfície de nossa espécie'. Outros: 'a linguagem é uma coisa humana, mas ao modo de uma função natural'. Whitney disse: 'a linguagem é uma instituição humana'. Isso mudou o eixo da linguística"[8].

A influência de *A vida da linguagem* na obra de Saussure parece, de fato, evidente. Os dois primeiros capítulos deste livro, em que Whitney afirma o caráter arbitrário do signo linguístico e, ainda, o capítulo VIII, em que ele retoma considerações sobre o mesmo tema parecem ter servido de inspiração para a primeira parte do *Curso* em que Saussure trata dos princípios gerais. Konrad Koerner não descarta a hipótese de que Saussure poderia ter tomado emprestado seu conceito de "valor" não dos teóricos da economia política, como Léon Walras, ou Gabriel Tarde e outros, mas de Whitney[9]. Com efeito, a leitura deste livro pede, no mínimo, que consideremos esta hipótese.

Ao pensar as relações entre língua e sociedade, Whitney se inscreve na história da linguística também como um ponto de origem da sociolinguística moderna. Em *A vida da linguagem*, o autor apresenta, por exemplo, um postulado absolutamente fundamental dos estudos

---

7. Cf. *A vida da linguagem*, p. 45.

8. SAUSSURE, F. de. *Écrits de linguistique générale*. Paris: Gallimard, 2002, p. 211.

9. Cf. KOERNER, K. *Saussurean studies/Études saussuriennes*. Genebra: Slaktine, 1988, p. 10-11.

sociolinguísticos: "Consideramos, portanto, cada língua como uma instituição e uma daquelas que, em cada sociedade, constituem a civilização. Como todos os outros elementos da cultura, ela varia em cada povo e mesmo em cada indivíduo"[10]. Constatar a variação linguística conduz Whitney a combater o preconceito linguístico, defendendo a ideia de que a língua pertence a todos aqueles que a falam, cabendo à comunidade apenas legitimar tal ou tal uso.

A obra de Whitney é definitivamente incontornável para os estudos linguísticos. Se o linguista norte-americano não foi traduzido no final do século XIX no Brasil, à diferença dos países europeus, isto se deveu, em grande medida, à falta, na época, de aparato institucional.

Mas não é verdade que o eminente linguista não conheceu, em alguma medida, uma recepção em terras brasileiras. Seu nome chegou mesmo a ser citado por muitos brasileiros que escreveram durante o fim do século XIX. Contudo, essa lacuna institucional conduziu, ao que parece, a uma má assimilação da obra do autor, de modo que o fervoroso debate em torno da língua do Brasil, que atravessou esse período, não se serviu efetivamente de suas ideias[11].

A instituição da linguística no Brasil se deu relativamente tarde: ela se inicia somente na década de 1930. Portanto, o país não viveu todo esse período que antecede a emergência da linguística moderna e que, no entanto, é fundamental para sua compreensão. A tradução dos clássicos da linguística é uma tarefa que urge no país.

Se, conforme nos mostra T.S. Kuhn[12], em função da natureza de sua evolução, as ciências da natureza destroem o seu passado, de modo

---

10. Cf. *A vida da linguagem*, p. 255.

11. Cf. PINTO, E.P. Introdução ao seu *O português do Brasil: textos críticos e teóricos* – 1: 1820/1920, fontes para a teoria e a história. Rio de Janeiro/São Paulo: Livros Técnicos e Científicos/Edusp, p. XV-LVIII.

12. KUHN, T.S. *Estrutura das revoluções científicas*. São Paulo: Perspectiva, p. 207-208.

que a formação de um físico, por exemplo, mesmo em nível de mestrado ou doutorado, dispensa, na maior parte das vezes, a leitura dos clássicos, isso não acontece no domínio das ciências humanas. É mesmo o contrário: nessas ciências, a negligência da pesquisa histórica pode conduzir à perda de conhecimentos já adquiridos e, assim, à reinvenção da roda.

Marcio Alexandre Cruz

Prefácio

O presente livro exige poucas palavras de introdução. Não é necessário provar que o tema é um desses que precisam ser tratados, sobretudo numa época em que opiniões superficiais e inconsistentes tendem a prevalecer. Doutrinas divergentes sobre a base e a forma da filosofia da linguagem disputam a atenção não apenas do público, mas de estudiosos profundamente versados na história linguística, hesitantes apenas em relação aos princípios que a explicam. As ciências naturais, de um lado, a psicologia, de outro, tentam se apoderar da ciência da linguagem, que, na realidade, não lhes pertence. As doutrinas que professamos neste volume são aquelas que, há muito tempo, prevalecem nos que estudaram o homem e suas instituições. Elas só precisam ser corroboradas ou aperfeiçoadas pela nova ciência para serem mais amplamente aceitas. Seus defensores, até então, foram dominados pelas pretensões dos que desfrutam o privilégio da profundidade científica e filosófica.

Depois de ter estudado o tema, como o fiz em meu livro *Linguagem e estudo da linguagem* (Nova Iorque e Londres, 1867), a partir de um plano sistemático e amadurecido, não é possível, tratando-o novamente diante do mesmo público, não passar algumas vezes pelos mesmos caminhos; e os leitores do primeiro livro não deixarão de encontrar neste repetições. Empregamos algumas vezes, inclusive, os mesmos exemplos quando acreditamos ser útil, porque se estabelecemos o princípio de que é preferível tirar as provas da vida e do desenvolvimento da linguagem da nossa própria língua, há casos, sobretudo, como os das terminações formativas e auxiliares de origem recente, em que devemos nos servir da língua inglesa, porque é ela que fornece os melhores exemplos. Ainda, a base dos fatos e das classificações linguísticas não sofreu em oito anos mudanças que uma discussão tão breve como esta pudesse mostrar. Assim, apresento aqui um esboço da ciência da linguagem que se aproxima bastante do quadro mais completo que tracei anteriormente. É a mesma narrativa contada de forma um pouco diferente, com proporções mudadas e uma grande economia de detalhes e citações.

Os limites impostos pelo plano adotado pela *Biblioteca científica internacional* me forçaram a abreviar algumas partes do trabalho que eu pretendia ter desenvolvido. Assim, eu gostaria de ter incluído no último capítulo um histórico um pouco mais completo da ciência da linguagem e das opiniões que foram produzidas e que existem ainda no seio da escola linguística. Não pude, neste ponto, nem mesmo citar os autores mencionados e dos quais fiz empréstimos, pelo que lamentei, ainda que as bordas e a forma deste livro possam disso me dispensar. Espero que nenhum deles suponha que foi minha intenção lhes fazer injustiça. O fundamento que dei à discussão são os fatos da linguagem, acessíveis à observação de todos e que não poderíamos ver como propriedade de um homem mais do que de outro. Quanto às opiniões opostas às minhas, pareceu-me pouco necessário nomear seus defensores. Tive esses nomes em mente, mas eu quis evitar, antes de tudo, o que poderia parecer uma controvérsia pessoal.

New-Haven, abril de 1875.

I
Considerações preliminares: os problemas da ciência e da linguagem

Definição de linguagem. • A linguagem é privilégio do homem. • Variedades de linguagens. • O estudo da linguagem é objeto deste livro.

De uma maneira geral e sumária, podemos definir a linguagem como a expressão do pensamento humano.

De uma maneira ainda mais ampla, podemos dizer que tudo o que serve de corpo para esse pensamento, tudo o que o torna apreensível é uma linguagem; e temos razão quando dizemos, por exemplo, que as gerações da Idade Média falam às gerações modernas nas grandes obras de arquitetura que exprimem seu gênio, sua devoção e seu valor. Mas, num estudo científico, é preciso restringir mais o sentido da palavra linguagem, pois ele poderia se estender indistintamente a todas as ações e produtos do homem, que são sempre expressão de seu pensamento. A linguagem propriamente dita é um conjunto de signos pelos quais o homem exprime consciente e intencionalmente seu pensamento a seus semelhantes: é uma expressão destinada à transmissão do pensamento.

Os signos que podemos empregar e que estão mais ou menos em uso são diversos: gestos e pantomima, caracteres pintados ou escritos, sons articulados; os dois primeiros se endereçam aos olhos, os últimos, ao ouvido. Os primeiros são empregados principalmente pelos mudos; entretanto, como esses desfavorecidos são habitualmente instruídos por pessoas que gozam do uso da fala, os signos visíveis dos quais eles se servem nem sempre são representativos da forma, permanecendo frequentemente signos convencionais como os signos articulados. Os segundos, mesmo se livres e independentes da origem, são, historicamente, ligados e subordinados à língua falada e encontram nesta subordinação mesma sua perfeição e sua utilidade[1]. No estado atual das coisas, os terceiros são de longe os mais importantes. Quando falamos de linguagem, entendemos unicamente o conjunto de signos articulados. É como entenderemos aqui essa palavra. A linguagem, no curso desta discussão, será para nós o corpo dos signos perceptíveis pelo ouvido, pelos quais exprimimos habitualmente o pensamento na sociedade humana e aos quais se ligam de uma maneira secundária os gestos e a escrita.

Não há uma só sociedade destituída desse tipo de linguagem. Desde as raças superiores até as mais bárbaras, todo homem fala, todo homem pode comunicar seu pensamento, por mais simples e limitado que seja. Parece, portanto, evidente que a linguagem é *natural* no homem. Sua constituição, as condições de sua existência, seu desenvolvimento histórico – uma dessas coisas apenas ou todas juntas – tornam inequívoco seu apanágio.

Além disso, a linguagem é privilégio exclusivo do homem. É verdade que os animais inferiores possuem igualmente meios de expressão suficientes às necessidades relativas a suas relações gregárias. O latido do cão, seu grito tem significações diferentes e mesmo graduados;

---

1. Cf. *Linguagem e estudo da linguagem*, p. 448ss., e nossos *Estudos sobre o Oriente e a linguística*. T. II, p. 193-196.

a galinha exprime por meio de seu canto o prazer tranquilo da vida; por seu cacarejo, a agitação, o alarme; ela tem um grito particular para avisar seus filhotes do perigo e assim por diante; mas a linguagem dos animais não é apenas inferior à do homem; ela é tão essencialmente diferente que não podemos dar a uma e a outra o mesmo nome. A linguagem propriamente dita é um dos caracteres fundamentais da natureza humana, uma de suas faculdades principais.

Entretanto, ainda que a linguagem do homem seja una, comparada à linguagem do animal, ela contém variedades que poderíamos chamar de discordâncias. É um conjunto de línguas distintas, de corpos separados de signos audíveis que, para falar apenas daqueles que diferem entre si de tal modo que as pessoas que deles se servem não podem se entender de modo algum, são muito numerosos. Contudo, essas línguas diferem apenas em alguma medida. Há aquelas que possuem muitas relações entre si, de modo que, com um pouco de esforço e atenção, seus falantes chegam a se entender; há outras que possuem tantas relações que as apreendemos à primeira vista; há ainda outras cujas relações não podemos descobrir senão pelo estudo e pela pesquisa. Há, enfim, um grande número de línguas que são completamente diversas, tanto em relação às palavras quanto em relação à gramática, sem que sua diversidade marque diferenças de capacidade intelectual nos falantes: indivíduos muito diferentemente dotados se servem – apenas com maior ou menor perfeição – do mesmo dialeto; e, contudo, a desigualdade de faculdades coloca obstáculos à comunicação das pessoas. A diversidade de línguas não concorda com as separações geográficas, nem mesmo com a aparente divisão das raças. Não é raro encontrar mais diferenças entre os povos que falam uma mesma língua ou línguas análogas, que entre aqueles que se servem de línguas completamente distintas.

Esses problemas e outros semelhantes são objeto de preocupação daqueles que se dedicam ao estudo da linguagem ou da linguística.

Esta ciência tem como objetivo compreender a linguagem, primeiramente em seu conjunto, como meio de expressão do pensamento humano; depois, em suas variedades, tanto em relação aos elementos constituintes como em relação à sintaxe. Ela se propõe a descobrir a causa dessas variedades, assim como as relações entre linguagem e pensamento, e a origem dessas relações. Ela pesquisa as razões de ser da linguagem no passado e no presente e, na medida do possível, seus primeiros desenvolvimentos. Ela se esforça para determinar seu valor como instrumento do pensamento e sua influência no desenvolvimento da nossa raça. Enfim, ela visa indiretamente a um outro estudo: o dos progressos da humanidade e o da história das raças, suas relações e migrações, na medida em que podemos descobri-los através dos fatos de linguagem.

Não há um só homem, em sã consciência, que tenha algum dia ignorado o imenso interesse ligado a problemas desse tipo e nenhum filósofo que não tenha, de alguma forma, procurado uma solução. Entretanto, os progressos feitos nesse sentido pelo pensamento humano foram, durante muito tempo, tão imperceptíveis que se pode mesmo dizer que a linguística é uma ciência moderna como a geologia e a química e, como estas, pertence ao século XIX. A história da ciência linguística não é tratada aqui. Não poderíamos, no plano estreito deste volume, conceder-lhe um lugar suficiente, e as poucas palavras que dizemos a respeito se encontram no último capítulo. Apesar de seu desenvolvimento recente, a ciência da linguagem já é um dos grandes pontos de partida da crítica moderna. Ela é tão ampla em sua base, tão definida em seu objeto, tão rigorosa em seu método, tão fecunda em seus resultados quanto qualquer outra ciência. Ela está solidamente fundamentada no estudo analítico de muitas das línguas mais importantes e mais conhecidas, assim como na classificação exata de quase todas as outras. Ela forneceu à história da humanidade e das diferentes raças verdades precisas e visões aprofundadas cujo acesso, sem sua ajuda, não teria sido possível. Ela contribui para a reorganização de velhos métodos aplicados ao ensino de línguas já há muito tempo familiares, como o grego e o latim. Ela trabalha de modo a nos ensinar outros cujo nome, não faz muito tempo, mal conhecíamos. Enfim, ela ultrapassou os obstáculos entre os ramos de conhecimento que estavam separados, mas que podiam ser reunidos, e ela penetrou, por assim dizer, no interior do edifício do pensamento moderno, de modo a se tornar indispensável ao pensador e ao escritor. Com efeito, não há quem não tenha a necessidade de possuir, senão toda essa ciência, ao menos uma ideia clara de seus primeiros rudimentos.

O objetivo deste livro é, portanto, traçar e sustentar por meio de exemplos os princípios da ciência linguística e apresentar seus resultados da maneira mais completa possível dentro do espaço de que dispomos aqui. O assunto ainda não está suficientemente elucidado, que não possa conter muitos pontos controvertidos; mas não entraremos na controvérsia direta, tendo como tarefa resumir as opiniões procurando fazer delas um todo coerente e aceitável em suas conclusões. E, sobretudo, não perderemos de vista que, na série de tratados à qual pertence este trabalho, a claridade e a simplicidade são qualidades necessárias. Procurando os pontos de partida em verdades familiares e os exemplos em fatos bastante conhecidos, esperamos atingir nosso objetivo. Os fatos primitivos da linguagem estão ao alcance de todos, em particular, de todos aqueles que estudaram outra língua que a sua própria. Dirigir a inteligente atenção do leitor aos pontos essenciais; mostrar-lhes o geral no particular, o fundamental no superficial em matéria de conhecimentos comuns é, acreditamos, um método de ensino que só tem a produzir bons frutos.

II
Como cada homem adquire sua língua: a vida da linguagem

A linguagem não se transmite com o sangue nem é criada pelo indivíduo; ela é ensinada. • Como a criança aprende a falar. • Significação desse fato fora do âmbito do estudo das línguas. • Origem de palavras particulares. • A palavra como signo de uma concepção. • Mente e linguagem se desenvolvem ao mesmo tempo. • Formação da linguagem interior pelas percepções dos sentidos; limite e vantagem desse processo. • Aquisição de uma segunda língua ou de muitas outras; a aquisição da própria língua é uma operação sem fim. • Imperfeição da palavra enquanto signo. • A linguagem é tão-somente o instrumento do pensamento.

Não poderia haver, em se tratando de linguagem, uma pergunta mais elementar e ao mesmo tempo mais fundamental que esta: como aprendemos a falar? Como cada um se torna possuidor de sua língua? Toda a filosofia linguística deverá estar implicada na resposta se pretendermos a verdade.

Costuma-se dizer que aprendemos nossa língua; que ela nos é ensinada por aqueles que nos cercam, e essa resposta, dada pela evidência e pelo senso comum, é também a resposta que a ciência nos fornece pela análise e pelo estudo. Examinemos suas implicações.

Primeiramente, ela exclui duas outras respostas possíveis: a primeira, que a língua é inerente à raça e que a criança a herda dos seus antepassados, da mesma maneira que ela herda sua cor, sua constituição física etc.; a segunda, que a língua se produz espontaneamente no indivíduo, concomitante e proporcionalmente ao seu desenvolvimento físico e intelectual.

Os fatos mais comuns, os mais numerosos, os mais irrecusáveis depõem contra essas respostas. A teoria de que a língua é característica da raça é suficientemente refutada pela existência de uma nação como a nação americana, em que os descendentes dos africanos e dos asiáticos, dos irlandeses, dos alemães e dos povos do sul da Europa falam a mesma língua que os descendentes dos ingleses, sem outras diferenças além daquelas resultantes da localidade e da educação, nenhum deles apresentando traços de outra "língua materna" ou "fala nativa". O mundo está repleto de exemplos parecidos. Toda criança nascida em um país estrangeiro fala a língua desse país, a menos que ela não tenha contato com seus falantes; ou então ela fala a língua do país e a dos seus pais, ambas com a mesma facilidade. Os filhos dos missionários são os exemplos mais notáveis. Não importa o lugar do mundo em que eles sejam criados e, por mais completamente diferente que seja a língua do país em relação à de seus pais, eles a falam tão *naturalmente* quanto os filhos dos nativos. Basta colocar uma ama-de-leite francesa junto de uma criança nascida de pais ingleses, alemães ou russos, criada na Inglaterra, na Alemanha ou na Rússia, e afastar dela qualquer outra pessoa para que esta criança fale o francês da mesma maneira que uma criança francesa. Ora, o que é a língua francesa, e o povo que a fala? A massa do povo francês é celta, e os traços característicos dos celtas são nela perfeitamente reconhecíveis; entretanto, o elemento céltico é, em proporção, dificilmente apreciável na língua francesa; ela é quase inteiramente romana e reproduz sob uma forma moderna o velho latim. Há poucas línguas sem misturas no mundo, assim como há poucas raças sem misturas; mas a mistura do sangue não tem nada a ver com a mistura dos dialetos e não determina nem a causa nem o equilíbrio desses. O inglês é uma prova evidente. O elemento franco-latino do vocabulário dessa língua se deve, pelo menos no que concerne às palavras mais usuais e familiares, à conquista normanda. Os normandos eram germânicos e emprestaram dos franceses, que eram celtas e emprestaram dos italianos e estes dos latinos, pequeno povo que ocupava inicialmente apenas um canto da Itália. Seria inútil insistir; veremos, com nossas pesquisas ulteriores sobre os processos de aquisição da linguagem, que esses exemplos são mais que suficientes.

Quanto à segunda teoria, que sustenta que todo indivíduo engendra sua própria língua, o que leva a ideia de que ele herda uma constituição física própria a produzir inconscientemente uma língua parecida com a de seus antepassados, ela supõe a primeira teoria e se depara com as mesmas objeções. A tese de que a semelhança geral de constituição intelectual entre os membros de uma sociedade os conduz a formular sistemas de signos semelhantes não poderia se apoiar nos fatos de observação; porque a distribuição das línguas e dos dialetos não tem nenhuma relação com as capacidades naturais, as inclinações e a forma física dos falantes desse dialeto. Os dons mais diversos e mais díspares se encontram, com mais ou menos perfeição, nos falantes de uma mesma língua, enquanto pessoas perfeitamente iguais em força e em competência não poderiam se comunicar caso pertencessem a sociedades diferentes.

Examinaremos agora o processo pelo qual uma criança adquire uma determinada língua. Os fatos aqui são do conhecimento de todos e, nesse domínio, todo falante é um crítico competente. Não podemos, é verdade, seguir em todas as suas operações a evolução das faculdades do jovem sujeito; mas entrevemos o suficiente para a realização de nossos propósitos aqui.

A primeira coisa que a criança deve aprender antes de falar é observar e distinguir os objetos; reconhecer as pessoas e as coisas que a cercam em sua individualidade concreta e notar os atos e os traços característicos dessas pessoas e dessas coisas. Trata-se aí de uma descrição em poucas palavras de operações psicológicas bastante complicadas, cuja descrição em detalhes não cabe ao linguista. Podemos, entretanto, dizer *en passant* que não há nada aí que o animal não possa fazer. Durante esse tempo, a criança exercita seus órgãos vocais dominando-os conscientemente, tanto por meio de um instinto natural que a conduz ao exercício de todas as suas faculdades quanto pela imitação dos sons que são produzidos ao seu redor. Se isolada, a criança seria comparativamente calada. Esse progresso físico é análogo àquele do movimento das mãos. Durante seis meses a criança agita suas mãos em torno de si sem saber como nem por que; em seguida, ela começa a notar sua existência, a movê-las intencionalmente e, enfim, a executar toda sorte de movimentos voluntários. Ela demora mais a se tornar mestre dos órgãos da fala; mas eis que chega o tempo em que a criança imita os sons tanto quanto os movimentos produzidos pelos que a cercam, podendo reproduzi-los de forma quase perfeita. Anteriormente, ela havia aprendido a associar os nomes aos objetos que ela via e isso porque o adulto apontava para eles e os nomeava simultaneamente. Aqui se vê, ao menos num certo grau, a superioridade das faculdades humanas. A associação das palavras e das formas não é, sem dúvida, coisa muito fácil, mesmo para a criança. Ela não compreende imediatamente a relação dos sons e das coisas, nem, mais tarde, a relação dos signos escritos com os sons. Mas nós os repetimos tantas e tantas vezes que ela termina aprendendo, da mesma forma que ela aprende a relação entre a vara e o castigo, entre uma porção de açúcar e o prazer do palato. A criança começa a conhecer as coisas por seus nomes muito antes de pronunciá-los. Quando ela o faz, é de maneira vaga, imperfeita, e o som que ela forma é inteligível apenas para aqueles que estão acostumados a ouvi-la. Entretanto, é a partir desse primeiro esforço que ela realmente começa a aprender a falar.

Embora as crianças não comecem a falar utilizando exatamente as mesmas palavras, seu primeiro vocabulário é pouco variado: *papai, mamãe, água, leite, bom*. E aqui é preciso observar o quanto as ideias ligadas a essas palavras são empíricas, imperfeitas, e o quanto a mente da criança é limitada à superfície das coisas. O que significam *papai* e *mamãe* a criança ignora completamente. Para ela, essas palavras se ligam a seres amados e benéficos, distinguidos mais particularmente pelo vestuário, e muito frequentemente ela dará o mesmo nome a outros indivíduos se eles estiverem vestidos da mesma forma. A distinção do pai e da mãe como indivíduos de sexos diferentes não se apresenta à sua mente senão muito mais tarde, sem falar no mistério psicológico aí envolvido, que homem algum jamais penetrou. Tampouco ela conhece a natureza real da água e do leite. Ela sabe apenas que entre os líquidos (palavra que chega à sua mente apenas muito depois e quando ela já aprendeu a distinguir os sólidos dos líquidos) que ela vê diante de si, há dois cujo gosto e aspecto ela reconhece e aos quais os adultos aplicam esses nomes. Ela segue seu exemplo. Os nomes são provisórios e servem de *núcleos* a conjuntos de conhecimentos ulteriores. Ela aprenderá em pouco tempo de onde vêm esses líquidos e, mais tarde, provavelmente, sua constituição química. Quanto à palavra *bom*, a primeira associação dessa palavra com uma ideia qualquer é com aquela de uma sensação agradável ao palato. Outras sensações agradáveis vêm em seguida se ligar à mesma palavra. Ela a aplica a uma conduta agradável dos pais, que é tal em função de princípios inteiramente ininteligíveis para ela, e essa extensão de algo físico a algo moral é certamente muito difícil para a criança. Na medida em que ela vai crescendo, ela vai aprendendo, a cada instante, a distinguir de forma mais acurada o *bom* do *ruim*; mas quando ela crescer, ela continuará confusa ao descobrir que as mentes mais iluminadas jamais puderam se entender sobre o sentido da palavra *bom* e que não se sabe ainda se ela se relaciona à ideia de útil ou à ideia de um princípio independente e absoluto.

Esses são exemplos típicos que mostram o caminho seguido pela mente humana na aquisição da linguagem. A criança começa por aprender e continua a aprender. Seu intelecto está sempre diante de um campo a ser percorrido e que ultrapassa suas forças. As palavras lhe ensinam a formar vagas concepções, a fazer distinções grosseiras, distinções que, mais tarde, a experiência tornará mais exatas e precisas, aprofundará, explicará, corrigirá. Ela não tem tempo de ser original; muito antes que essas primeiras e vagas impressões se cristalizem espontaneamente sob uma forma independente, elas são agrupadas pela força do exemplo e do ensinamento em torno de certos pontos definidos. Isso continua até o fim da educação e frequentemente da vida. A jovem mente aprende sempre coisas por meio das palavras e isso se aplica a todas as ideias que ela vai adquirindo, como a ideia que ela faz de um leão, ou da cidade de Pequim, a partir de gravuras ou de mapas. As distinções feitas pelo sistema de flexões de uma língua tão simples como a língua inglesa e por palavras de relações estão, inicialmente, fora do alcance da criança. Ela só é capaz de compreender e manipular os elementos mais rudimentares do discurso. Ela não compreende suficientemente a relação entre o plural e o singular para empregar os dois, o singular servindo para tudo; o mesmo acontece com o verbo, que ela emprega sempre no infinitivo, em detrimento das pessoas, dos tempos e dos modos. A criança demora a compreender o segredo dessas palavras que variam segundo a pessoa que fala, a quem ou sobre quem se fala; ela não entende por que cada um não tem um nome próprio que lhe seja aplicado em todas as situações: ela as utiliza, assim, para se referir a si mesma e aos outros e se ela tenta agir de outra forma, atrapalha-se. O tempo e o hábito vêm em seu socorro[2]. Assim, em todos os aspectos, a linguagem é a expressão do pensamento exercitado e amadurecido, e o jovem aprendiz a adquire tão logo suas capacidades naturais e as circunstâncias o permitirem. Outros observaram, classificaram, abstraíram e esse jovem apenas colhe o fruto desse trabalho. É exatamente como quando ele aprende as matemáticas; examina e se apropria dia após dia daquilo que os outros fizeram, por meio das palavras, dos signos e dos símbolos; ele se torna assim, em poucos anos, mestre de um saber produzido ao longo de gerações, um saber que sua inteligência, se fosse abandonada a si mesma, não teria jamais descoberto em sua totalidade e, talvez, nem mesmo em parte, embora ela seja capaz de aumentar essa soma de saberes e deixá-la a seus descendentes, da mesma forma que, depois de ter aprendido a falar, o homem pode, como mostraremos mais adiante, enriquecer, de uma maneira ou de outra, a língua que lhe foi transmitida.

Esses fatos contêm uma infinidade de outros cuja explicação não cabe à ciência linguística. Consideremos, por exemplo, a palavra *green* (verde). Sua existência em nosso vocabulário implica primeiramente a causa física da cor, que contém toda a teoria óptica: esta é a preocupação do físico; cabe a ele falar do éter e de suas vibrações, da frequência e do comprimento das ondas que produzem a sensação de verde. Vem em seguida a estrutura do olho; sua admirável e misteriosa sensibilidade a essa sorte de vibração; o aparelho nervoso que serve para a transmissão das impressões recebidas ao cérebro; o organismo cerebral ao qual essas impressões são transmitidas: trata-se aí do domínio do fisiologista. Esse domínio se situa nos limites do domínio do psicólogo e muitas vezes o ultrapassa. Este deve nos informar o que puder sobre a

---

2. A quantidade de filosofia inutilmente gasta para explicar esse fato simples como se ele contivesse a distinção metafísica do *eu* do não *eu* é algo realmente inacreditável.

intuição e a concepção intelectual resultante da sensação, consideradas como modo de atividade mental; deve nos informar ainda sobre a faculdade de compreender, de distinguir, de abstrair; e sobre a consciência ou conhecimento geral. Há ainda na palavra *green* que chega aos nossos ouvidos a maravilhosa força da audição, análoga à da visão: outro aparelho nervoso que registra e transporta outras ondas vibratórias em outro meio vibrante. Esse domínio pertence, como o domínio da visão, ao físico e ao fisiologista. Também a eles cabe falar dos órgãos vocais que produzem as vibrações audíveis sob o império da vontade: ações desejadas, mas não executadas intencionalmente e que implicam esse controle da mente sobre o aparelho muscular, que está longe de ser o menor dos mistérios da natureza. Poderíamos continuar indefinidamente seguindo a cadeia das causas e dos fenômenos implicados no mais simples fato linguístico; resta ainda o supremo mistério do Ser que o filósofo pôde somente reconhecer e admitir. Cada um desses domínios que apresentamos tem sua importância e seu interesse para quem faz da linguagem seu objeto de estudo; mas o cerne da questão não está aí. O fato que preocupa o linguista é este: existe um signo articulado, *green*, pelo qual uma sociedade designa uma série de sombras e colorações diversas que a natureza e a arte produzem; todo membro dessa sociedade, seja através do nascimento ou da imigração, ou ainda do estudo literário, aprende a associar esse signo à sensação dessas sombras e a empregá-lo para designá-las; ele aprende ainda a classificar sob outros signos as diferentes cores. Eis aí, para o linguista, o fato principal em torno do qual os demais vêm se agrupar como auxiliares. É esse fato que lhe serve de ponto de partida para julgar outros e para apreciar seu valor. A linguagem em cada um de seus elementos e em seu todo é primeiramente o signo da ideia, o signo que acompanha a ideia; considerar outro fato como o fato central seria introduzir a confusão, seria inverter as proporções naturais de cada parte. E, como a ciência linguística se atém à pesquisa das causas e se esforça para explicar os fatos de linguagem, a primeira questão que se apresenta é esta: Como se fez para que este signo fosse posto em uso? Qual a história de sua produção e de sua aplicação? Qual é sua origem primeira e a razão dessa origem, se é que isto pode ser descoberto?

Podemos, de fato, afirmar quando e como muitas palavras começaram a ser os signos das ideias que elas representam. Por exemplo, uma outra cor, um vermelho particular, foi produzida (assim como muitas outras) há alguns anos, por uma manipulação de alcatrão de hulha, que, depois de reflexão e convencionalmente, foi nomeada pelo seu inventor *vermelho magenta*, a partir do nome de uma cidade que se tornou célebre nesse momento por causa de uma grande batalha. Hoje, a palavra *magenta* faz parte da língua inglesa assim como *green*, ainda que esta última seja muito mais antiga e mais importante; e aqueles que aprendem e empregam a primeira o fazem exatamente da mesma maneira que aqueles que aprendem e empregam a segunda, desconhecem igualmente sua origem. A palavra *gás* foi introduzida há mais tempo e é de uso mais geral, de modo que, em torno dela gira uma considerável família de derivados e de compostos – como gasoso, gaseificar, gaseiforme, etc. – e ela é usada até mesmo no sentido figurado; entretanto, ela foi criada arbitrariamente por um químico holandês, Van Helmont, por volta de 1600. A ciência, nessa época, havia feito progressos o bastante para que se pudesse começar a conceber a matéria sob uma forma aeriforme ou gaseiforme, e essa palavra foi introduzida em circunstâncias que a fizeram ser aceita por todos, de sorte que *gás* pertence hoje a todas as línguas da Europa. As crianças a conhecem primeiramente como o nome de um certo gás particular que serve para a iluminação. Mais tarde, se convenientemente instruídas, elas formam uma ideia científica da coisa da qual essa palavra é signo. Contar a história desses dois vocábulos é contar como foram produzidas as cores anilinas e como o pensamento científico fez um dia um importante progresso. Não podemos, tão seguramente, remontar a palavra *green* a sua origem, já que esta é infinitamente mais antiga e se perde nos tempos pré-históricos; mas acreditamos encontrar um parentesco com a palavra *grow*, a partir da qual teríamos nomeado *green*, uma coisa *growing* (em crescimento). Os vegetais teriam dado lugar à palavra *green* e essa circunstância é de um grande interesse para a história desse vocábulo.

Não se trata aqui de seguir essa ordem de pesquisas e encontrar, como se costuma dizer, as etimologias ou contar a história das palavras desde sua origem. Esse assunto será tratado em seu devido momento. Gostaríamos apenas de observar *en passant* que a razão que faz com que uma palavra se produza em sua origem e a razão pela qual a empregamos mais tarde são diferentes uma da outra. Para a criança que aprende a falar, todos os signos são, ao mesmo tempo, igualmente apropriados para exprimir todas as coisas e ela se apropriaria deles indiferentemente. Assim, as crianças nascidas em diferentes sociedades aprendem a exprimir a mesma coisa por meio de palavras distintas; em lugar de *green*, o alemão diz *grün*, o holandês diz *groen*, o sueco *grön* –, todas elas semelhantes a *green*, mas não idênticas; a criança francesa aprende a palavra *vert*, a espanhola *verde*, a italiana *viride*, palavras que se assemelham e, contudo, se diferenciam; o russo diz *zelenüi*, o húngaro *zold*, o turco *ishil*, o árabe, *akhsar*, e assim por diante. Essas palavras e todas as outras são adquiridas pela criança da mesma maneira. Ela as ouve em circunstâncias que a fazem compreender as ideias que representam; com a ajuda da palavra, ela aprende em parte a abstrair a qualidade da cor do objeto colorido e a concebê-la separadamente; aprende a combinar em uma concepção geral as diferentes nuanças do verde, distinguindo-as das outras cores, como o azul, o amarelo, às quais ela passa por gradações insensíveis. O jovem aprendiz compreende, ao menos em alguma medida, a ideia e, em seguida, a associa à palavra, que tem com a ideia somente um laço exterior podendo ser qualquer outra. Não há para a criança um laço interno e necessário entre a palavra e a ideia e ela não conhece as razões históricas que podem ter criado esse laço. Algumas vezes, ela perguntará a propósito de uma palavra: *por quê?* do mesmo modo que ela se interroga sobre todas as outras coisas; mas para o jovem etimologista (e frequentemente para o velho) não importa a resposta que receba, ou mesmo se receba uma resposta; a única e suficiente razão para empregar uma palavra é que outras pessoas a empregam. Portanto, pode-se dizer, num sentido exato e preciso, que toda palavra transmitida é um signo arbitrário e convencional: arbitrário, porque qualquer outra palavra, entre as milhares que utilizamos e as dezenas de milhares que poderíamos utilizar, poderia ter sido aplicada à ideia; convencional, porque a razão para empregar esta e não aquela é que a sociedade à qual a criança pertence já a emprega. A palavra existe Θέσει, "por atribuição" e não φύσει, "por natureza", como se existisse, tanto na natureza das coisas em geral quanto na natureza dos indivíduos, uma causa determinante e necessária da experiência dessa palavra.

A aprendizagem da fala faz, evidentemente, a educação da mente e lhe fornece instrumentos prontos. A ação mental do indivíduo se acomoda, por assim dizer, a um certo molde elaborado pela sociedade à qual ele pertence; ele se apropria das classificações, abstrações, pontos de vista comuns. Vejamos este exemplo: a qualidade da cor é tão evidente e perceptível para nós que as palavras que exprimem as diferentes cores não suscitam a ideia, apenas a deixam mais fina e distinta. Mas para a classificação de nuanças, o vocabulário adquirido é de grande serventia; essas nuanças se dispõem sob nomes principais, *branco, preto, vermelho, azul, verde*, e cada nuança é submetida pelo falante à sua comparação com uma cor e disposta em sua classe. As diferentes línguas permitem diferentes classificações: há línguas tão diferentes da nossa, tão incompletas e tão pouco precisas que os seus falantes encontram muito pouco auxílio para ajudar seus olhos e sua mente a distinguirem as cores. Isto é ainda mais evidente quando se trata de números. Há dialetos tão rudimentares a ponto de se mostrarem tão incapazes quanto as crianças diante do problema da enumeração. Eles têm palavras para exprimir os números *um, dois, três*; mas depois disso eles incluem todos os outros na palavra coletiva *vários*. Provavelmente nenhum de nós, sozinho, teria ido mais longe; pelo auxílio das palavras, e das palavras apenas (pois tal é a natureza abstrata das relações de números que, mais que qualquer outra coisa, só podem ser compreendidas pelas palavras), nos deparamos com relações numéricas cada vez mais complicadas até que, finalmente, adquirimos um sistema aplicável a tudo, exceto ao infinito, o sistema decimal, isto é, aquele que procede por adição constante de dez unidades de qualquer natureza, para multiplicar por dez o valor do número vizinho. E qual é a base desse sistema? É evidente: o simples fato que temos dez dedos (*dígitos*) e que os dedos são o substituto mais cômodo para os signos e para os números, são o auxílio mais imediato que a mente que se ocupa de uma numeração pode encontrar. Um fato também externo e material, aparentemente tão banal quanto esse, forneceu a fórmula geral de toda a ciência matemática e, sem que se possa imaginar, serve de modelo a toda concepção numérica de cada criança educada na escola da sociedade. A ideia sugerida na origem por um fato de experiência geral e comum foi com o auxílio da linguagem convertido em uma lei que modela e domina o pensamento humano.

O mesmo se produz, em diferentes graus e de várias maneiras, em todas as partes constituintes da linguagem. Nossos predecessores e as gerações posteriores empregaram suas capacidades intelectuais na observação, dedução, classificação; nós herdamos na e pela linguagem os resultados de seus esforços. Assim, eles distinguiram entre *vivo* e *morto*; entre *animal, vegetal* e *mineral*; entre *peixe* e *réptil, pássaro* e *inseto*; *árvore, arbusto, erva*; *rocha, pedra, areia, poeira*; entre *corpo, vida, inteligência, espírito, alma* e muitas outras ideias igualmente difíceis. Eles distinguiram os objetos de suas qualidades físicas e morais e reconheceram suas relações em todas as categorias: posição, sucessão, forma, dimensão, modos, graus; todos, em sua infinita multiplicidade, são divididos, agrupados, como as nuanças das cores, e todos têm seu signo articulado, tornando sua compreensão e seu reconhecimento mais fácil para a mente que deseja agrupá-los e dividi-los. O mesmo acontece com o instrumento da razão; a faculdade de definir um assunto, de discuti-lo, de estabelecer relações pela comparação, só se dá por meio da linguagem. É ela que permite também corrigir as velhas noções e adquirir outras. O mesmo acontece, enfim, com o instrumento auxiliar das flexões e das palavras compostas que variam segundo as diferentes línguas, cada uma escolhendo o que é conveniente exprimir e o que é conveniente subentender.

Cada língua tem, portanto, seu quadro particular de distinções estabelecidas, suas fórmulas e seus moldes nos quais se fundam as ideias do homem e que constituem sua língua materna. Todas as suas impressões, todo conhecimento que ele adquire pela sensação ou por outro meio se deparam com esses moldes. Trata-se aí do que chamamos às vezes de linguagem interior, a forma mental do pensamento, isto é, o corpo das fórmulas adaptáveis ao pensamento. Mas isso é resultado de influências exteriores; é a consequência do processo pelo qual o indivíduo adquire o vocabulário. Não se trata de um produto de forças internas e espontâneas. É algo que se impõe de fora ao sujeito e que significa simplesmente o seguinte: o mesmo sujeito que poderia ter tomado uma direção inteiramente outra foi conduzido a ver as coisas desse modo, a agrupá-las assim, a contemplá-las interiormente em tal ou tal relações.

Há, portanto, algo de necessário na aquisição da linguagem. Seja qual for a língua que se adquire, esta passa a ser o meio necessário tanto para o pensamento quanto para a fala. Para o indivíduo, a possibilidade mesma de outros meios é inconcebível. Como poderia ser diferente se a mais pobre das línguas, a mais incompleta é infinitamente mais completa e mais rica do que a língua que o ser mais talentoso poderia, sem o auxílio da tradição e sozinho, inventar. A vantagem da tradição é tão grande que suas desvantagens são, comparativamente, inexistentes. Certamente quando examinamos as coisas de fora, podemos às vezes dizer com um sentimento de pesar: "Eis um homem cujas capacidades ultrapassam a média da sociedade na qual ele nasceu. Era desejável que ele tivesse nascido num lugar onde uma língua mais elaborada, mais elevada, o permitisse desenvolver suas capacidades até o último nível de seu potencial"; mas deveríamos acrescentar: "Essa língua bárbara, todavia, o conduziu a um nível muito mais elevado do que o nível ao qual ele chegaria se tivesse crescido sozinho, sem o auxílio dessa língua". Além disso, ocorre frequentemente que o quinhão linguístico de um indivíduo vai além de suas capacidades e que esse mesmo indivíduo é forçado a adquirir uma língua que ele não é capaz de compreender bem e que melhor seria se ele tivesse sido presenteado com um dialeto inferior.

Não é possível dizer tudo o que um ser adquire quando ele adquire a linguagem. Suas impressões confusas são classificadas, ele, primeiro, adquire a consciência delas e, em seguida, o conhecimento refletido. Um aparelho lhe é fornecido com o qual ele passa a operar da mesma forma que um artesão opera com suas ferramentas. Não há, com efeito, comparação mais exata do que a seguinte: as palavras são para a mente humana o que são as ferramentas para suas mãos, cuja destreza as prepara. Da mesma forma que, através dessas ferramentas, o indivíduo pode manipular e talhar os materiais, tecer, percorrer distâncias, medir o tempo com muito mais exatidão do que faria unicamente pelos meios naturais, ele multiplica, mediante as palavras, as capacidades e as operações do pensamento. É bastante difícil estimar o alcance e os efeitos dessa parte do uso do discurso, pois nossa mente está tão acostumada a se servir das palavras, que ela já não pode mais se dar conta de tudo aquilo que as palavras lhe proporcionaram. Mas podemos nos perguntar, por exemplo, o que seria do matemático sem o auxílio das figuras e dos números.

A influência da primeira língua é sempre sentida pela mente. São formas que, uma vez criadas, não poderiam ser modificadas. Quando aprendemos uma nova língua, não fazemos senão traduzir suas palavras para a nossa; as particularidades de sua forma interna, a falta de relações e de proporções entre seus moldes e agrupamentos de ideias e os nossos nos escapam inteiramente. À medida que vamos nos familiarizando com a nova língua, à medida que nossas concepções vão se adaptando a seus moldes e começamos a utilizá-la sem intermediários, isto é, a pensar nessa língua que, no começo, apenas traduzíamos para o nosso pensamento, percebemos que nossos hábitos mentais se modificam, que nossas ideias se adaptam a novos modelos e que a fraseologia de uma língua é algo insubstituível, não podendo ser convertida. Talvez seja nesse ponto que percebemos mais claramente o quanto a necessidade determina aprender a linguagem. Certamente um polinésio ou um africano excepcionalmente dotado que aprendesse uma língua europeia – o inglês, o francês, o alemão – se encontraria assim em estado de pensar mais, melhor e de forma diferente do que ele faria em sua língua materna e perceberia os entraves que esta língua imperfeita havia posto ao exercício de suas faculdades. Os estudiosos da Idade Média que empregavam o latim para exprimir o pensamento quando este tratava de coisas elevadas, o faziam, em grande parte, porque os dialetos populares não estavam ainda suficientemente desenvolvidos para servir, nesse aspecto, à expressão do pensamento.

Em relação a todos os outros aspectos, o processo de aquisição de uma segunda língua e o processo de aquisição da *língua materna* são exatamente os mesmos; trata-se de um processo de mnemotecnia aplicado a um corpo de signos representando concepções e relações e postos em uso numa sociedade existente ou passada – signos que, em relação àqueles que nós próprios utilizamos, não têm um laço necessário com as concepções que eles exprimem, mas são, como eles, arbitrários e convencionais; signos cuja posse adquirimos pela ocasião, aptidão, esforço e tempo consagrado a essa aquisição; o indivíduo, sob o império das circunstâncias favoráveis, chega, algumas vezes, até mesmo a substituir, no uso habitual e familiar, a primeira língua, frequentemente esquecida, pela língua que se aprende.

Percebemos melhor ao aprender uma segunda língua ou uma língua estrangeira, mais do que ao aprender a nossa própria, que a aquisição da linguagem é um trabalho sem fim; mas isso serve tanto para uma quanto para outra. Dizemos que uma criança sabe falar ao adquirir um certo número de signos suficientes para as suas necessidades mais triviais, reconhecendo que ela possui em suas faculdades naturais os meios para produzir instrumentos para adquirir outros signos. Mas ela não conhece provavelmente senão algumas poucas centenas e, exceto esse pequeno número de palavras, o inglês é, para ela, uma língua tão desconhecida quanto o alemão, o chinês ou o quéchua. Mesmo as ideias que ela pode compreender perfeitamente se expressas em sua fraseologia infantil são ininteligíveis para ela se as expomos na linguagem do adulto. Pode-se dizer que o que ela possui é, sobretudo, o essencial da linguagem: são as palavras para as concepções mais frequentes, usadas no dia a dia. À medida que ela cresce, suas faculdades se desenvolvem, ela adquire mais e mais, em diferentes domínios do pensamento e segundo as circunstâncias. Aquele que se dedicar aos trabalhos manuais não aprenderá muito mais que o vocabulário técnico de sua profissão; aquele que está sempre se aperfeiçoando e que, mesmo depois dos primeiros estudos, continua durante toda a vida a aumentar a soma de conhecimentos, este se apropriará constantemente de palavras novas e será possuidor de uma fraseologia superior. Ele chegará a possuir todo o vocabulário de pessoas cultas, a compreendê-lo, a utilizá-lo com inteligência. Entretanto, restará ainda uma quantidade de palavras que ele não possuirá e formas de estilo que ele não poderá alcançar. O vocabulário de uma língua rica, antiga e elaborada como a língua inglesa pode ser estimado sumariamente em cem mil palavras (sem incluir aí uma enorme quantidade de vocábulos que deveriam ser considerados como fazendo parte dela), mas há apenas trinta mil empregadas na linguagem ordinária das pessoas cultas. Calcularam-se que os três quintos das palavras inglesas são suficientes às necessidades mais comuns do homem instruído, as pessoas com menos instrução conhecendo infinitamente menos. Esse fato mais do que qualquer outro parece mostrar que o homem aprende sua língua, falando-a pela memória apenas. Pois todo crescimento do tesouro linguístico do indivíduo se dá mediante operações exteriores, isto é, ouvindo, lendo, estudando; não se trata, evidentemente, senão de uma extensão, em condições um pouco diferentes, do processo de aquisição do primeiro *núcleo*; e isso acontece exatamente da mesma forma quando o indivíduo aprende sua própria língua ou quando ele aprende uma língua estrangeira.

Isso pode ser observado ainda se considerarmos mais de perto as relações pouco estáveis entre nossos signos linguísticos e as concepções que eles exprimem. A relação é estabelecida primeiramente por uma tentativa, sujeita a erro e a correção. A criança percebe cedo que os nomes não correspondem em geral a objetos isolados, mas pertencem a classes de objetos semelhantes; sua faculdade de reconhecer as semelhanças e as diferenças, faculdade fundamental do homem, é, desde o começo, colocada em prática pela necessidade constante de empregar bem os nomes. Mas as classes são de diferentes tipos, de diferentes extensões, e o critério para determiná-las é pouco preciso e complicado. Já observamos o quanto as crianças cometem frequentemente o erro de empregar as palavras *papai* e *mamãe* para significar homem e mulher. Elas ficam confusas quando percebem que existem outros *papais* e outras *mamães* aos quais elas não devem empregar essas palavras. Mais tarde a criança aprende a pronunciar, por exemplo, o nome *Jorge*, mas ela descobre que ela não deve chamar de *Jorge* seres muito parecidos, ao qual esse nome pertence e que existe para isso outra palavra: *garoto*. Ela conhece outros *Jorge* e encontrar o laço que os liga é um problema que está além do seu alcance. Ela aprende igualmente a nomear *cão*, uma variedade de animais de aparência muito diversa; ela não pode, contudo, tomar a mesma liberdade com *cavalo*; ainda que as mulas e os asnos se pareçam muito mais ao cavalo que os cães de caça aos de estimação. É preciso que ela distinga cavalo, asno e mula, cada um por seu nome. O sol, representado num quadro, se chama ainda *sol* e, numa sociedade culta, a criança aprende muito rapidamente a reconhecer a representação pictórica dos objetos, a dar o mesmo nome à realidade e à imagem, e a compreender a relação entre uma e outra; enquanto o selvagem, tendo chegado à idade adulta, permanece completamente confuso diante de um quadro e não vê aí senão linhas e traços indefinidos. Um brinquedo que representa uma casa ou uma árvore se chama ainda *árvore* e *casa*; mas uma outra espécie de brinquedo que representa uma criatura humana tem um nome particular e se chama *boneco*. As palavras que indicam graus não são menos variáveis em suas aplicações; *perto* é às vezes a distância de uma polegada, às vezes de um metro; uma maçã *grande* não é tão grande quanto uma casa *pequena*; *muito tempo* significa alguns minutos ou alguns anos. As incoerências da língua são infinitas; e enquanto a experiência não vem explicá-las, há espaço para muitos equívocos. Além disso, há casos em que a dificuldade é mais persistente e, às vezes, não é jamais superada. Assim, mesmo os adultos continuam a incluir na classe dos *peixes* as baleias e os golfinhos, até que o conhecimento científico mostre a diferença fundamental que se esconde sob a semelhança superficial.

Mas é, sobretudo, nas matérias cujo conhecimento se adquire de forma mais artificial que as ideias do iniciante são vagas e insuficientes. Por exemplo, a criança aprende as definições e as relações geográficas sem ter nenhuma ideia justa dos objetos aos quais essas definições e essas relações se aplicam; um mapa, a mais ininteligível de todas as pinturas, é um enigma; e mesmo crianças mais velhas ou o adulto tem ideias muito imperfeitas dos objetos representados nesses mapas, ideias que uma experiência excepcional apenas pode retificar mais tarde. As localidades que não vimos continuam a se apresentar à nossa imaginação sob formas artificiais. Todo homem instruído falará de Pequim, de Sedan, do Havaí, de Chimborazo; mas se ele nunca os viu realmente, ele não os representará da mesma forma que aquele que o fez. Devemos estar muito atentos à educação, não devendo levar as crianças muito longe, para não criar em sua mente apenas edifícios artificiais de palavras que nenhuma ideia pode ilustrar. Esse inconveniente, todavia, é, até certo ponto, inevitável. Uma variedade de grandes concepções é introduzida num jovem ser e aí é retida por algumas pobres associações de ideias, como quadros vazios, que o trabalho ulterior de seu pensamento preencherá na medida de seu desenvolvimento intelectual. A criança é visivelmente incapaz de saber no momento em que lhe ensinamos o que significam as palavras *Deus, bom, dever, consciência, mundo* e mesmo *sol, lua, peso, cor*, que compreendem infinitamente mais coisas que ela pode suspeitar. Mas a palavra é um *núcleo* em torno do qual vêm se agrupar sucessivamente os conhecimentos que ela adquire e ela se aproximará cada vez mais, todos os dias, da concepção justa, mesmo quando se tratar de uma daquelas que a sabedoria humana ainda não alcançou. A condição da criança não difere, enfim, da condição do homem senão em grau, e mesmo assim num grau menor do que aquele que supomos. Nossas palavras são muito frequentemente signos para generalizações vagas, precipitadas, indefinidas, indefiníveis. Nós nos servimos delas de forma satisfatória para suprir as necessidades mais comuns da vida social, e a maior parte dos homens se contenta, deixando ao tempo e ao estudo o cuidado de esclarecê-las se eles puderem; mesmo livres de preocupações, são poucos aqueles cujo espírito é independente o suficiente para se dar conta do valor íntimo de cada palavra, para submetê-la à pedra de toque da etimologia, para limitar exatamente sua significação.

Somos quase todos singelos pensadores e falamos como pensamos, de forma relaxada, cometendo uma enorme quantidade de erros em função da nossa ignorância do verdadeiro sentido das palavras que empregamos de forma desenvolta. Mas o mais sábio e mais profundo dos homens pensaria ser impossível dar às palavras definições muito precisas a fim de evitar todo mal-entendido, todo falso raciocínio, sobretudo nas matérias subjetivas em que é difícil conduzir os conceitos a verificações exatas; de modo que as diferenças de opiniões nos filósofos tomam a forma de disputas de palavras, a controvérsia repousando na interpretação dos termos; o escritor que visa à exatidão deve começar explicando seu vocabulário, e, no entanto, depois dessa precaução, ele não é capaz de permanecer fiel às suas próprias definições, e sempre vem um adversário ou um sucessor provar a esse homem sábio e profundo que ele não foi correto no uso dos termos, que todo seu raciocínio repousa numa palavra mal compreendida e que reduz a pó o magnífico edifício de verdades que ele acreditava ter construído.

Vemos através de todas essas considerações o quanto os signos articulados estão longe de ser idênticos à ideia. Eles o são apenas como os signos matemáticos são idênticos em relação aos conceitos, às quantidades, às relações numéricas, mas nada mais que isso. Eles são, como dissemos no início, o meio de expressão do pensamento e instrumentos auxiliares na sua produção. Uma língua adquirida é algo imposto de fora ao sujeito e determina os processos e os resultados da atividade cerebral. Uma língua age como um molde que seria aplicado a um corpo em crescimento e é porque ele modela esse corpo que se pode dizer que ele determina sua "forma interna". Entretanto, esse molde é flexível e elástico. O sujeito, por sua vez, muda sua forma; ele aperfeiçoa as classificações dadas pelas palavras existentes; ele trabalha de modo a adquirir conhecimentos e visões que estas não lhe deram. Se tanto insistimos no fato de que a linguagem traz ideias à jovem mente, é porque o papel desta é, no começo, quase puramente passivo; mas nos capítulos seguintes, consideraremos sua atividade própria e criadora.

O que dissemos até aqui não deve ser interpretado como uma negação da força criativa da mente, nem como a afirmação de que ele adquire pela educação uma faculdade que ele não possui por natureza. Tudo o que implica o dom da fala pertence ao homem de forma incontestável; é preciso observar somente que esse dom se desenvolve e seus resultados são determinados pelo exemplo e pelo ensinamento. Tudo o que a mente realiza por meio de sua influência realizaria sozinha se dispusesse de um tempo suficiente e condições favoráveis, por exemplo, a duração de algumas centenas de gerações; mas, no que diz respeito à sua maneira de operar hoje, ela deve à tradição oral. A aquisição da linguagem é, como todos os demais conhecimentos, uma parte da educação.

III
As forças que conservam e modificam a linguagem

Outro aspecto da vida da linguagem; seu desenvolvimento e mudança; modo e causa da mudança. • Exemplos tirados do inglês mais antigo ou anglo-saxão; suas diferenças em relação ao inglês moderno; diferenças de pronunciação; abreviações e extensões; mudanças de significação, de fraseologia e de construções. • Classificação das mudanças linguísticas.

Vimos no capítulo anterior que o indivíduo aprende sua língua recebendo, das daqueles que o cercam, os signos articulados, e formulando suas concepções conforme esses signos. É assim que as línguas subsistem. Se esse processo de transmissão cessasse, as línguas desapareceriam.

Esse é, contudo, apenas um dos lados da vida da linguagem. Se fosse o único, cada dialeto falado permaneceria eternamente idêntico. Cada uma das duas influências exercidas sobre as línguas se mantém mais ou menos a mesma. É isso que conserva o caráter de identidade geral do discurso, e isso por tanto tempo quanto a sociedade à qual esse discurso pertence conservar sua identidade, abstração feita das grandes revoluções políticas que, às vezes, conduzem todo um povo a adotar a língua de um outro. Esta é a grande força de conservação que se mostra na história das línguas. Se nenhuma força contrária não interviesse, os homens continuariam até a última geração a falar exatamente da mesma maneira.

Sabemos, entretanto, que as coisas não são bem assim. Toda língua viva está em formação e mudança constantes. Não importa o lugar do mundo para aonde formos, sempre encontraremos, ao lado da língua em uso, monumentos da mesma língua remontando a uma época anterior; veremos que as diferenças entre o idioma atual e o idioma passado serão maior quanto mais antigos forem esses monumentos. Isso acontece com as línguas romanas da Europa Central, se as compararmos com o latim, seu ancestral comum. O mesmo se aplica aos dialetos modernos da Índia se os compararmos com as línguas intermediárias entre esses dialetos e o sânscrito, ou com o próprio sânscrito; isso não se aplica menos ao inglês falado hoje e o inglês falado em outra época. Se um inglês do século passado escutasse sua língua como ela é falada comumente e familiarmente hoje, ele teria dificuldades para compreendê-la ou mesmo não a compreenderia de modo algum. Se ouvíssemos Shakespeare ler em voz alta uma cena tirada de um de seus trabalhos, ela seria em grande parte ininteligível para os ouvidos modernos (sobretudo por causa das diferenças relativas à pronúncia). O inglês de Chaucer (isto é, o inglês de quinhentos anos atrás) só se entende com muito esforço e com a ajuda de um glossário; e o inglês do Rei Alfredo (de mil anos atrás), que chamamos anglo-saxão, não é mais fácil para os ingleses do que para os alemães. Todas essas mudanças se deram de forma não premeditada da parte das trinta ou quarenta gerações que nos separam do Rei Alfredo. Existe aí um outro aspecto da vida da linguagem que devemos, se possível, examinar e explicar. A vida, aqui ou em qualquer outro lugar, parece ter o crescimento e a mudança como um elemento essencial, e as analogias entre o nascimento, o desenvolvimento, a decadência e a extinção de uma língua e o crescimento, o desenvolvimento e a morte de um ser organizado ou de uma espécie foram muito frequentemente objetos de investigação. Estas analogias até mesmo conduziram alguns à ideia de que a linguagem seria um organismo, submetido às mesmas condições e governado por leis inteiramente estranhas à atividade humana.

Seria, evidentemente, bastante precipitado recorrer a uma tal explicação sem proceder, antes, a um exame rigoroso. Não é absurdo, à primeira vista, que a linguagem, considerada como uma instituição de invenção humana, esteja submetida à mudança. As instituições humanas em geral se transmitem pela tradição, como a linguagem, e são modificadas ao longo dessa transmissão. Por um lado, a tradição é, por natureza, imperfeita e inexata; ninguém jamais pôde impedir que as coisas que se transmitem de pessoa para pessoa não sejam alteradas; a criança comete toda sorte de erro durante seus primeiros esforços para falar; se ela for atenta, e sua educação cuidadosa, ela aprende a corrigi-los mais tarde; mas frequentemente é desatenta e não é instruída, de modo que, ao aprender sua língua materna, o indivíduo está sujeito a alterá-la. Por outro lado, ainda que a criança, no começo de sua educação, esteja mais que satisfeita com a língua que lhe é ensinada e a utilize como pode, porque seu desenvolvimento intelectual ainda não é adequado às ideias que essa língua representa, e a criança é quase sobrecarregada pelo trabalho de adquiri-la, as coisas não permanecem sempre nesse mesmo ponto para ela: chega o momento em que sua mente se desenvolve tornando-se igual à soma de ideias contidas na língua e ela procura romper com os moldes que encerram essas ideias. A mente, assim, modifica, amplia os moldes e os adapta segundo suas próprias necessidades. Assim, para empregar uma analogia enternecedora, pode-se ter adquirido por meio do estudo e do auxílio dos mestres num dado ramo do conhecimento – ciências naturais, matemáticas, filosofia – todas as noções existentes, podem-se ter atingidos os últimos limites conhecidos e, em seguida, achar essas noções bastante imperfeitas, esses limites demasiado estreitos; podem-se acrescentar novos fatos à ciência, estabelecer novas distinções, determinar novas relações, podendo a linguagem técnica existente se mostrar insuficiente. É preciso, então, criar novas palavras, o que sempre é possível, porque toda língua deve ser capaz de exprimir qualquer ideia, e se uma determinada língua não o faz ela não será uma língua. A soma de pensamento e de conhecimento que todo indivíduo falante, mediante seus próprios esforços acrescenta à soma geral do pensamento e do conhecimento humanos se molda à forma interna da linguagem existente, ao mesmo tempo em que modifica, em certa medida, sua forma exterior.

Há portanto aí duas forças evidentes que têm seu início na atividade humana e que colaboram incessantemente para a modificação das línguas. Resta examinar se há outras, de caráter diferente. Consideremos, assim, as mudanças que se produzem atualmente nas línguas e que constituem seu desenvolvimento e vejamos o que elas dizem das forças que estão em jogo nessas mudanças.

Comecemos por um exemplo concreto, uma espécie de alteração da linguagem que servirá como fonte de ilustração e também como base para uma classificação das diversas espécies de mudanças linguísticas. O francês poderia escolher seu exemplo na comparação entre uma frase em velho latim e a mesma frase em velho francês de diferentes épocas; o alemão poderia seguir uma frase ao longo da Idade Média em todas as suas formas sucessivas até o velho alto alemão, podendo ir ainda mais longe, até suas origens góticas. Para o inglês não poderia haver um exemplo melhor do que o velho inglês ou anglo-saxão falado há mil anos. Vejamos, então, um verso em inglês arcaico:

Se Hælend fôr on reste-dæg ofer æceras; sôthlîce his leorning-cnihtas hyngrede, and hî ongunnon pluccian thâ ear and etan.

Certamente, nenhum inglês comum compreenderia esse fragmento e não veria aí seu equivalente na versão moderna:

The Healing (one) fared on rest-day over (the) acres; soothly, his learning-knights (it) hungered, and they began (to) pluck the ears and eat (O Salvador entrara um dia de sábado num campo de trigo; e seus discípulos tinham fome e eles começaram a colher as espigas e a comê-las (Mt 12,1).

E, contudo, traduzindo-o literalmente, veremos que quase todos os elementos da velha frase são ainda bom inglês, apenas camuflado por mudanças de forma e de sentido. Assim:

The Healings (one) fared on rest-day over (the) acres; soothly, his learning knight (it) hungered and they began (to) pluck the ears and eat (O curador entrara um dia de repouso nos campos. Seus cavaleiros-aprendizes tinham fome e eles começaram a pegar as espigas e a comê-las).

Portanto, por um lado, *and* e *his* são as únicas palavras anglo-saxãs que permaneceram inalteradas no inglês moderno e, mesmo assim, elas não são exatamente idênticas, pois sua antiga pronúncia difere de sua pronúncia atual; por outro, tudo nessa frase é inglês, exceto a palavra *se* (*o*) e a palavra *hî* (*eles*) que, ainda assim, são virtualmente palavras inglesas, pois são flexões do artigo definido e do pronome de terceira pessoa, dos quais outros casos (como *the, that, they,* e *he, his, him*) estão ainda em uso na língua inglesa. A discordância e a concordância são também completas, segundo a maneira pela qual os consideramos. Examinaremos essa passagem um pouco mais detalhadamente, a fim de melhor compreender as relações entre a velha e a nova forma.

Em primeiro lugar, a pronúncia os torna ainda mais diferentes na realidade do que o indicado no texto escrito. Há pelo menos dois sons no anglo-saxão que são desconhecidos no inglês moderno: o *h* de *cnihtas* que era quase ou exatamente a mesma coisa que o *ch* da palavra alemã correspondente *Knecht* e o *y* de *hyngrede* que era o *ü* alemão ou o *u* francês, som que em inglês equivale ao *oo* e o *ee* juntos! Por outro lado, há dois sons no inglês moderno que eram desconhecidos pelos anglo-saxões. O *o* curto inglês em *on*, por exemplo, não existia, não mais do que o *u* curto de *begun*, *pluck* que levava então o som da vogal em *book* e em *full*; o *i* curto de *his* que se parecia com o *i* curto dos alemães e dos franceses não era tão diferente do *i* longo, o *ee* dos ingleses. Todos esses exemplos de mudanças múltiplas devidas à pronúncia inglesa ao longo dos mil anos que se passaram desde Alfredo, mudanças que alteraram toda a ortoépia e ortografia inglesas. Outros se encontram na passagem citada: assim, *knight* e *eat* são alongamentos de *cnight* et *etan*, cada um típico de toda uma classe de casos análogos, e o *i* alongado se transformou num ditongo que chamamos *i* longo porque ele tomou o lugar do antigo *ee* inglês; ao passo que chamamos o verdadeiro *i* longo de *eat* um *e* longo pela mesma razão.

Podemos ainda observar em muitas palavras a presença de uma tendência à abreviação. *Reste* e *hyngrede* perderam seu *e* final, que no anglo-saxão, assim como no alemão moderno e no italiano, formava uma sílaba adicional. *Ongunnon*, *pluccian* e *etan* perderam a vogal e a consoante da sílaba final. Essas sílabas eram, na primeira palavra, as terminações distintivas da flexão verbal no plural (*ongan: eu começara* ou *ele começara, ongannon: eles começaram* ou *nós começáramos*), nas outras duas, do infinitivo. Em *æceras* (acres) e *cnihtas* (cavaleiros), embora o inglês moderno tenha conservado o *s* final da terminação plural, esta letra não forma mais uma sílaba adicional; e em *sôthlice* (soothly) que significa *verdadeiramente*, *em verdade*, há uma abreviação ainda mais marcada que estudaremos mais adiante.

Por outro lado, *ear-ears* (espigas) e *fôr-fared* (entrara) são palavras que foram estendidas em nossos dias pela adição de elementos importantes. A regra dizia que em anglo-saxão um substantivo neutro composto de uma sílaba longa não deveria levar (tanto no nominativo quanto no acusativo) terminação plural. Quanto à palavra *fôr*, os anglo-saxões conjugavam *faran fare* (entrar) como faziam com *dragan, draw* (tirar) e eles diziam *fôr drôh* no passado (pode-se comparar com os correspondentes alemães *fahren, fuhr* e *tragen, trug*), isto é, *faran* era para eles um verbo irregular, dito de outro modo, a velha conjugação ou conjugação forte. Durante muito tempo, existiu uma tendência na língua inglesa a modificar esses verbos, a abandonar suas flexões irregulares e variáveis e a reconduzi-los à sua semelhança com os verbos mais numerosos da classe regular, como *love, loved*, amar, amado; o verbo *fare* é um desses que passaram por essa mudança. O processo em jogo aí é análogo ao que levou a palavra *ear* a se transformar em *ears*; isso significa que uma analogia predominante acabou atingindo e englobando os casos antes tratados como excepcionais.

Na palavra *ear*, podemos observar outra diferença notável entre o inglês antigo e o inglês moderno. O anglo-saxão possuía gêneros, como o grego, o latim e o alemão. Ele considerava *ear* como neutro, mas *œcer* e *dœg* como masculino e, por exemplo, *tunge* (língua) e *dœd* (feito) como femininos. Para o inglês moderno, que aboliu os gêneros gramaticais em favor do sexo natural, todas essas palavras são neutras.

Vejamos agora algumas questões ligadas à significação das palavras usadas. Em *fôr* encontramos uma diferença considerável de sentido e de forma. A palavra *fôr* vem de um antigo verbo germânico que significa *ir* e podemos seguir sua filiação até a primeira língua indo-europeia, até a raiz *par*, passar (em sânscrito, *pârayâmi*; em grego, περάω; em latim, *ex-per-ior*); hoje ela está inteiramente fora de uso nesse sentido e é até mesmo pouco utilizada no sentido de *se portar, progredir*: *it fared ill with him* (ele se portava mal). *Œcer* significava em anglo-saxão um campo cultivado, como hoje a palavra alemã *acker*; e aqui ainda encontramos seu velho correlato no sânscrito *agra*, no grego ἀγρός, no latim *ager*; a restrição do sentido dessa palavra a uma certa medida de terra considerada como medida típica dos campos em geral é algo bastante particular e recente. Isso aconteceu com a palavra *œcer* e com as palavras *vara, pé, grão* e assim por diante, exceto nos casos em que se conservou a significação antiga dessas palavras ao mesmo tempo em que se acrescentou uma nova.

Entre as peculiaridades da passagem em anglo-saxão que citamos mais acima, gostaríamos de observar a maneira pela qual são empregadas as palavras *Hælend, healing one* (aquele que cura), *reste-dæg, rest-day* (dia de repouso) e *leorning-cnihtas, learning knights* (cavaleiros aprendizes, dito de outra forma, jovens submetidos ao ensino), que significam aqui respectivamente *salvador, sabá* e *discípulo*. Ainda que essas palavras sejam compostas de velhos elementos do germânico, elas eram, contudo, acréscimos recentes. A introdução do cristianismo fez nascer sua necessidade. Para exprimir a nova ideia cristã do Deus pai e criador, a antiga palavra *god* enobrecida e com uma significação nova, respondia muito bem às necessidades do pensamento anglo-saxão; mas para designar aquele que havia salvado os homens dos seus pecados, que os tornou *whole* ou *hale* (santos) não havia nenhuma palavra na língua e, então, o particípio presente do verbo *hælan* (curar) foi escolhido para representar o nome grego σωτήρ e que se especializou em um nome próprio para o único Salvador. É a mesma palavra que se emprega ainda em alemão, *Heiland. Reste-dæg* (dia de repouso), aplicada a dia de sabá, dispensa explicação. Quanto a *leorning-cnihtas*, empregada no lugar da palavra latina *discipuli* e da palavra grega μαθςταί, sua característica mais marcante, para não falar de sua inépcia, é o sentido peculiar implicado em *cniht, knight*. Entre o *knight* inglês, que significa hoje cavaleiro, e o *knecht* alemão, que quer dizer servo, doméstico, há uma longa distância. Todos os dois foram desviados de sua origem; um adquiriu um sentido mais elevado, o outro, um sentido menos nobre, e todos os dois têm como ponto de partida a ideia de *jovem, colega*, que se exprime em inglês moderno por *youth* e *fellow*, e que está na base da palavra composta anglo-saxã *leorning-cnihtas*.

Mas um ponto não menos digno de observação na história dessas palavras é que em seu uso mais recente elas foram substituídas por outras de origem estrangeira. O anglo-saxão não ia, como o inglês, procurar nas línguas estrangeiras o que era necessário às suas novas necessidades. Era mais fácil, pois, adotar as novas instituições cristãs do que as palavras novas que serviam para designá-las. Os ingleses procederam a mudanças maravilhosas sob o império das causas que conheceremos mais tarde (cap. VII) e, no lugar de três novas palavras saxãs, eles introduziram três palavras ainda mais novas: duas franco-latinas, *disciple* e *savior*, e uma hebraica, *sabbath*. Essa substituição é um exemplo relevante na história da língua inglesa.

Estando nossa atenção voltada para a introdução de elementos no anglo-saxão, estudaremos mais um ou dois casos parecidos de mudanças linguísticas em outra classe de palavras. *Sôthlîce* é um advérbio que corresponde à palavra inglesa *truly* (verdadeiramente). Identificamos na primeira sílaba a palavra *sooth,* de origem inglesa, hoje inteiramente fora de uso, ao menos no discurso comum, e que significa *verdade.* Na segunda sílaba, *lîce*, reconhecemos a sílaba inglesa *ly* que indica o advérbio e que é apenas uma desinência de *lic*, em inglês moderno *like* (semelhante a, à maneira de) que, junto com *sôth* (verdade) forma um adjetivo composto (ou um adjetivo derivado) equivalente a *truth-like* (verossímil) e análogo a *truthful,* que é formado de *truth* e de *full* e quer dizer *verdadeiro*. A terminação adverbial inglesa *ly*, que forma a maior parte dos advérbios ingleses e é nessa língua apenas um sufixo, é, na verdade, o produto de uma alteração de desinência, um caso num adjetivo composto, uma palavra originalmente distinta. No lugar de empregar, como no alemão moderno, a base ou a forma simples de um adjetivo como advérbio – isto é, de qualificar o verbo ou o adjetivo mais do que o substantivo – o inglês elaborou uma forma especial, cujo desenvolvimento histórico pode ser seguido passo a passo até suas origens e que, entre os dialetos germânicos, pertence exclusivamente à língua inglesa.

Encontramos outro exemplo na palavra *hyngrede*. Sua terminação, *de*, indicando o pretérito, não é exclusivamente inglesa, como a terminação adverbial *ly*; ela é antes, como o adjetivo *lic*, propriedade comum das línguas germânicas. Sem nos deter aqui em sua história de forma aprofundada, diremos apenas que se pode fazer remontá-la, assim como *lîce*, a uma palavra distinta e separada, o pretérito *did* que os velhos germânicos acrescentaram a algum derivado de verbo ou de outra palavra para formar a expressão do tempo passado quando a forma antiga com a qual havíamos inicialmente expressado esse tempo se tornou de uso difícil ou impossível.

Podem-se encontrar, também, na passagem-objeto de estudo deste capítulo, mudanças de construção que não poderíamos deixar de mencionar. A palavra *leorning-cnihtas* é o objeto e não o sujeito de *hyngrede*; e a construção aqui é aquela, peculiar, na qual o verbo impessoal não tem sujeito expresso e toma por objeto a pessoa afetada pela ação indicada pelo verbo. Essa maneira de falar se emprega ainda em alemão no estilo familiar e se diz *mich hungerte* (eu faminto) para *eu estou com fome*. O inglês mesmo conserva os traços apagados em *methinks*, que é o mesmo que o alemão *mich dünkt* e que significa: *me parece*. Os infinitivos *pluccian* e *etan,* sendo originalmente nomes verbais e tendo a construção de nomes correspondem diretamente, como objetos, ao verbo transitivo *ongunnon*. Os falantes do inglês moderno fazem o mesmo com alguns verbos, como em *he will pluck* (ele apanhará) *he must eat* (ele deve comer) *see him pluck* (vê-lo apanhar), *let him eat* (deixe-o comer); é mesmo permitido usá-lo da mesma forma depois de *began* (começado) contraído numa mesma sílaba *gan*[3]. Mas na grande maioria dos casos, o inglês exige a preposição *to* como marca do infinitivo e se diz: *began to pluck and to eat* (começou a apanhar e a

---

3. "Around'gan Marmion wildly stare." Walter Scott.

comer). Essa preposição não era desconhecida no anglo-saxão; mas era utilizada somente quando a relação que entretinham as palavras favorecia a introdução dessa marca de conexão, e o infinitivo, que vinha depois, tomava uma forma particular: *gôd to etanne, – good unto eating – good to eat* (bom para comer). O *to* que, na época, era uma palavra distinta, uma palavra de relação, se tornou a marca estereotipada de uma certa forma verbal; ele não tem mais valor em si mesmo do que o *an* final de *pluccian* e de *etan*, que, em alguma medida, está destinado a substituir; ainda que ele não seja, como o *ly* ou o *d*, combinado com as palavras, realiza uma função análoga.

Observaremos ainda o seguinte na passagem em questão: o esquecimento quase completo que o *sôth* – no inglês moderno o *sooth* – experimenta. Apenas um número reduzido de pessoas na Inglaterra conhece o sentido dessa palavra e somente um poeta, ou alguém que imite o estilo arcaico, poderia utilizá-la. Os ingleses a substituíram por *true* (verdadeiro) e *truth* (verdade), que em outrora expressava fidelidade e lealdade.

A curta passagem que nós escolhemos fornece, portanto, inúmeros e variados exemplos de mudanças linguísticas: de fato, há poucas possibilidades de mudança da linguagem que não sejam, em alguma medida, por ela esclarecidas. É desse modo e por meio desse tipo de mudança que as línguas deixam de parecer com elas mesmas. É uma questão de detalhes. Para cada palavra ou cada classe de palavras, o tempo, as circunstâncias, as analogias, as causas secundárias, as consequências agem nela e por ela. É a soma de todas essas influências que faz com que uma língua seja viva e que ela cresça. Se pretendemos dar conta do desenvolvimento da linguagem, é preciso estudar cada uma dessas influências individualmente. Eis aí o assunto que será, em boa parte deste livro, objeto de investigação: iremos mostrar os modos de mudanças linguísticas e suas causas distantes ou próximas.

Procedemos já a uma classificação elementar dessas mudanças linguísticas fundada em seu objeto, quando dissemos que para toda nova concepção era preciso uma nova palavra formada, seja pela modificação dos elementos antigos ou pelo acréscimo de elementos novos. Seria melhor, todavia, proceder a uma divisão mais material e baseada na natureza das mudanças mais do que em seu objeto. Procedendo assim, não perderemos de vista, contudo, o objeto, não mais que o sujeito.

Distinguiremos, portanto:

1º) Alterações de velhos elementos da linguagem; mudança nas palavras que são conservadas como substância da expressão, e mudança de dois modos: primeiramente, mudança de som articulado; em seguida, mudança de significação: os dois, como veremos, podendo se produzir conjuntamente ou de forma isolada.

2º) Destruição de velhos elementos da linguagem; desaparecimento do que estava em uso e isso de dois modos também: primeiramente, perda de palavras inteiras; em seguida, perda das formas gramaticais e de distinções.

3º) Produção de novos elementos; acréscimo aos velhos elementos de uma língua com o auxílio de novos nomes ou de novas formas; expansão exterior dos recursos da expressão.

Essa classificação é evidentemente exaustiva. Não há mudança possível que não esteja contida em uma ou outra dessas três classes.

IV
Crescimento da linguagem: mudança na forma exterior das palavras

Relação da palavra com o conceito que ela exprime como condição da independência dos dois termos e como possibilidade das mudanças de forma e de sentido. • Tendência à comodidade ou à economia de meios nas mudanças de forma. • Abreviações de palavras: exemplos; papel dessa tendência na formação das palavras; supressão das terminações. • Substituição de um som por outro; exemplos de mudanças de vogais e de consoantes; a lei de Grimm; causas subjacentes às mudanças fonéticas; processos de fala; sistema físico ou natural do alfabeto falado; suas séries e classes; distinções das vogais e das consoantes; caráter silábico ou articulado da linguagem humana. • Tendências gerais das mudanças fonéticas. Limites das explicações fonéticas. • Mudanças de forma pela extensão de uma analogia dominante.

Neste capítulo, pretendemos examinar e ilustrar por meio de exemplos a primeira divisão da primeira classe de mudanças linguísticas, que inclui as modificações dos sons articulados. Mas antes gostaríamos de, mais uma vez, nos deter em certos princípios gerais (já referidos no segundo capítulo), de importância capital, na medida em que estão na base de todas as modificações verbais, de forma e de sentido. Realizaremos melhor nossa tarefa discutindo um exemplo característico.

Consideremos uma palavra familiar encontrada na maior parte das línguas europeias modernas e cuja história é bem conhecida, a saber, a palavra *bishop* (bispo). Como se sabe, ela deriva da palavra grega ἐπίσκοπος (epískopos). Esta é um derivado da raiz *skep* (ver, olhar) com o prefixo epi- (a); e assim, sua significação primeira é simplesmente *inspetor*, *vigia*; no primeiro período ou período de formação da Igreja Cristã, a palavra foi escolhida como designação oficial da pessoa responsável pela tarefa de vigiar os negócios de uma pequena comunidade cristã e, ambos, a palavra e o ofício, podem ainda ser reconhecidos na palavra *bishop* e em sua acepção. Mas a palavra ficou mais curta; a primeira e a última sílaba foram suprimidas, e a maior parte dos sons constituintes foi modificada. O primeiro *p* se transformou num som muito próximo, *b*, e *sk*, que é um som sibilante seguido de um som mudo pronunciado no palato, foi, por assim dizer, fundido num som absolutamente palatal *sh*, som simples, ainda que escrito com dois signos, precisamente porque ele é derivado de dois sons que se fundiram num só; e o som *o* da segunda sílaba se tornou neutro e se transformou no som que chamamos comumente em inglês de *a* curto; o resultado de todas essas mudanças é a palavra usada atualmente, com duas sílabas no lugar de quatro e cinco sons no lugar de nove e, mesmo assim, entre esses cinco, há apenas dois que na origem faziam parte dessa palavra. O alemão em seu *bishof* alterou até mesmo o *p* final. O francês formou com os mesmos elementos um composto bastante diferente em aparência, *évèque*, que não contém nenhum dos sons da palavra alemã, nem da inglesa. Ele procede de forma diferente, *evesc* substituindo *episk*. O espanhol diz *obispo* e esta transformação se dá também por outra via. O português encurta ainda mais a palavra e diz *bispo*. Finalmente, o dinamarquês chega ao último grau da contração com a palavra monossilábica *bisp*. Enquanto essas mudanças ocorrem no âmbito da forma, outras, não menos importantes, se produzem no domínio da significação. O oficial que era apenas, quando a palavra lhe foi dada, um simples guardião dos interesses de uma pequena sociedade de adeptos tímidos pertencentes a uma religião proscrita, futuros mártires, cresceu em dignidade e em poder à medida que essa religião se tornava mais importante e, mais tarde, a religião do Estado; ele se tornou um prelado consagrado, investido de autoridade espiritual e temporal em províncias inteiras; uma espécie de príncipe eclesiástico, conservando, todavia, o mesmo título.

A história dessa palavra, escolhida como exemplo, nos ensina muitas coisas que induções, baseadas em inúmeros fatos do mesmo gênero, vêm apenas confirmar.

Primeiramente, a palavra tem sua origem numa necessidade que se produz numa determinada época e em circunstâncias particulares da história humana. Uma nova religião nasce; uma organização lhe é necessária e nomes para designar os oficiais que irão formar o quadro dessa organização. Como sempre, eles são facilmente encontrados: não apenas a palavra *bispo*, mas *padre*, *diácono* e assim por diante. As palavras na realidade já existiam como termos gerais e estavam lá, prontas, assim como os objetos aos quais elas deveriam ser aplicadas, para a especialização; seu destino futuro dependia do destino do sistema ao qual elas seriam ligadas.

O nome *bispo* não exprimia de uma maneira completa e clara o ofício que ele era usado para designar. *Olhar, vigiar*, não era tudo que se esperava da pessoa eleita; o nome apenas indica muito superficialmente os deveres de seu cargo. Mas mesmo que do ponto de vista descritivo esse nome seja imperfeito, ele é suficiente como designação. Uma descrição teria de ser extremamente longa e, ainda, variável, segundo os tempos e os lugares. O título assim bastava em todas as circunstâncias para evocar a ideia à qual ele deseja corresponder.

A conservação do título não era, portanto, o resultado da continuidade da relação entre sua significação original e a função à qual ele se aplicava. Já não mais se considerava aquilo que havia sido sua apropriação etimológica. O título atravessou, junto com a instituição que lhe adotou, a memória e o uso de vastas sociedades que não falavam o grego e não tinham a menor ideia de seu sentido original; ele servia a seu propósito nessas sociedades tão bem quanto se sua história fosse conhecida por elas. A partir do momento em que era aceito como signo de um objeto, ele se separava de suas origens, seguindo um curso distinto. Tornou-se aquilo que ele nunca deixou de ser: um signo convencional, um signo variável, se aplicando a um conceito também variável.

Nesse fato fundamental, em que o signo articulado era um signo convencional, estando ligado ao conceito por uma associação mental apenas, se encontra a razão que permite mudanças de forma e de sentido. Se o laço fosse natural, interno, necessário, resultaria que toda mudança no conceito produziria uma mudança análoga no signo. Ora, no caso em questão, a ideia se expandiu enquanto a palavra se contraiu e foi reduzida em toda parte, não restando senão um fragmento de si própria. A única tendência que poderíamos identificar nessas modificações é uma tendência à economia de meios, à comodidade em relação à pronúncia. A palavra foi modificada para facilitar o trabalho daqueles que tinham necessidade de articulá-la. Nas formas que tomou, podemos indicar claramente que ela fez parte dos hábitos nacionais. As raças germânicas acentuam, sobretudo, a primeira sílaba de suas palavras. Elas, portanto, preservaram a antiga sílaba acentuada e suprimiram a que a precedia. Os franceses acentuam a sílaba final (à maneira latina); consequentemente, negligenciaram o *pisk* acentuado e preservaram a sílaba inicial que os outros povos eliminaram. Todas as outras alterações de forma que a palavra sofreu podem ser comparadas a classes inteiras de alteração parecidas de palavras de uma mesma língua; alterações feitas em função da comodidade dos falantes.

Ao tratarmos separadamente o duplo assunto de modificações de forma e modificações de sentido nas palavras, não estamos criando uma divisão artificial, mas apenas reconhecendo distinções naturais. Uma palavra pode mudar mais ou menos de forma sem mudar de sentido; ela pode mudar completamente de sentido, sem mudar de forma. De fato, há pouquíssimas palavras, talvez mesmo nenhuma, que não tenham sofrido as duas espécies de mudanças; quando escolhermos exemplos de uma espécie, ocorrerá que as mesmas palavras fornecerão, ao mesmo tempo, exemplos das outras. Cada elemento linguístico exibe, em alguma medida, todos os processos de desenvolvimento das línguas: mas não será difícil dirigir nossa atenção de modo especial, primeiro em relação a uma e depois, à outra.

No tocante à mudança de forma, devemos reconhecer como a grande tendência que está por trás de inúmeros fatos aparentemente heterogêneos, a disposição a se desfazer de todas as partes da palavra que podem ser suprimidas sem que isso comprometa o sentido, e a dispor as partes restantes da maneira mais cômoda para aquele que fala, aquela que mais estaria em conformidade com seus hábitos e preferências. A ciência linguística não poderia esclarecer uma lei mais fundamental que esta e de tamanha importância. Eis aí a grande corrente que leva a linguagem universal e faz mover todos os elementos numa direção determinada, ainda que, como toda corrente, ela tenha seus redemoinhos evidenciando pequenas correntes contrárias. É seguindo uma mesma tendência que os homens são conduzidos a utilizar, ao escrever, signos abreviativos e pegar um atalho em vez de seguir a longa estrada para se exprimir. Não há mal algum nisso, desde que não se perca mais do que se pode ganhar nessas tentativas de economia. Nesse caso, se trataria mais de preguiça do que de economia. Os efeitos dessa tendência, manifestados na linguagem, são de dois tipos: a economia verdadeira e o desperdício preguiçoso; pois ela age sem reflexão e chega aos resultados sem prevê-los.

O caráter da tendência é bastante visível nas abreviações de palavras. Não precisamos, evidentemente, recorrer a mais nada para explicar a contração gradual da forma produzida em cada uma das línguas. Vimos mais acima (p. 47) muitos exemplos de abreviações pelos ingleses na passagem citada: o mais surpreendente foi aquele de *knights* (que se pronuncia naïts) no lugar de *cnihtas*, em que dois elementos da palavra são suprimidos, a palavra toda se reduzindo à articulação de uma sílaba apenas. É fácil ver em todos esses casos a tendência à diminuição do esforço e podemos, com efeito, perceber, pronunciando a última palavra *cnihtas*, a dificuldade que há em articular um *k* diante de um *n*. A classe de palavras em que a supressão dessa dificuldade ocorre no inglês é bastante numerosa; exemplos são: *knife* (faca), *knit* (ligado), *gnaw* (roer), *gnarled* (retorcido). O *ch* alemão (em *ich*, etc.) se originando do *h* de *cniht*, que por sua vez é produzido pela mudança fonética de um *k* primitivo, é um som que desagrada o aparelho fonador do inglês, que recusou a pronunciá-lo por muito tempo. Em alguns casos ele o suprimiu completamente (em compensação, ele alongou a vogal seguinte num som aberto como na palavra *knight* – naït –); em outros ele o transformou em *f*, como em *draught* (traço) e em *laugh* (rir). Entretanto, há em *ongunnon*, que é substituído por *begun* (começaram), em *pluccian*, substituído por *pluck* (collher) e em *etan*, substituído por *eat* (comer) exemplos de um gênero de perda um tanto próxima do desperdício; pois a sílaba final que foi suprimida era precisamente a que dava à palavra sua forma gramatical, indicando, nestas últimas, o infinitivo e na primeira, o plural. Por mais lamentáveis que sejam essas supressões, elas fazem parte da história da língua inglesa e das línguas de mesma família; perdemos, assim, distinções gramaticais e junto com elas seus sinais distintivos, e isso em detrimento da clareza da linguagem. Para dar um exemplo, seguiremos por um momento a história da sílaba *on*, terminação suprimida em *ongunnon*. A primeira forma, ao menos a primeira de que temos conhecimento, era *anti*, restos, provavelmente, de um algum pronome ou de vários pronomes marcando a terceira pessoa do plural em todas as flexões verbais. No latim, o *anti* se torna *unt* ainda claramente reconhecível. No velho germânico (o mesogótico), ele forma *and*, no presente, e já se contraiu em *un*, no pretérito. A terminação correspondente à primeira pessoa do plural era *masi*, provavelmente também derivada de um pronome; *masi* depois de ter passado por várias formas intermediárias, como o sânscrito *mas*, o grego (*dório*) μες, o latim, *mus*, o eslavo, *um*, se tornou, na língua gótica, *am* no presente e *um* no pretérito. No alemão encontramos somente *eu*, que serve ao mesmo tempo à primeira e à terceira pessoa, a diferença sutil entre *um* e *un* tendo sido apagada; mas a segunda pessoa leva *et*, diferentemente das duas outras. No anglo-saxão, essa diferença se apaga, não restando mais do que a terminação geral *on* que separa o plural do singular nas três pessoas; finalmente, o inglês moderno apagou inclusive esse último vestígio de um antigo sistema mais complicado.

Outro exemplo dos primeiros efeitos da mesma tendência em nossa passagem é *fôr*, substituído por *fared* (entrara) cuja brevidade, como a dos monossílabos ingleses em geral, é o resultado de uma longa sequência de abreviações. Sua forma mais antiga conhecida é *papâra*; mas esta forma ainda revela a supressão de uma terminação pessoal, *ti*, que ela provavelmente tinha no começo e cujo traço ainda podemos ver no *t* do tempo presente no alemão *fährt* e no *th* ou no *s* da forma inglesa *fareth* ou *fares*.

Vimos anteriormente (p. 51) que no *lîce* de *sôthlîce*, temos um exemplo da forma que tem um adjetivo composto, forma que, mais tarde, se transformou no *ly*, utilizada na formação dos adjetivos em inglês e que é, nessa língua, um sufixo adverbial. Eis aqui outro efeito dessa tendência à abreviação; seu papel é essencial na conversão daquilo que era inicialmente uma palavra independente num afixo ou apêndice, utilizado para indicar a relação. Tanto é assim que a palavra que é combinada com uma outra conserva sua primeira forma e dessa combinação nasce uma palavra composta; mas quando, por uma mudança fonética, sua origem e sua identidade com a palavra independente e que continua a subsistir deixam de ser evidentes, a palavra composta se torna antes uma palavra derivada. É a abreviação fonética responsável pela distinção entre *godly* (piedoso), palavra composta que contém um elemento radical e um elemento formativo, e *godlike* (divino) que é simplesmente um composto. Igualmente, em alemão, o sufixo adjetivo *lich* se tornou distinto de *gleich* (que tem, ainda, um prefixo); e, nessa língua, *gœttlich* e *gœttergleich* subsistem também, lado a lado, um como derivado, o outro, como composto. Num período antigo da língua germânica, a mesma influência fornecera ao composto *hyngre-dide, hunger-did* a forma gramatical de *hyngrede, hunger-ed* (faminto); e, numa época muito mais antiga, ela havia convertido certos elementos pronominais nessas terminações pessoais *anti, masi* e *ti* que mencionamos mais acima.

Assim, a tendência à economia de meios tem uma dupla ação, uma destrutiva, outra criativa. Ela começa produzindo as formas que, mais tarde, ela mutila e destrói. Sem elas, as palavras compostas e as frases agregadas permaneceriam eternamente as mesmas. Seu efeito é, sobretudo, subordinar na forma aquilo que está subordinado no sentido, unificar, comprimir as partes integrantes, esconder, enfim, a derivação dos signos linguísticos, reduzindo-os à pura condição de signos e de signos convenientes. Voltaremos a esse assunto examinando (no sétimo capítulo) a terceira classe de mudanças linguísticas, a produção de novas palavras e formas.

Mas, se a tendência é a mesma em toda parte, o modo como ela se manifesta pela abreviação é muito diverso e, para compreender essa diversidade, é preciso conhecer os hábitos de cada língua. As línguas germânicas são todas caracterizadas por um acento forte colocado, em geral, na primeira sílaba ou sílaba radical das palavras derivadas ou flexionais e no primeiro membro dos compostos. Esse modo mesmo de acentuação é um exemplo de mudança fonética, pois ele não pertence a nenhuma das línguas que guardam algum parentesco com as línguas germânicas, nem às línguas eslavas, geralmente consideradas as mais próximas daquelas. Como resultado, numa época mais recente cada uma das línguas germânicas, por um processo independente, perdeu a vogal distintiva da sílaba final ou do sufixo nas flexões e nas derivações, que foi substituída pelo som neutro do *e*; essa mudança aconteceu, por exemplo, na época de transição do velho alemão ao médio alto-alemão e do anglo-saxão ao velho inglês. A isto se deve também (ainda que a vontade reflexiva tenha parte nisso) o abandono das terminações às quais essas línguas estavam sujeitas, visível, sobretudo, no inglês. No francês, a história da mudança é um pouco diferente: não houve nenhuma mudança geral do lugar do acento em relação ao latim; mas houve abreviação ou supressão de tudo o que no latim seguia a sílaba acentuada, que se tornou a sílaba final (sendo desconsiderado o *e* mudo) de toda palavra francesa regular: assim, em *peuple* (de *pópulum*), em *faire* (de *fácere*), em *prendre* (de *prehendere*) em *été* (de *oestatem* e de *statum*). Este último exemplo – *été* (de *statum*) chama a atenção quanto a uma classe de mudanças, que, por um caminho curioso, terminam estendendo a forma silábica das palavras. Para os povos gauleses que adotaram a língua latina, a pronúncia do *s* antes de uma consoante muda – *k*, *t*, ou *p* – era difícil e convinha evitá-la: o mesmo ocorreu mais tarde com os ingleses em relação à pronúncia do *g* ou do *k* antes de *n* (*gnaw*, *knife*, etc.). Mas em vez de suprimir a letra de pronúncia difícil, eles fizeram com que ela fosse precedida por uma vogal a fim de tornar sua articulação menos difícil; daí resultaram palavras como *escape* (em latim *scapus*), *esprit* (*spiritus*), *estomac* (*stomachus*) e, assim, por uma abreviação muito conhecida, o som sibilante foi suprimido, formando um grande número de palavras como *école* (*schola*), *époux* (*sponsus*) e *étude* (*studium*) que subsistem no vocabulário francês. Outra consequência da mesma diferença de acentuação é a mutilação da parte radical da palavra, mais marcada nas línguas romanas (sobretudo a língua francesa) do que nas línguas germânicas; e muitos desses resultados ocorreram na língua inglesa. Assim, *preach* (em francês *prêcher*) de *praedicare*, *cost* (em francês *coûter*), de *constare*, *count* (em francês *compter*) de *computare*, *blâme* (em francês blâmer), do latim *blasphemare* e do grego βλασφημειν. Contudo, palavras como *such* e *which* (em anglo-saxão *swyle* e *hwyle*; em escocês, *whilk*; em alemão *solch* e *welch*), que vêm de *so-like* e *who-like*, mostram claramente que a fusão que faz desaparecer os dois membros distintos de uma palavra composta não se encontra exclusivamente na parte da língua inglesa que foi emprestada do francês.

Um dos resultados mais visíveis desses processos é a presença de um grande número de letras mudas na forma escrita de línguas como o inglês e o francês, nas quais a omissão de sons outrora articulados continuou durante o período da escrita. Essas letras são registros de modos de articulação que eram, no início, predominantes.

Isso deve ser suficiente como exemplo da tendência à comodidade que se manifesta pela abreviação. Mas o outro modo de ação que consiste em alterar os elementos conservados das palavras, a substituição de um som por outro é igualmente comum, muito mais complicada e difícil. Vimos exemplos desse modo de ação: a palavra contraída, *piskop* foi pronunciada *bishop*; examinamos (p. 47) algumas das principais diferenças que separam a maneira inglesa de pronunciar a vogal da maneira anglo-saxã. A ligação do sistema de vogais na língua inglesa foi destruída por essas mudanças cujo efeito penetrante pode ser percebido nos nomes estranhos dados nessa língua aos sons vocálicos. A verdadeira maneira, a maneira original de pronunciar o *a* era aquela que se emprega nas palavras *far* (longe), *father* (pai): a que chamamos de *a* longo como em *fate* (sorte) é na verdade um *e* longo, som que mais se aproxima do *e* curto de *met* (encontrado), que continua a ser chamado pelo nome correto, porque em geral não sofreu alteração em relação ao som original; o *a* curto de *fat* (gordo) é um som novo, intermediário entre o *a* de *far* e o *a* de *fate* e não dispomos de uma letra para representá-lo. Do mesmo modo, o *e* longo de *mete* (delimitar) é na verdade um *i* longo; e o que os ingleses chamam um *i* longo como em *pine* (consumir-se) é um ditongo *ai*. Por outro lado, o *u* longo de *pure* (puro) não é nem mesmo um ditongo, mas uma sílaba *yu*, composta de uma semivogal e de uma vogal, e o *o* curto de *not* (não) e o *u* curto de *but* (mas) são sons novos que não têm nada em comum com o *o* longo e o *u* longo e que, consequentemente, não têm, por direito, representantes em nosso alfabeto. É como se quiséssemos chamar nossos olmos de grandes lilases, ou nossas roseiras de pequenos bordos. Que as vogais escritas tenham em inglês de três a nove valores diferentes cada uma, isto se deve ao fato de que os ingleses mudaram, de diferentes maneiras, os sons duplos durante o período histórico. Mudanças anteriores já haviam acontecido. Esses tipos de mudança foram mais numerosos na língua inglesa do que em qualquer outra língua; mas podemos encontrá-lo frequentemente em todas as línguas: o francês, por exemplo, deu ao velho *u* latino um som misto entre o *i* e o *u* (o *ü* alemão) e converteu o velho ditongo *ou* num som parecido com o *oo* inglês (um fato análogo em relação a esses dois aspectos se produziu no grego antigo); ele tomou um gosto particular pelo som ditongo *oi* (que parece em alguma medida com o *wa* de *was* nos ingleses) e ele substitui toda sorte de sons antigos, como em *moi* que substitui *me*; *crois, credo*; *mois, mensis*; *quoi, quid*; *foi, fides*; *loi, legem*; *noir, nigrum*; *noix, nucem*; e assim por diante.

As vogais estão muito mais sujeitas a alterações em massa que as consoantes e em nossa passagem, as indicações de mudanças nas consoantes são um tanto raras. Entretanto, *ofer* se transformou em *over* pela transformação de um som surdo num som análogo, fenômeno muito comum na linguagem, e o mesmo aconteceu com o *s* final de *his* e *œceras*, que se tornou quanto à pronúncia, um *z*, sem mudar a forma escrita. Mas se recuarmos um pouco, encontraremos nas línguas que guardam um parentesco com a língua inglesa as marcas de numerosas mutações consonantais. *Dœg* é em alemão *tag* com um *t* no lugar de um *d* e *hyngrede* é *hungerte*; e se percorrêssemos todo o vocabulário dessas duas línguas, veríamos aí sua relação mais comum e seríamos conduzidos a formular a "lei" que o *d* inglês e o *t* alemão se correspondem. Novamente, *etan* é *essen* em alemão com o som *s* no lugar do som *t* e isso é, também, uma relação constante; não é diferente com *thâ*, que é o *die* alemão, com um *d* no lugar de um *th*. Mas *etan* e *essen* correspondem ao latim *edere*, ao grego ἔδο ao sânscrito *ad*; e *thâ* e *die* são as duas formas regulares germânicas da velha raiz pronominal *ta* (em grego, το, etc., em sânscrito, *tad*, etc.); trata-se aí, também, de um fato geral, de modo que os comparatistas foram levados a estabelecer o princípio de que o som *t* que se encontra na maior parte das línguas de mesma família que o inglês é regularmente um *th* em uma parte dos dialetos germânicos e um *d* em outra; que o *d* se pronuncia *t* em algumas partes, em outras, *s*, e que um ditongo aspirado em grego e em sânscrito *th* ou *dh* corresponde ao *d* inglês e ao *t* alemão. É a famosa *lei de Grimm*, aquela da permutação ou rotação dos sons mudos na língua germânica. Este é apenas um exemplo – e certamente um exemplo bastante curioso – do que se passa em todas as línguas que possuem relações entre si: seus sons, nas palavras correspondentes, não são sempre os mesmos; eles são, ao contrário, diversos, mas diversos em função de uma diferença constante; há entre eles uma relação que não é de identidade. Portanto, na comparação de duas línguas, o primeiro ponto a ser observado é o seguinte: aquilo que numa das línguas é vogal ou consoante é, na outra, vogal ou consoante. Esse estado de coisas é tão somente o resultado do fato, já mencionado, de que o modo de pronunciação de uma língua está sempre em processo de mudança:

mudança mais ou menos importante, mais ou menos geral, mas contínua; e, ainda, que duas línguas não mudam precisamente da mesma maneira. Na presença do fonema que foi mostrado, o linguista deve inicialmente se perguntar qual (caso exista um) dos sons, *t*, *d*, *th*, *dh*, é, num determinado caso, o som original, por meio de quais alterações sucessivas cada um dos resultados diversos foi obtido e (se ele puder) qual é a causa que presidiu a essa série de alterações.

Não importa quão diversos os fatos possam parecer à primeira vista, o linguista logo percebe que eles não são resultado de mudanças acidentais; eles estão submetidos a regras, a uma marcha, a uma lei; um som se transforma em outro que lhe é fisicamente análogo, isto é, que é produzido pelos mesmos órgãos e de uma maneira muito parecida; e o movimento de transição segue uma direção geral, é submetido a uma causa específica. Isso fez com que os processos de articulação fossem investigados a fundo como parte da linguística, o interesse e a importância dessa análise são tais que não podemos deixar de lhes dedicar alguma atenção; não tão profundamente de modo a penetrar suas profundezas, mas o suficiente para que possamos ter uma ideia do alfabeto falado como sendo um sistema regular de sons e de graus de relações que os ligam e que ajudam a determinar as transições entre eles.

Os órgãos responsáveis pela produção dos sons alfabéticos são os pulmões, a laringe e as partes da boca posteriores à laringe. Os pulmões são, por assim dizer, o rugido do órgão; eles fazem com que uma corrente de ar passe pela boca, de forma mais ou menos rápida, mais ou menos forte, segundo a necessidade daquele que fala. A laringe é uma espécie de caixa colocada na extremidade superior da traqueia contendo o equivalente da lingueta no canudo do órgão com o aparelho muscular necessário ao seu funcionamento. Dos dois lados da caixa saem duas semiválvulas cujas bordas membranosas – as cordas vocais – são suscetíveis de se juntar no meio da passagem e se retesar, de modo que a corrente de ar que passa as faz vibrar e é essa vibração que, pelo ar, chega aos nossos ouvidos como sons. Na respiração comum, as válvulas são retraídas e alargadas, deixando um grande vazio mais ou menos triangular entre elas para a passagem do ar. Assim, a laringe fornece os elementos do tom, com suas variedades de grave a agudo, e sua importância na produção da linguagem pode ser avaliada por aqueles que tiveram a oportunidade de ouvir uma máquina de falar com sua terrível monotonia. Acima do aparelho vibratório da laringe se situa, à maneira uma caixa sonora, a cavidade da faringe com a cavidade da boca e a cavidade nasal; e os movimentos voluntários da garganta e dos órgãos da boca modificam a forma e a dimensão dessa caixa dando ao som produzido as variedades de caráter e de natureza que constituem os sons do nosso alfabeto falado. Assim, para definir a voz de forma concisa, diríamos o seguinte: a voz é o produto audível de uma coluna de ar emitida pelos pulmões que se torna sonora em graus diferentes pela laringe e é individualizada pelos órgãos da boca.

A descrição detalhada do aparelho vocal, dos movimentos dos músculos, das cartilagens, dos membros que causam e modificam as vibrações pertence à fisiologia. Determinar a forma e a composição das vibrações do ar que afetam o ouvido de diversas maneiras é tarefa da acústica. O que, em matéria fonética, pertence de direito ao linguista são as mudanças voluntárias de posição dos órgãos da boca, etc., mudanças que fazem a variedade dos sons. Reconhecê-las é, às vezes, fácil, às vezes, difícil; mas os pontos principais e que são, praticamente, os únicos que nos interessam aqui podem ser apreendidos por todos com a ajuda de uma auto-observação. E ninguém pode se tornar competente nos assuntos fonéticos se não tentar acompanhar e compreender aquilo que ele próprio executa ao falar e se não puder formar a partir de seu alfabeto falado um quadro sistemático. Tentaremos a seguir esboçar um que contenha os sons ordinários do alfabeto inglês.

Todo sistema alfabético deve ter como ponto de partida o *a* (de *far* e *father*), pois esse som é o tom fundamental da voz humana, o produto mais puro dos pulmões e da garganta; se abrirmos a boca e a garganta o máximo possível, excluindo da passagem de ar, tudo o que poderia modificar a corrente é o som *a* que ouviremos. Estreitando mais ou menos a cavidade oral, o som é mais ou menos modificado. A modificação menos sensível, aquela que mesmo alterando a qualidade do tom permite que o elemento predominante subsista, dá origem aos sons que chamamos de vogais. Mas a cavidade oral pode, neste ou naquele ponto, ser estreitada, dando origem a um som de característica bastante diferente, o som de uma consoante, produto da fricção. O estreitamento da cavidade pode ser ainda maior; ela pode ser fechada totalmente, de modo que o elemento da forma, isto é, a modificação oral, pode prevalecer completamente em relação ao elemento material do tom: nesse caso, o som produzido é audível somente no momento em que o contato cessa. Eis o que chamamos de um som mudo.

Esses detalhes sumários nos dão o plano a partir do qual um sistema alfabético pode ser estabelecido. Ele pode ir do *a* aberto de *far* aos sons mudos completamente fechados; estes são seus limites naturais e necessários; e são os níveis intermediários entre o som mais aberto e o som mais fechado que podem ser divididos em classes. Teoricamente, um número infinito de sons mais ou menos mudos pode ser produzido pela aproximação dos órgãos, desde os lábios até o fundo da garganta; mas, de fato, não encontramos mais do que três: um, formado pela aproximação dos lábios, que produz *p*; um, formado pela aproximação do fundo do palato e da parte superior da língua próximo à raiz que produz *k*; e um, intermediário entre os dois outros, formado pela aproximação da ponta da língua e da parte anterior do palato, próximo aos dentes incisivos, que produz *t*. Os dois últimos se chamam som gutural e som dental. Eles são os únicos sons mudos fechados encontrados no francês, no inglês e alemão ou mesmo na maior parte das línguas humanas. Eles nascem em três regiões distintas da cavidade oral: a região anterior, a região posterior e a região intermediária. A mesma tendência a uma tripla classificação fundamentada numa mesma base existe nos outros sons, de modo que eles se dispõem naturalmente na escala dos sons abertos aos sons fechados de *a* aberto de *far* até *p*, *t* e *k* fechados. Esse fato fornece o segundo elemento necessário para converter a massa dos sons articulados e um sistema ordenado. Abaixo apresentamos o alfabeto inglês disposto segundo esse plano. Continuaremos a estudá-lo mais detalhadamente.

	palatais	linguais	labiais	
		a		Vogais
	œ	A		Vogais
	e	o		Vogais
	i	ə	u	
Sonoras				
	y	r,l	w	Semivogais
	ng	n	m	Nasais
Surdas	h			Aspiradas
Sonoras	zh	z		Sibilantes
Surda	sh	s		Sibilantes
Sonante		dh	v	Espirantes
Surda		th	f	Espirantes
Sonora	g	d	b	Mudas
Surda	k	t	p	Mudas

Com *k*, *t*, *p*, vêm seus análogos *g*, *d*, *b*. Estes formam a contraparti-da daqueles. Nos primeiros, não há articulação apreensível pelo ouvi-do no momento em que a língua e o palato estão em contato; é o extre-mo oposto de *a*. O som se produz em seguida como por explosão. Nos últimos, existe, mesmo durante o contato, uma vibração das cordas vocais, uma passagem que é suficiente para que o ar que é expulso dos pulmões na faringe e na boca seja colocado em vibração; eis aí o que dá lugar à distinção fundamental entre sons surdos e sonoros; os outros fatos são consequência. Os nomes sons fortes e sons fracos, sons duros e dos sons doces, sons agudos e dos sons graves e assim por diante, fun-dados (mais ou menos falsamente) nessas características subordinadas, devem ser rejeitados. A diferença entre *pa* e *ba* consiste no fato de que, no primeiro, a articulação sonora começa no momento em que o con-tato para e, no segundo, um pouco antes; em *ab* a sonoridade persiste um pouco depois; em *aba*, ela é interrompida e continua; o mesmo acontece com *d* e *g*.

Mas há um terceiro produto das três posições dos órgãos da boca que produzem os sons mudos. O véu palatino estando abaixado, a pas-sagem entre a faringe e o nariz se fecha e a corrente vibratória que con-tém os sons *b*, *d*, *g* penetra no nariz e sai; e o resultado é a classe das nasais (ou sons nasais) *m*, *n* e *ng* (como em *singing*). Aqui, ainda que os órgãos da boca estejam fechados, o tom é tão sonoro e tão contínuo que a cessa-ção do contato, ou a explosão, é reduzida a um valor muito inferior, e essa classe de sons é colocada no alto do alfabeto, vizinha das vogais.

Em regra geral (as exceções são bastante raras) sempre que uma língua possuir um dos três sons mudos fechados, ela possuirá os outros dois também: assim, a presença do *p* num alfabeto implica a presença do *b* e do *m* e vice-versa.

Nas mais antigas línguas de mesma família que o inglês e, inclusi-ve em algumas das línguas modernas pertencentes a essa família ou a outras, existe um quarto e um quinto produto das três posições articulatórias, que resultam de uma leve expiração (flatus), o *h* breve, depois do som mudo simples; o qual transforma o *p* ou o *b* em *ph* ou *bh* (pronunciados como são escritos) e assim por diante. Chamamos esses sons de mudos aspirados ou simplesmente os sons aspirados.

Depois dos sons mudos formados pelo estreitamento da cavidade oral, vem a classe de sons formados pela fricção e que resultam da fricção do ar por paredes de abertura estreita. Se os lábios, em vez de se fechar, apenas se aproximar, e o sopro passar entre eles com força, ouve-se o som do *f*, e se esse sopro vem carregado de sonoridade ouve-se o som do *v*. Entretanto, esses sons não são precisamente o *f* e o *v* francês e inglês (nem mesmo, em geral, alemão); pois, em francês, a ponta dos dentes se coloca sobre o lábio inferior e a passagem do ar ocorre entre os dentes e o lábio, formando um som que não é exatamente o som labial, mas o labiodental. O relaxamento do contato da língua produz, do mesmo modo, o som *s* e o som *z*, e o relaxamento do contato palatino, o som *ch* alemão (sua contrapartida sonante é muito rara). Na prática, contudo, julgamos conveniente dividir os sons fricativos em duas subclasses: *s* e z têm uma qualidade particular que chamamos sibilante, tais como o *sh* e o *zh* que são produzidos no fundo do palato. Esses dois últimos pares se chamarão, assim, sibilantes linguais e palatais. Depois do *f* e do *v* e se aproximando destes pelas variedades dentilabiais ou labiodentais, temos os dois sons do inglês *th* surdo em *thin*, sonante em *then* (escrito *dh* em nosso esquema) que são verdadeiros sons linguodentais, produzidos entre a língua e os dentes. Esses quatro sons, com o *ch* (alemão) são classificados como espirantes. Historicamente, eles se aproximam pelo fato de que são produtos frequentes da alteração de um som mudo aspirado. Daí serem escritos, muito frequentemente em muitas línguas, *ph*, *th*, *ch* (= *kh*).

Uma tendência parecida com os três atos orais já descritos pode ser observada nos sons vocálicos ou sons abertos. Um *i* (em *pīque*, *pĭch*) é uma vogal palatal formada pela aproximação do dorso da língua à parte do palato onde se produz o som *k*; um *u* (*rūle, pŭll*) se forma pelo arredondamento dos lábios, órgãos que produzem o *p* (não sem uma ação auxiliar da base da língua), e entre o *a* (*far*) e o *i* se encontra o *e* (*they, then*) formado pela aproximação da língua e do palato num grau menor, como o *o* (*nōte, ŏbey*) se encontra entre o *a* e o *u*. O som de *fat, man*, (representado por *æ* no esquema) se encontra entre o *a* e o *e*, como o som de *āll, whăt* (representado por A no esquema) se encontra entre *a* e *o*. Se nós representarmos por um momento os sons puramente fricativos por *kh* e *ph*, teremos a série palatal *a, æ, e, i, kh, k* e a série labial *a, A, u, ph, p* que são as verdadeiras séries formadas pela aproximação maior ou menor das mesmas partes da boca até o fechamento completo.

Há ainda uma classe a ser observada. É aquela das semivogais, ou sons que se situam entre vogal e consoante. *I* (*pique*) e *u* (*rule*) são os sons menos abertos que poderíamos formar na categoria de sons que chamamos de vogal. Mas eles estão tão próximos dos sons fechados que basta pronunciá-los de forma bastante breve e como transição a uma outra vogal para convertê-los em consoante, como, por exemplo, *y* e *w*; esses dois sons diferem, no limite, muito pouco da posição articulatória dos sons *i* e *u*. Com eles vêm o *r* e o *l*, semivogais linguais, empregadas também em muitas línguas como vogais; o *l* mesmo no inglês, em *able* (*capaz*) *eagle* (*águia*) etc. O *r* se pronuncia entre a extremidade da língua e o palato e é tão geralmente um trino ou som vibrante que se pode compará-lo ao trinado; o *l* impele aquele que o pronuncia a colocar a extremidade da língua contra o palato, mas deixando os dois lados abertos para a passagem livre do sopro.

Existem ainda duas vogais simples: aquela de *hūrt* (machucar) e a de *hŭt* (cabana) (representadas por ə em nosso esquema) que se caracteriza, em particular, por uma ação frouxa de toda a boca mais do que por uma aproximação dos órgãos a um ou vários pontos, sendo, assim, um *a* atenuado; se elas estão colocadas no centro do triângulo das vogais, é mais pelo fato de não pertencerem a em nenhum outro lugar do que por ser tratar aí do seu lugar necessário.

As distinções de vogais longas e de vogais breves, ainda que impliquem, sempre, em inglês diferenças de qualidade e de quantidade, foram, para simplificar as coisas, negligenciadas em nosso esquema, assim como as três vogais compostas ou ditongos, *ai*, (o *i* longo de *aisle*), *au* (*out*, *how*) e *Ai* (*oil*, *boy*). Resta-nos apenas encontrar um lugar e uma definição para o som um tanto anormal do *h*. Vimos que na classe de sons mudos e de sons *fricativos* os sons formam pares; um produzido pelo sopro apenas; o outro pelo sopro e pela entonação juntos; mas todos pela mesma posição dos órgãos; não é caso dos outros sons mais abertos. Podemos definir as diferenças de modo geral da seguinte maneira: a um certo grau de aproximação dos órgãos da boca, o sopro apenas está suficientemente caracterizado para formar por si só um dos elementos do alfabeto em cada uma das posições articulatórias; abaixo desse grau, a entonação é necessária para produzir elementos distintos; o sopro surdo, embora um pouco diferente nas várias posições, não o é suficientemente para formar em cada uma um elemento do alfabeto; os diversos sopros não contam apenas como uma letra, o *h*. O *h*, aspiração pura, é um sopro expirado em numa das posições onde se forma a letra adjacente, seja ela uma vogal, uma semivogal ou uma nasal; em inglês, isso ocorre apenas diante de uma vogal ou diante do *w* e do *y* em palavras como *when* (quando) e *hue* (cor). O som surdo é, portanto, comum às três classes de sons sonantes mencionadas há pouco.

O esquema assim traçado e descrito pode ser tomado como um modelo geral, no qual se pode dispor o alfabeto falado do todas as línguas do mundo, a fim de comparar os diversos alfabetos em suas relações íntimas. Embora ele não seja perfeitamente claro nos mínimos detalhes, mostra um número maior de relações nos sons alfabéticos e os mostra com mais justeza do que qualquer outro esquema. Por mais restrito que seja o número de sons que ele representa comparado com a imensa variedade dos sons que compõem a linguagem humana – que é de trezentos a quatrocentos – ele compreende, mesmo assim, os principais sons, apenas deixando de lado variedades levemente diferenciadas. O número possível dos movimentos articulatórios humanos e das combinações é teoricamente infinito; mas, na prática, ele é bastante limitado. E um sistema como o do inglês, que contém aproximadamente quarenta e quatro sons caracterizados como distintos, é um dos mais ricos que existem nas línguas antigas e modernas.

Nosso esquema tem, sobretudo, a vantagem de esclarecer a relação das vogais e das consoantes que, apesar de foneticamente muito distintas, não são de modo algum sistemas independentes e separados, apenas constituindo os dois polos de uma série contínua, cujo centro é território neutro: elas são simplesmente os sons mais abertos e os sons mais fechados do sistema alfabético. De sua alteração e de sua oposição depende o caráter silábico ou *articulado* da linguagem humana: a corrente do som se divide em *articuli* ou articulações pela sucessão alternada de sons abertos e de sons fechados, sucessão alternada que, ao mesmo tempo, os liga e os separa, os torna flexíveis, distintos, e permite uma variedade infinita de combinações. Uma sucessão pura de vogais teria necessidade de precisão; seria antes sons cantados mais do que sons falados; e, por outro lado, uma pura sucessão de consonantes, ainda que, pelo esforço, fôssemos capazes de articulá-la, seria uma expelição indistinta e desagradável.

Outra vantagem desse esquema consiste no fato de que ele mostra o desenvolvimento histórico geral do alfabeto. A língua primitiva à qual remonta as línguas de mesma família que a língua inglesa não tinha a metade dos sons representados em nosso esquema; aqueles que ela possuía eram os pontos extremos do nosso sistema: entre as vogais, *a*, *i* e *u* que formam os três extremos do triângulo das vogais; entre as consoantes, os sons mudos somente, assim como os sons nasais *m* e *u*, que são também sons mudos pelo modo com que se formam na boca; em toda a classe dos sons fricativos, ela não teria senão o *s*. O *l* não era ainda distinto do *r*, nem o *w* e o *y* do *u e do i*. Os vazios do sistema foram preenchidos por sons novos e de caráter intermediário, formados por posições de órgãos menos fortemente diferenciadas. Pode-se dizer que, ao longo do tempo, os homens aperfeiçoaram seus órgãos de modo a poderem produzir sons mais vizinhos uns dos outros e mais modulados. E não se trata aí de uma vaga expressão poética; nem isso implica uma mudança orgânica nos órgãos da fala. Como toda espécie de exercício, o ponto de partida é o mesmo; mas o sujeito adulto atinge um maior grau de perfeição, e o ponto que ele atingiu se torna o modelo que as crianças, por sua vez, procuram atingir.

O processo envolve também uma manifestação evidente de tendência à comodidade. Não é que os sons novos sejam em si de uma articulação mais fácil que os sons antigos; pelo contrário, eles são às vezes mais difíceis, pois as crianças têm mais dificuldade de aprendê-los e de reproduzi-los, e as línguas humanas não os possuem em geral; mas eles são mais cômodos para o falante experiente quando seus órgãos executam, na rapidez do discurso, contínuas transições entre as vogais e as consoantes, entre as posições abertas e as posições fechadas. Diminuir os movimentos que essas transições implicam, diminuir a abertura, nos sons abertos, e o estreitamente nos sons fechados, é uma economia que os órgãos da articulação tendem a fazer – tendência cega, sem dúvida – e chegam a fazer, de fato, pelo hábito. Eis aí a influência de assimilação que as vogais e consoantes exercem mutuamente umas sobre as outras; cada uma das duas classes de sons procura absorver a outra: as vogais se tornam mais consonantais, as consoantes mais vocálicas. Resulta daí que a marcha do movimento fonético vai das extremidade ao centro em nosso quadro alfabético; os sons mudos se tornam *fricativos*; o *a* (*far*) se transforma em *e* (*they*), o *i* (*pique*), ou em *o* (*note*), ou em *u* (*rule*). O movimento contrário também pode ser observado; mas ele se produz apenas sob o império de causas excepcionais e especiais; é, como dissemos mais acima, o remoinho da corrente. As classes centrais das nasais e semivogais, que sofrem menos a influência desse movimento comum, são também, em geral, as menos propensas à conversão dos sons alfabéticos. Para dar um exemplo dos efeitos dessa tendência, em sânscrito (do ponto de vista fonético, a menos alterada das línguas da nossa família) o *a* (*far*) forma pelo menos trinta por cento da soma dos sons articulados; e podemos logicamente afirmar que houve um tempo quando o som *a* e os sons mudos formavam, sozinhos, três quartos dos sons do discurso; em inglês, a mais alterada de todas as línguas dessa família, o som *a* não se encontra mais senão numa proporção de meio por cento em relação à totalidade dos sons articulados, ao passo que *i* (*pique*, *pick*) e ə (*hurt*, *hut*), a mais fechada, a menos audível das vogais, está na proporção de mais de dezesseis por cento; e os sons *fricativos* se tornaram quase mais comuns que os sons mudos (cada uma dessas duas classes formando na totalidade sons articulados, aproximadamente dezoito por cento[4]).

Chamamos esse progresso de assimilação; e sob esse nome geral podemos agrupar a maior parte das outras mudanças fonéticas que se produzem na linguagem. A combinação dos elementos para formar a palavra, sua contração pela omissão de vogais leves aproximam frequentemente sons que exigiam, para ser produzidos, um grande esfor-

---

4. Remetemos o leitor aos nossos *Estudos Orientais e Linguísticos*, segunda série (1874), onde muitas questões alfabéticas são tratadas de forma mais ampla.

ço muscular, que é diminuído quando da adaptação de um ao outro. Por exemplo, muitas combinações de consoantes surdas são de uma pronúncia tão difícil, que parece algo impossível (isso é apenas uma questão de gradação) e não há fato mais comum em todas as línguas do que a transposição dos sons mudos e dos sons sonantes. Nesse caso, também é produzido um movimento mais geral: porque os elementos sonantes (inclusive as vogais) são muito mais abundantes no discurso que os elementos surdos, a força de assimilação se exerce em favor da sonoridade, sendo muito mais frequente os sons surdos se transformarem em sons sonantes que o contrário.

Há um grau de assimilação das vogais às consoantes que se acham a elas ligadas; mas os casos são esporádicos e mesmo duvidosos. A influência das vogais sobre as vogais, mesmo quando elas são separadas por consoantes, é mais marcada e produz certas classes de fenômenos importantes. A diferença entre *man* (homem) e *men* (homens) se deve, em última instância, ao fato de que a terminação plural era outrora indicada por um *i*, que tinha, por assim dizer, influência sobre a vogal precedente; em islandês, pode-se observar a marca desse efeito nas formas *degi* e *dögum* que provêm de *dagr*. Por outro lado, nas línguas cíticas, é a vogal final do radical que se assimila à vogal dos sufixos que se seguem, como veremos mais tarde (capítulo XII).

Embora a assimilação seja a lei principal da agregação dos sons, a dissimilação também se produz algumas vezes e, quando a sucessão ininterrupta de dois movimentos articulatórios parecidos os deixa demasiado incômodos, muda-se um dos dois.

Não apenas as partes de uma mesma palavra, em suas combinações, mas também as palavras separadas se influenciam mutuamente, e isso se mostra, sobretudo, nas terminações. Há muitas circunstâncias que levam a esse resultado. Em línguas da mesma família que a língua inglesa e na maior parte das outras famílias, o elemento formativo, que é o menos indispensável, vem por último e é o que se conserva menos, pois ele é menos necessário. Além disso, a experiência mostra que uma *sílaba aberta*, isto é, uma sílaba terminada com um som aberto ou vocálico, é mais cômoda e mais natural de ser pronunciada que uma sílaba fechada, isto é, uma sílaba terminada com uma consoante. Um som mudo em posição final é quase impossível de ser captado pelo ouvido, a menos que o contato da língua com o palato dê lugar a um sopro; e essa dificuldade se aplica também às outras consoantes em alguma medida. Ela é quase invencível para os ingleses, pois estes admitem todas as consoantes de seu alfabeto (com exceção do *zh*) no fim das palavras ou das sílabas diante de uma outra consoante; mas os dialetos polinésios, por exemplo, não toleram nenhum grupo de consoantes em parte alguma, todas as palavras sendo terminadas por vogais; o chinês literário não tem nenhuma consoante final, exceto uma nasal; o grego, nenhuma, exceto ν, σ, ρ *(n, s, r)*; o sânscrito admite aproximadamente meia dúzia apenas; o italiano tem raramente consoantes finais; o francês tem, em geral, sons mudos, exceto *c, t, l, r*; o alemão não tolera nenhum som mudo sonante no fim das palavras e assim por diante.

Mas a lei da comodidade não se aplica apenas à assimilação. É muito comum que uma língua desenvolva aversão, por assim dizer, a um determinado som ou classe de sons, os transformando em outros. Encontramos um exemplo no antigo som inglês *h* da palavra *cniht*, etc. A maior parte das línguas de mesma família que a língua inglesa tem os sons antigos mudos aspirados e os converteram em sons mudos simples, ou sons expirados. Os gregos rejeitaram cedo o *y* e, depois, o *w*, este último, que é o *digama*, prolongando sua existência no período histórico. Curiosos caprichos, discordâncias entre diferentes línguas em matéria de predileção e de aversão se mostram em grande número nesse gênero de mudanças fonéticas. As transposições de dois sons substituídos um pelo outro são ainda mais embaraçosas e mais estranhas às regras: por exemplo, a transposição, no armênio, do som surdo e do som sonante (*Dikran* por *Tigranes* e assim por diante) à qual a confusão vulgar do *w* e do *v* e a presença ou a ausência de um *h* inicial fornecem um análogo na maneira de falar e de escrever em uso nos iletrados. E isso é de uma dificuldade comparável pelo menos com o quadrado do número dos elementos compreendidos na lei de Grimm ou a lei da permutação dos sons mudos estudada mais acima (p. 66). A ciência fonética não se encontra ainda em condições de tratar com sucesso de um assunto como esse; e aquele que pretende explicar o fenômeno em questão apenas se mostra ignorante das suas reais dificuldades.

É preciso se convencer de que o conjunto das ciências fonéticas e seus meios de penetrar a causa dos fatos e explicá-los são bastante limitados. Há um elemento de mudança fonética que sempre se recusa à análise científica: a ação da vontade humana. A obra é aquela do homem, que adapta os meios ao fim sob a impulsão de motivos e de hábitos que são o resultado de causas múltiplas e tão misteriosas que elas resistem a toda investigação. O foneticista não pode nunca proceder *a priori*; ele procura apenas observar os fatos, determinar as relações entre os velhos e os novos e dar conta da mudança da melhor forma que ele puder, mostrando suas tendências ou, antes, a forma de suas tendências. A verdadeira razão de uma determinada mudança fonética é que uma sociedade, que poderia ter efetuado qualquer outra, quis escolher esta, mostrando, desse modo, a predominância de tal ou tal motivo entre aqueles que uma indução atenta permite reconhecer como causas ordinárias dessas mudanças.

A tendência de uma mudança fonética é tão decisivamente à abreviação e à mutilação das palavras e das formas que ela foi denominada, de modo bastante justo, *declínio fonético*. Para chegar à comodidade, os elementos do discurso são inicialmente unificados; em seguida, perturbados e destruídos. São os processos de combinação (que serão tratados no cap. VII), que abrem um vasto campo para a ação da tendência; se a linguagem permanecesse em sua simplicidade primitiva, a esfera das mudanças teria sido muito mais estreita e o resultado muito menos comparável a um declínio.

Antes de deixar o tema das mudanças das formas externas, daremos um momento de atenção a uma espécie de mudança de um caráter muito diferente, embora as causas que as produzam tenham pontos de analogia com aquelas que examinamos, a saber, a classe cujas formas modernas *ears* e *fared* comparadas com as antigas *ear* e *fôr* (p. 48) nos forneceram exemplos. Quando a corrupção fonética modifica consideravelmente ou destrói os caracteres de uma forma de modo a fazer dela um caso excepcional e anormal, há tendência a reconstruí-la a partir de um modelo dominante. Os casos mais numerosos exercem um poder de assimilação em relação aos casos menos numerosos. Ora, pode-se dizer que se trata aí de economia mental. Poupamos esforços de memória, evitando ter de nos lembrar de casos de exceção e de dar conta deles no discurso. A distinção de forma entre plural e singular é uma das distinções que são apagadas no inglês sem que tenhamos percebido. De todas as marcas de plural, a que possuía o caráter mais distintivo era o *s*. A atenção se concentrara nessa marca como sendo um afixo por meio do qual se obtinha a modificação plural do sentido, e nós a empregamos em palavras às quais ela não havia sido aplicada antes; o movimento, uma vez começado, crescera até substituir todas as palavras que serviam para indicar o plural. O mesmo ocorrera com o verbo. Pela predominância numérica de formas como *loved* de *love* (amar), a adição do *d* vem a ser mais visivelmente associada à designação do tempo passado e se começaram a desprezar as exceções. Assim, no período médio da língua inglesa, um número considerável de verbos mudou, como *fare*, seu velho modo de conjugação. Mas a tendência age ainda em pequena e grande escala. As crianças, sobretudo, se enganam sempre: elas dizem *gooder* e *badder*, *mans* e *foots*, *goed* e *comed*; e mesmo *brang* e *thunk* e exemplos semelhantes são percebidos algumas vezes até mesmo na linguagem dos adultos. A palavra *its* se formou assim nos séculos XVI e XVII; a língua inglesa ganhou, desse modo, os duplos comparativos *lesser* e *worser* (menor e pior). Há um número considerável de pessoas que são levadas a dizer *plead* (como *read*) no lugar de *pleaded*, (pleiteado), e mesmo a formar anomalias sem motivos, como *proven* no lugar de *proved* (provado). Recorremos frequentemente a essa regra para explicar os processos de formação de línguas primitivas. A força da analogia é, de fato, uma das mais poderosas na história da linguagem; como ela forma classes inteiras de palavras, altera também os limites dessas classes.

V
Desenvolvimento da linguagem: mudança do sentido das palavras

Extensão e variedade dessa espécie de mudança; causas, que são: a natureza arbitrária do laço entre a palavra e a ideia e a tendência à economia de meios; nomes genéricos e nomes próprios; exemplos: os planetas e seus análogos. • Restrição da significação geral das palavras a uma significação particular. • Extensão do sentido das palavras, do próprio ao figurado; exemplos: cabeça, etc.; esquecimento da etimologia das palavras. • Desenvolvimento do vocabulário das ideias abstratas por empréstimos ao vocabulário das ideias concretas; maneira pela qual se constroem as palavras formais ou formativas com os nomes de substâncias ou de coisas; os auxiliares são elementos formais ou formativos do discurso; as frases.

Estudaremos agora o segundo grande aspecto da mudança das palavras, que consiste nas alterações de seu sentido. Esse assunto é tão vasto quanto o precedente e, se é que isso é possível, ainda menos suscetível de ser tratado nos limites de um capítulo, dada a sua extensão e infinita variedade. O progresso da mudança fonética foi minuciosamente estudado, ordenado e sistematizado por um grande número de linguistas, e os movimentos, comparativamente pouco numerosos e facilmente observáveis dos órgãos da boca, foram observados a fim de servir de base à explicação; mas ninguém ainda tentou classificar as mudanças de sentido, de modo que e os processos da mente humana em suas relações com as várias circunstâncias desafiam a catalogação. Todavia, podemos esperar estabelecer, num espaço razoável, os fundamentos e indicar algumas das principais direções seguidas pelo movimento.

Vimos que a dupla possibilidade das mudanças internas e externas independentes umas das outras repousa na natureza do laço entre o sentido e a forma, natureza completamente acidental e arbitrária. Se não fosse assim, as duas espécies de mudanças seriam correlatas e inseparáveis; no estado das coisas, cada uma segue sua própria marcha e é determinada por suas próprias causas, mesmo quando a história das duas espécies de mudança segue uma rota paralela, sugerindo que se trata aí de uma só espécie. Vimos também que as palavras se aplicam um uso específico (até onde se pode traçar sua história), cada um numa época determinada, e em virtude de motivos que bastaram a seus inventores, embora essas palavras não tenham tido valor nem de definições, nem de descrições do conceito; e que o nome, uma vez dado, contraiu com a coisa que ele designava um laço novo e mais estreito do que aquele que ela tinha com seu ancestral etimológico. Escolhemos como exemplo a palavra *bispo* que, originalmente, significava um simples inspetor. O mesmo se aplica à palavra *priest* (padre), que era originalmente προβτερος, *presbítero*, literalmente uma pessoa mais velha; à palavra *volume*, ainda que um volume não seja mais um *rolo* como era no tempo em que esse nome lhe foi dado; à palavra inglesa *book* (livro), ainda que um livro não seja mais um bloco de madeira de faia (*beech-wood*); à palavra *papel*, ainda que o papel seja composto de um elemento diferente do *papyrus*; da palavra gazeta, ainda que a gazeta não seja mais vendida por um centavo veneziano; da palavra *banco*, cuja significação é muito mais ampla que o banco do caixa no mercado e apesar de que o bancarroteiro seja submetido a outras penas que ter seu banco quebrado; à palavra *candidato*, ainda que o candidato atual não seja mais alguém vestido de branco; às palavras cobre e musselina, ainda que o cobre e a musselina não venham mais do Chipre e do Mossoul; à palavra *lunático*, ainda que não atribuamos mais a loucura à influência da lua; às palavras *Índia* e *índio* aplicadas à América e a seus habitantes em virtude de um erro dos primeiros navegadores espanhóis, erro que se corrigiu há muito tempo. Os exemplos desse gênero poderiam se estender ao infinito.

Podemos reconhecer aí algo ligado à tendência à comodidade e à economia de meios que observamos nas mudanças de forma. Se abandonar a palavra antiga e criar uma nova quando o conceito se modifica ou se transforma fosse tão fácil quanto estender um pouco a significação de uma palavra já familiar, não haveria talvez mudança de sentido nas palavras; no estado das coisas, os velhos elementos da linguagem são continuamente aplicados a novas utilizações, sem que sua significação original represente um obstáculo e cause alguma confusão. Em virtude desse mesmo princípio, nossas palavras são quase universalmente nomes de classes. Há, se observarmos de perto, em todo ser, todo ato, toda qualidade, um grau de individualidade que lhe daria o direito a um nome inteiramente à parte; mas isso tornaria a linguagem impossível; e, na prática, quando se dá um nome a uma coisa, aplica-se o mesmo nome a todas as coisas que lhe são parecidas o suficiente para formar uma classe com ela. Assim, como pudemos observar no segundo capítulo, adquirir a linguagem é adotar classificações; e uma grande parte do valor da linguagem como meio de instrução consiste precisamente nisso. Sem dúvida, as classes são de extensões bastante variadas. Há mesmo aquelas – como sol, lua, Deus, mundo – que se reduzem a um único membro. Há outras cujos membros têm para nós uma importância tal que lhes damos, ainda, o que chamamos de nome próprio: são as pessoas humanas, os animais domésticos, as ruas, as cidades e outras localidades, os planetas, os meses, os dias da semana e assim por diante. Esse procedimento ligado a essa classe permite que se mude ainda mais facilmente a relação da palavra com a coisa; pois cada classe está submetida à revisão, em consequência de um conhecimento mais exato, de uma observação mais profunda de uma mudança de critério.

Estabeleceremos melhor esses princípios fundamentais e encontraremos sugestões de classificação para os modos de mudança tomando alguns exemplos.

Nos tempos antigos, certos corpos celestes, ao mesmo tempo em que giravam em torno da terra a cada dia, do leste para o oeste, possuíam, em relação os outros corpos, um movimento lento e irregular; esses corpos foram nomeados, por uma pequena sociedade situada ao leste do Mediterrâneo, *planetas*, porque a palavra, em sua língua, significava *que erra*. Tomamos esse nome emprestado, e os ingleses o mutilaram fazendo dele *planet*, palavra que não possui nenhuma relação etimológica com nenhuma outra de seu vocabulário. A classe compreendia o sol, a lua, muito menores que Júpiter e Marte; ela não compreendia a terra. Mas há dois ou três séculos, adquirimos novas noções que nos conduziram a mudar essa classificação e a dar um novo valor a sua nomenclatura. Sabe-se hoje que, num sentido mais exato, o sol não é um planeta, mas que a terra o é; e a palavra planeta não significa mais uma estrela que, vista da terra, parece errante, mas um corpo que gira em torno de um sol central. A lua não é, precisamente, um planeta como os demais, mas um planeta secundário, um satélite. Assim, depois dessa modificação do conceito de *lua*, e da descoberta de outros satélites em torno de outros planetas que o telescópio permitiu, estamos bem mais próximos de mudar esse nome próprio para um nome genérico e de chamar todos os satélites de *luas*. O mesmo se aplica ao *sol*: tendo descoberto que o sol tem relações essenciais com as estrelas fixas mais do que com os planetas, damos o nome de *sóis* a todas as estrelas fixas.

Já falamos da classe dos planetas, classe em que cada membro separado tem um nome próprio. Entretanto, exceto o sol e a lua, esses corpos celestes não causaram inicialmente impressão suficiente entre os falantes para receberem nomes separados, e a preocupação em batizá-los foi uma preocupação dos astrônomos e astrólogos. Estes, embora o fizessem com reflexão, não o fizeram de forma arbitrária e, porque os nomes *sol* e *lua* possuíam a significação de astros e deuses, eles deram aos planetas os nomes de suas divindades – e eles aplicaram os nomes de Júpiter, Saturno, Mercúrio, Marte e Vênus, guiados em sua distribuição por razões que podemos, em parte, identificar: Mercúrio, por exemplo, o rápido mensageiro dos deuses recebeu o planeta cujos movimentos eram os mais variáveis e os mais acelerados. É assim que, mais tarde, os alquimistas deram o nome que servia, ao mesmo tempo, ao deus e ao planeta, ao mais móvel dos metais e hoje, embora o Deus Mercúrio pertença a uma ordem de coisas há muito tempo desaparecida, *Mercúrio* e *mercúrio* estão ainda presentes em nosso vocabulário; nós guardamos o mercúrio no interior de um tubo e lhe ordenamos, como Júpiter ordenava o Deus Mercúrio, que ele suba e desça para nos informar sobre o tempo. O francês dá ainda ao dia que se encontra no meio da semana o nome de dia de Mercúrio, *mercredi*, sem sabê-lo, e, muito menos, sem conhecer a razão: essa razão é que, quando os astrólogos distribuíram as horas da semana inteira aos planetas em sua ordem, a primeira hora desse dia se passava sob a regência de Mercúrio. Mais tarde, esses nomes latinos de dias foram automaticamente transformados em nomes alemães para uso dos povos germânicos e *Mercurii dies* se torna *Woden's Day*, o *Wednesday* inglês; o mesmo aconteceu com o resto. Trata-se aí, certamente, de uma história muito curiosa de mudança de acepção, que fez sair de uma série de atos refletidos de nomenclatura um grupo de palavras populares; tudo isso teria permanecido, na Europa como na Índia, uma fantasia de astrólogos se não fosse a adoção pela cristandade do período judeu dos sete dias. Além disso, as mesmas palavras foram ainda aplicadas a outros usos. Os astrólogos pensavam que uma pessoa nascida sob a influência especial de um planeta seria caracterizada por uma disposição correspondente, e nós caracterizamos ainda essas disposições pelos epítetos de *mercuriano*, ou vivo, *jovial*, ou feliz, *saturniano*, ou melancólico, *marciano*, ou guerreiro, *venusiano*, ou amoroso, os quais têm igualmente relação com os caracteres atribuídos às diferentes divindades e com a influência dos astros.

Empregamos as palavras *sol* e *lua* para designar os dias e os meses e dizemos tanto *luas*, como *sóis*. Trata-se aí de uma forte elipse: nós queremos dizer: tantas revoluções da lua ou do sol, contando, todavia, as revoluções de uma forma diferente da verdadeira; pois sem isso um sol significaria: um ano. A palavra *month* (mês) foi em seguida consagrada à designação de um período de vinte e oito a trinta e um dias que não tem nada de comum com o movimento da lua e, contudo, *month* deriva de *moon* (lua). Mais tarde, uma *moon* ou *lua* passou a significar, também, em matéria de fortalezas, uma obra que toma a forma de um crescente: analogia, desta vez, em relação à forma apenas. Com isso não se quer dizer que a forma do crescente seja sempre aquela da lua, mas que a lua é o mais conspícuo objeto da natureza a apresentar essa forma. Quando queremos ser mais precisos, dizemos: em forma de crescente. Mas há aí também uma elipse e uma elipse bastante digna de nota; pois, *crescente* significa literalmente *que cresce* e não a lua. Além disso, a lua não tem a forma do *crescente* durante toda a duração de seu *crescimento*, mas somente durante um período particular, quando ela decresce ou cresce; de modo que *crescente* significa na realidade: coisa que se parece com a lua num certo momento de seu crescimento e minguamento. Em bom inglês se diz que um *moon struck idler*, um preguiçoso, é *mooning*, sem admitir de modo algum que as influências da lua tenham dado lugar a essa expressão.

Tudo o que acabamos de dizer poderia parecer uma digressão inútil a uma parte do nosso vocabulário; mas sua heterogeneidade se deve ao caráter dos fatos com os quais temos de lidar e dá mais valor ao exemplo. É simplesmente impossível esgotar a variedade das mudanças de significações que ocorreram nas palavras. Não há direção que essas mudanças não possam tomar e não há caminho, por mais longo que seja, que uma palavra não poderia trilhar. Nenhuma classificação clara e completa dessas variedades poderia ser feita; o que se pode fazer é indicar algumas das divisões principais, algumas das grandes correntes seguidas, deixando de lado tudo o que não foi classificado e que não poderia, talvez, sê-lo.

Uma das classes mais importantes (de que já falamos mais de uma vez) encontra na palavra *crescente* um exemplo surpreendente. *Crescente* (que cresce) é uma palavra que se aplica a muitas ideias; uma criança, uma árvore, uma cristalização, um fogo recentemente aceso, uma reputação que se inicia, um mundo em sua evolução, tudo isso cresce tão verdadeiramente quanto uma *jovem* lua (como se diz de forma figurada). Considerar essa palavra como nome específico da lua em crescimento é, portanto, um ato de restrição bastante árduo e bastante arbitrário. Mas podemos ainda fazer uma objeção em relação a essa escolha: o nome responde apenas a uma característica e, ainda, uma das menos importantes de um objeto que tem muitas outras. Tudo o que podemos dizer é que a nomenclatura procede de modo livre e cômodo e que essas objeções não são nada quando a necessidade de palavras se faz sentir. O mesmo se aplica a *Bishop* (bispo), que significava inspetor; a *green* (verde), que significava vegetais crescentes; a *planeta*, que significava errante. Acredita-se com os etimologistas que a palavra *moon* (lua) vem também de uma raiz cuja significação era *medida* e que nosso satélite havia recebido esse nome nos tempos antigos, porque servia para medir os intervalos de tempo: e que se dizia, como se diz ainda, tantas *moons*. Certamente seu nome latino *luna* concorda com *lucna* e tem relação com *lux*, apresentando assim o objeto que ele designa como um corpo brilhante. Acredita-se que a palavra *sol* tem uma origem análoga. A filologia comparativa pretende de ter estabelecido (como veremos mais abaixo) que as designações de coisas específicas eram, no começo, dessa natureza, e que os germes do discurso eram expressões de ato e de qualidade. Seja como for, é certo que ao longo de todo o curso de sua história, a linguagem procedeu dessa maneira: o epíteto se tornou o nome da coisa e isso em todos os domínios da nomenclatura. A pesquisa das etimologias nos conduz comumente a encontrar, como ponto de partida, conceitos tão vagos, tão gerais, tão sem expressividade que ficamos surpresos que desse gênero tenham saído tantas ideias precisas. Para citar ainda um exemplo ou dois, todas as significações exatas e variadas de *post* (depois) remete a esse ponto de partida *put, placed* (colocado, situado). A ideia de *rolling* (rolante) se especializou no *rolo* de manteiga ou de massa, ou no *roulement de tambour* (rufo de tambor) que se ouve no alarde; depois, por um caminho mais longo, ela nos chega à palavra *rôle* (lista) e uma leve adição forma *contrôle* (controle), palavra cujo laço com sua etimologia escapa a um olhar menos curioso e experiente.

Um outro princípio muito importante é contrário em seus efeitos a esse que acabamos de expor. É o princípio da extensão do sentido das palavras, oposto ao da sua restrição. Um nome adquirido por especialização inicia uma carreira independente e termina por ser chefe de tribo. Sr. Miller deve seu nome à profissão que exerce, que é a de moleiro, de *mill* (moinho). Ele se torna o ancestral comum de toda uma posteridade de Millers, que herdam de seu nome. Um deles se torna o fundador de uma seita que se chamará os milleritas, e esse nome se tornará tão importante na nomenclatura teológica quanto o nome de Arius ou Nestorius. As *butterflies* (borboletas) foram inicialmente nomeadas assim porque há uma variedade que parece, quando voa, ter a cor da manteiga (*fly* quer dizer voar). Então, estende-se o nome a todas as variedades sem levar em conta as diferenças de cores. Vimos que *sun* (sol) e *moon* (lua) se tornaram nomes genéricos. *Crescente* formou todo um grupo de acepções novas, sem falar da presença fortuita da figura do crescente na bandeira de Maomé. Ninguém sabe exatamente por que a *rosa* se chama rosa: o botânico fez dela uma família inteira de plantas que ele nomeou *rosáceas* (parecida com as rosas). A maior parte de nossas novas aquisições científicas tem por efeito aumentar as velhas classes de palavras, encontrando aí lugar. Por exemplo, a descoberta de um novo animal, de uma nova planta, de um novo mineral faz crescer o domínio dessas palavras, assim como o de toda a série que se liga a elas e isso, algumas vezes, numa proporção considerável. A concepção dos zoologistas de *cavalo* se modificou consideravelmente com a descoberta recente nas Índias Ocidentais de numerosas espécies fósseis, muito diversas quanto ao tamanho e à forma. Todo naturalista explorador aplica sem parar, de forma bastante refletida, os dois princípios, princípios estes que todos os homens aplicam também sem sabê-lo. Quando ele tem nas mãos uma nova planta, ele procura classificá-la, isto é, determinar o nome genérico que ela pode expandir: ele acha que se trata de um criptógamo, um dicotiledôneo, um *rubus* ou amora. Mas ela tem suas particularidades, que lhe dão direito a uma designação específica e esta é obtida por meio de um outro método. O nomenclador escolhe a qualidade que ele quer descrever e chama *megalocarpus* (que tem frutos grandes), *gracilis* (elegante) e assim por diante; ou então, ele tira o nome da região, da situação, das circunstâncias da descoberta; ou ainda, ele a associa a um objeto completamente estranho ao assunto: para fazer uma gentileza a seu amigo, Sr. Smith, ele chama a planta de *Smithii*.

Entretanto, a extensão da aplicação de uma palavra compreende questões menos simples e menos naturais que essas. Não são apenas as relações de gênero, mas relações muito mais distantes que ligam os objetos designados por um mesmo nome. Acabamos de ver um deus pagão, um planeta, um metal, um temperamento, um dia da semana, todos ligados, por uma união contranatural, sob uma mesma designação: *mercúrio*. Ora, porque um fruto é verde quando ele não é completamente maduro, *verde* se torna o sinônimo de *quem não tem maturidade*, e assim pode-se permitir esse paradoxo linguístico familiar que as amoras estão *vermelhas* quando elas estão *verdes*; e num estilo pouco elegante se diz *verde* em inglês para dizer imaturo, sem experiência de vida, e *verde*, em francês, para dizer que conservou sua juventude física. Temos o costume de chamar essas mudanças de aplicação de figuras. Essas analogias têm sua razão de ser, mas são em geral tão distantes, tão subjetivas, tão fantasiosas que não podemos considerá-las como suficientes para formar o laço que liga toda uma classe. Temos à nossa volta inúmeros exemplos desse gênero em nossas palavras mais familiares e essa espécie de mudança é tão importante na história da linguagem que merece uma atenção especial. É um prazer para o espírito descobrir semelhanças próximas ou remotas, claras ou imprecisas entre as coisas e estamos sempre dispostos a fazer delas a base de uma associação que faz com que demos um novo uso a um velho nome. Assim, não somente um animal tem uma *cabeça*, mas um alfinete e uma couve também. Uma cama tem também uma *cabeça* e é o lado onde se coloca a cabeça daquele que nela se deita; e ela tem também um pé, sem falar dos seus quatro pés e dos seis pés de comprimento, medida cujo nome se deve ainda a uma figura. Um rio possui *braços* ou, por uma outra expressão figurada, seus *ramos*, ou por uma outra ainda, seus *tributários*: ele tem seu *lado* direito e seu *lado* esquerdo, seu leito, no qual, por uma mistura infeliz de metáforas, ele corre no lugar de repousar tranquilamente. Depois, no ponto mais distante da cabeceira, encontramos não seu pé, mas sua *boca* ou desemboca. Outros exemplos: um exército, uma escola, uma seita têm seu *cabeça*.

Essas expressões não causam perplexidade; elas não são, para nós, algo estranho; as figuras fazem parte das aplicações de uma palavra. Pois trata-se aí de um fato importante nesse tipo de mudança que é a mudança de sentido, a saber, o fato de que perdemos gradualmente a consciência de estarmos empregando uma figura e que terminamos por acreditar que a palavra figurativa é o nome próprio. Mais uma vez, vemos o quanto é útil ao desenvolvimento da linguagem esquecer a origem dos nomes e, uma vez que eles são adquiridos, separá-los de suas antigas associações de ideias e lhes dar novas conformes à sua destinação presente. Não existe talvez na língua inglesa exemplo mais surpreendente que a palavra *butterfly* (borboleta). Sua origem trivial é prosaica e esquecida; ela se tornou poética e elegante e quando pensamos nas criaturas brilhantes que ela designa não nos lembramos mais que ela significa *mosca cor de manteiga*. Os restos de etimologias esquecidas, de metáforas desgastadas são abundantes em todo o nosso vocabulário. Faz parte da forma de nosso entendimento dar às palavras um sentido direto e um sentido figurado; herdamos nosso vocabulário nessas condições; e, por novas descobertas de analogias, por novas transferências de sentido, continuamos a acrescentar à confusão, se é que se trata aí de confusão. Algumas vezes, a relação entre as diferentes significações pode ser compreendida imediatamente; outras vezes, ela é tão enigmática que não somos capazes de descobri-la e erramos em nossas pretensas descobertas. Em geral não nos preocupamos tanto com isso; empregamos as palavras da forma que aprendemos e deixamos aos lexicólogos seguir as ramificações dos nomes até sua origem etimológica.

Um ramo importante da mudança da acepção própria à acepção figurada é a aplicação de termos que designam coisas sensíveis aos conceitos puros e àquilo que a eles está relacionado. É inútil fornecer exemplos, pois esses exemplos existem aos montes e são : observaremos apenas alguns contidos no parágrafo precedente. *Perplexo* significa *trançado, misturado*; *simples* significa *que não tem pregas*, em oposição a *duplo* que quer dizer *que tem duas pregas*: simplicidade e duplicidade exprimem muito bem duas qualidades morais contrárias; *aplicação* contém a mesma raiz e denota a ação física de dobrar ao passo que *implicar* indica o que *está dobrado em*. *Importante* quer dizer literalmente *que traz dentro*; isto é, que tem um conteúdo, que não é vazio. *Apreensão* é a ação de tomar alguma coisa. *Relação* é *trazer de volta*, como *transferência* é *levar de um lugar para outro* em latim; e *metáfora* em grego é mais ou menos a mesma coisa. *Investir* significa *colocar dentro de roupas*; *desenvolver* um assunto é lhe retirar os invólucros que o escondem. *Trivial* é o que se encontra *atravessando a rua*. Uma *ocorrência* é *algo que corre diante de nós*. *Derivação* evoca a ideia bastante curiosa de *desviar a corrente de água de um rio* para fins de irrigação ou algo parecido. *Sugerir* quer dizer *pôr debaixo* ou fornecer um argumento ou uma ideia de baixo, por assim dizer, e não de cima; e assim por diante. Esses exemplos na língua inglesa pertencem à parte latina de seu vocabulário, porque a linguagem filosófica e científica encontra principalmente aí sua fonte; mas a parte saxã também fornece exemplos. *Wrong* (ruim, injustiça, torto) vem de *wrung*, que significa *tortuoso*, em oposição à *right*, que significa *direito* e *downright* implica a mesma figura que *upright*, indicando que não há nada de oblíquo nem de indireto num e noutro caso. A expressão: um exemplo *striking* (surpreendente) despensa comentário. *To forget* (esquecer) é o contrário de *to get* (pegar), mas ela significa apenas uma perda moral. Nós *vemos* coisas (*see things*) que não se apresentam ao sentido da visão e *point out* (mostrar), *let drop* (deixar cair), *follow up* (seguir), *lay down* (estabelecer), *come into the head* (vir à cabeça), *out of the way* (fora do caminho), são exemplos de frases que mostram a mudança de sentido do próprio ao figurado. E, de fato, todo vocabulário das coisas mentais e morais foi adquirido dessa maneira; o etimologista sabe que ele não terá terminado a história de uma palavra enquanto ele não tiver remontado à sua concepção material na qual, em virtude das analogias da linguagem, ela deve ter se originado.

Assim, da mesma forma que o conhecimento parte da observação das coisas sensíveis, da mesma forma que ele procede pela análise de suas qualidades e pela determinação de suas relações e termina pela descoberta das coisas mais recônditas que são o objeto do pensamento humano, o vocabulário, como uma consequência necessária, se compõe inicialmente das designações das coisas sensíveis, adquirindo, em seguida, palavras para tornar as coisas mais abstratas, mais formais, e termina por exprimir conceitos puros. Considerado em relação ao seu fim mais do que a seus meios, não há fenômeno mais importante que esse na história da linguagem. Mas a evolução do vocabulário intelectual é apenas uma parte do movimento mais geral; há uma outra, merece um momento da nossa atenção.

Há um verbo inglês, o verbo *be* (ser), cuja função gramatical, puramente formal ou formativa, consiste em ligar um sujeito ao seu predicado. Esse laço não existe em muitas línguas. São línguas que não possuem conectivos desse gênero e que são obrigadas a justapor os dois elementos, deixando para a mente o cuidado de estabelecer essa relação. A conjugação desse verbo é formada de muitas partes discordantes, que, no entanto, concordam no fato de que elas derivam todas de raízes que têm um sentido físico distinto: *am* (eu sou), *is* (ele é), *are* (eles são), vêm de *as*, que significava *respirar* e *sentar*; *was*, *were* (era, eram) vêm de *vas*, permanecer; *be*, *been* (ser, sido), de *bhû*, crescer. A língua francesa formou a conjugação desse verbo do latim *stare*, estar de pé. O desenvolvimento do sentido é aqui análogo ao que já vimos, isto é, um caso de transferência e de extensão: extensão tão grande que todos os caracteres distintivos das palavras desapareceram; podemos chamar isso de uma atenuação, um desaparecimento, uma formalização completa de tudo o que havia nessa palavra de sólido, de positivo, de substancial.

O mesmo conectivo geral, *be*, quando ele é empregado com o particípio passado de um verbo transitivo se torna auxiliar e forma a conjugação inteira do que nós chamamos "verbos passivos". – *I am loved* (eu sou amado), etc.; junto do particípio presente forma, em inglês, os tempos contínuos ou imperfeitos. – *I am loving* (eu estou amando), etc. Ele é, portanto, para as nossas línguas, um elemento tão importante da formação gramatical quanto o são, para outras línguas, as diferentes terminações das palavras. Há muitas outras palavras cuja história e o uso atual são quase os mesmos. Há em inglês a palavra *do*, que, de sua significação original de *colocar*, veio uma forma para exprimir uma ação eficiente de toda espécie – *do good* (fazer o bem), *do one's best* (dar o melhor de si), *do to death*, etc. e também *does service* (faz serviço), como auxiliar verbal. – *I do love* (eu amo), *did I love* (se eu amasse), etc. A raiz latina *cap* (capere) significa *apreender, pegar com a mão*. Seu correspondente é *hab*, em gótico *haban*; em alemão *haben*, o *have* inglês. Mas aqui o sentido material de *pegar com a mão* praticamente desapareceu (sentido que se mostra ainda na palavra alemã *handhabe* e a palavra inglesa *haft* (parte de um objeto destinada a pegá-lo) e ele passou a exprimir o conceito de *posse*. O mesmo se aplica ao latim, língua em que a dupla relação de *habere* com *capere*, de um lado, e *haben* de outro deixam os etimologistas confusos. Enfim, essa palavra foi empregada como verbo e, por uma transferência que, embora conheça exemplos na história de muitas línguas, pode ser considerada bastante singular, a palavra que deveria indicar a posse presente – *eu tenho* – indica a ação passada: *habeo cultellum inventum, habeo virgulam fissam, habeo digitum vulneratum* (*eu possuo minha faca encontrada, eu possuo uma haste quebrada, eu tenho um dedo ferido*). Aqui as diferentes condições foram precedidas dos atos de encontrar, quebrar, ferir. É sobre essa base absurdamente estreita que se construiu todo o edifício do tempo *perfeito*. O centro de gravidade da frase muda da condição experimentada ao ato precedente implicado e *I have found the knife, ich habe das Messer gefunden, eu encontrei a faca*, indica uma variedade da ação passada e mostra que essa ação terminou por completo, *perfeita*; um exemplo pode ser tirado do sânscrito *kritavân* (*eu estou*) *possuindo* (*alguma*) *coisa feita*, isto é, *eu fiz*; igualmente do turco *dogd-um* (batendo meu), isto é – *eu bati*. Esquece-se em seguida como a palavra *have* (*eu tenho*) indica o tempo passado e emprega-se com todo tipo de verbo, de um modo cuja análise etimológica seria um contrassenso – *I have lost the knife, I have lived, eu perdi a faca, eu vivi*, e em inglês *I have come, eu tenho vindo*, ao passo que as outras línguas dizem mais precisamente: *eu sou vindo*.

Mas o mesmo verbo tem ainda outra função auxiliar. As frases *habeo virgulam ad findendum, j'ai une verge à fendre, ich habe ein Aestchen su spalten, I have a twig to split* (no lugar de *for splitting*) (*eu tenho uma haste para partir*) indicam a ação futura. Elas se tornam expressões verbais formais quando, pelo deslocamento da ênfase e do laço, a construção muda para *I have to cut a twig, j'ai à fendre une baguette*, eu tenho que cortar uma haste, e o nome não é mais considerado como o objeto de *have* mas antes como do outro verbo empregado no infinitivo. Isso acontece ainda mais quando a construção é estendida de modo que se possa dizer *I have to strike, eu tenho que bater, I have to go, eu tenho que ir, I have to be careful, eu tenho de ser cuidadoso*. Estamos, portanto, diante de uma frase que denota a necessidade da ação futura e na qual *have, eu tenho*, que significou a ação passada passa a significar a ação a vir. A língua francesa vai ainda mais longe. Sem se apoiar, como na língua inglesa, na ideia de obrigação, ela combina simplesmente o auxiliar com o verbo e forma *je fendrai* (eu baterei), no lugar de *je fendre ai, eu bater tenho*, ou *je à fendre, eu tenho que bater*, forma habitual do futuro nessa língua, que todo francês emprega sem perceber, a menos que ele seja filólogo.

A língua inglesa tem a particularidade de exprimir a causa por meio dessa mesma palavra *have*: *I have my horse shod, eu tenho meu cavalo ferrado*; *I will have the book bound, eu terei o livro encadernado* são frases que indicam um outro aspecto da ação e apresentam alguma coisa que se quer fazer que não é feita pelo autor do ato. Trata-se aí ainda de outra forma da ideia de posse.

Todos os auxiliares verbais da língua inglesa têm origens análogas. A história de *shall* e de *will*, como signos da ação futura, é uma sequência de transferências e de extensões. Nele mesmo e independentemente de seu emprego na conjugação dos verbos, *shall* significa em inglês *eu sou obrigado*; e *will, eu tenho a intenção, a vontade*. Ambos pertencem à classe, à pequena e importante classe, de verbos chamados *pretérito-presenciais*, porque (por uma mudança diametralmente contrária a essa que abordamos mais acima) eles adquiriram a significação do tempo presente através daquela do tempo passado. E acredita-se que *shall* remonta a *eu ofendi* (e consequentemente, *sou obrigado a cumprir uma pena*. E acredita-se igualmente que *will* remonta a *eu escolhi* e se formos ainda mais longe *eu cerquei*. O grego κέκτημαι, *eu adquiri* (que se torna em inglês *I have got*) e substitui *eu possuo* é a mesma coisa. E, de fato, o grego e o sânscrito possuem ambos um dos verbos que entram nessa pequena classe de verbos germânicos de que acabamos de falar: sânscrito *véda*; grego: οιδα; gótico: *wait*; alemão: *weiss*; *I wot*, ou *eu sei*; literalmente: *eu tenho visto*. O latim fornece um exemplo bastante interessante dessas mudanças de construção em sua maneira de empregar o acusativo como sujeito do infinitivo: tudo isso veio de uma extensão inorgânica de construção como *dicit te errare, ele declara que você se engana*. O inglês tem frases bastante análogas como: *for him to err is a rare thing, para ele, errar é coisa rara* (*é raro que ele se engane*). Um outro caso do mesmo gênero é o emprego do infinitivo no sentido passivo nas frases causativas alemãs: *er liess sich nicht halten*, literalmente, *ele não se deixou enganar*.

Essa espécie de mudança não está limitada às construções verbais, como mostram alguns exemplos tirados de outras partes do discurso. Em anglo-saxão, não havia um equivalente da palavra *of* distinta de *off*: essa separação de forma e de sentido é coisa recente. *Off* é o sentido primitivo, o sentido material; embora ele próprio seja, como preposição, um signo de relação e consequentemente uma palavra formal no vocabulário geral inglês. Mas em *of*, perde-se o traço de toda relação definida e definível; essa palavra é um signo vazio, o equivalente absoluto de uma desinência, um laço entre uma palavra e uma outra que a modifica, a indicação da relação objetiva de uma palavra com outra. A história do *de* francês é semelhante. O *for* inglês é um exemplo do mesmo gênero quase tão surpreendente. A forma original era *fore* (diante, em face de). Em alemão a palavra tomou um forma tripla segundo suas aplicações, *vor, für* e o prefixo *ver*, cada uma de qualidade mais atenuada que seu predecessor. *To* (a) em geral, conserva em inglês sua antiga significação de *aproximação*; mas como signo de infinitivo *to* é puramente formal como *of*; em *to have*, por exemplo, ele é apenas uma espécie de substituto moderno da velha terminação *an* de *haban*. Perdemos completamente a lembrança de seu valor real, como preposição governando um nome verbal.

Mas há uma outra mudança de construção ligada à classe das preposições. As mais antigas eram originariamente – como muitas continuam a ser – advérbios, modificações da ação verbal, que ajudam apenas a determinar o caso que o nome da ação tomaria sem eles por uma terminação acessória. Um exemplo análogo são as conjunções; mas não dispomos de tempo para entrar nos detalhes relativos à sua história. E os artigos, considerados algumas vezes como uma das partes do discurso, são igualmente palavras cujo sentido primitivo se perdeu. É certo que essas palavras originárias já eram palavras formais; mas elas foram, por assim dizer, vaporizadas: o artigo definido é um signo demonstrativo, cujo pleno valor demonstrativo se perdeu; o artigo indefinido inglês, *a*, por uma alteração progressiva semelhante, é proveniente da palavra numérica, *um*.

A grande variedade e a importância desse tipo de mudança nos incitam à apresentação de muitos outros exemplos; mas devemos nos contentar, aqui, a fornecer apenas mais um. Os pronomes relativos formam, junto com as conjunções, os principais conectivos, servindo para ligar as proposições e a formar períodos que seriam, sem eles, uma agregação de frases justapostas. São pronomes que têm um valor conjuntivo. Eles ligam de forma explícita aquilo que se ligaria apenas implicitamente. Há uma porção de línguas no mundo que não possuem um tal aparelho sintático, e as nossas poderiam muito bem dispensá-lo, utilizando outros arranjos de palavras. Dizer *my friend has had a fever; he was not quite recovered; he was looking pale and ill* (meu amigo teve febre; ele não estava inteiramente recuperado; ele parecia pálido e doente) é suficiente para a compreensão da ordem das proposições. Sem muita dificuldade, podemos preencher por um ato mental as palavras que marcam a ligação, não tendo necessidade de dizê-las: meu amigo *que* teve febre *da qual* ele não se recuperou, etc.; nem, meu amigo parecia doente *porque* ele estava com febre, etc. As diferentes maneiras de exprimir a ideia são meios de apresentar os diversos aspectos do fato e de suas causas de uma forma mais especial a nossa atenção;

são antes mudanças decorativas mais do que recursos substanciais da linguagem. São variações do uso da retórica. Mas as palavras de relação, que, embora não sejam indispensáveis, se apresentam como tais pela força do hábito, são de aquisição recente. Eram outrora signos demonstrativos e interrogativos e que foram aplicados a novos usos; eles foram empregados inicialmente como palavras contendo uma alusão ao que lhes precedia e em seguida como palavras inteiramente alusivas. Seu papel na construção de frases foi durante muito tempo vago e duvidoso na velha língua inglesa e *who* e *which* (quem, o qual) adquiriram muito mais tarde seu valor como pronomes relativos.

Não é somente nas frases verbais e nos outros casos de redução da significação substancial das palavras com função puramente formativa que se manifesta a tendência das línguas a esquecer as etimologias. A maior parte das línguas está repleta de frases idiomáticas, de locuções que, quando tentamos analisar, são obscuras ou absurdas e que, no entanto, formam uma parte da linguagem que é fonte de deleite. *Take place* (ter lugar) é um excelente exemplo; em alemão *platz nehmen* significa *se sentar* e para dizer *ter lugar* se diz *Statt finden*. Em francês, temos *avoir beau* (*ter belo*) que exprime a inutilidade de uma ação: *il a beau s'excuser*; ou *en vouloir*, cujo sentido é *ter um ressentimento*. Dessas três expressões equivalentes: em inglês, *there is*; em francês, *il y a*; em alemão *es gibt* (*há*) seria difícil escolher aquela cujo emaranhado de sentido seria o mais curioso. A matéria aqui se torna tão extensa e tão heterogênea que nos sentimos desencorajados a dar exemplos.

Como já dissemos, é impossível esgotar a variedade de mudanças de significações operadas ao longo do desenvolvimento da linguagem. Esse assunto, sozinho, gerou volumes inteiros muito instrutivos e muito interessantes. Se quiséssemos dizer tudo o que merece ser dito, não acabaríamos aqui. Insistiríamos, por exemplo, nesse capricho do destino pelo qual certas palavras perdem gradualmente sua significação substancial até não serem mais senão o esqueleto, a sombra de si mesmas, ao passo que outras ganham sentido e força, como *home, confort, tact* (literalmente *o tocar*), *taste, humor* (literalmente *humidade*), que querem dizer agora *lar, facilidade, a delicadeza da apreciação,* o *paladar, uma certa disposição de espírito.* Insistiríamos no contraste entre palavras que, de nobres que eram inicialmente, se tornaram pouco significativas ou passaram a designar coisas pequenas, e aquelas que, de modestas que eram originalmente, como o *knight* e o *knecht,* já analisadas aqui (p. 57), adquirem uma importância considerável; entre palavras que se tornaram, por assim dizer, de tal forma vazias de sentido que procuramos substituí-las por perífrases e outras que têm uma significação tão forte e tão acentuada que não servem para nuançar ideias; entre palavras que estão na moda e palavras que envelhecem, sem que se saiba bem a razão e que é preciso evitar no estilo elegante. Voltaremos a alguns desses casos quando conveniente for. Por ora, basta ter indicado as principais tendências que a linguagem segue em seu desenvolvimento.

VI
Desenvolvimento da linguagem: desaparecimento de palavras e de formas

Desaparecimento de palavras: suas causas; palavras em uso e fora de uso. • Desaparecimento de formas gramaticais e das distinções associadas a essas formas; exemplos; excessos desses desaparecimentos na língua inglesa.

Vimos no terceiro capítulo que o desaparecimento de certos elementos da linguagem faz parte dessa mudança e dessa elaboração contínua que se chama seu desenvolvimento. Aqui, a subtração concorre com o crescimento; é como nos seres organizados em que a eliminação faz parte do desenvolvimento assim como a assimilação. E os exemplos preliminares que fornecemos mostram que essa eliminação concerne tanto aos nomes inteiros quanto aos signos formativos das distinções gramaticais.

A redução de um vocabulário mediante o desaparecimento de palavras é um fato tão simples que não é necessário se deter nele por muito tempo.

Cada uma das palavras que compõem uma língua se conserva pela via da tradição e é evidente que uma interrupção faria com que cada uma delas desaparecesse. Para uma palavra, ser é ser usada; não ser usada é o princípio da morte. Tudo o que coloca uma palavra fora de uso conduz ao desaparecimento dessa forma ou dessa palavra e não existem outras causas que possam produzir esse resultado. Há, consequentemente, duas maneiras pelas quais o desaparecimento ocorre.

Primeiramente, quando uma ideia se perde, a palavra que a exprimia se perde com ela. Se, depois de ter sido objeto de preocupação, um assunto qualquer deixa de interessar, a fraseologia pertencente a esse assunto cai no esquecimento, a menos que seja conservada como memória do passado por alguns desses meios que os homens cultivados utilizam. Isso aconteceu, por exemplo, com todas as antigas religiões pagãs dos povos germânicos. Houve um tempo em que os nomes de Thor e de Woden, de Tuis e de Freya, etc. eram tão familiares aos povos da Grã-Bretanha quanto o são hoje aqueles de Cristo e de Maria, de São Pedro e São Paulo, etc.; entretanto, excetuando os traços que conservaram os nomes dos dias da semana, traços que o leigo não percebe, eles são conhecidos hoje somente pelos estudiosos da Antiguidade. Isso se aplica a uma porção de palavras pertencentes ao antigo vocabulário das artes, das ciências, dos velhos costumes e das instituições que desapareceram. As palavras técnicas relativas à guerra nos tempos da cavalaria deram lugar às palavras da arte militar moderna. Temos aqui e ali em nossa língua atual apenas reminiscências de uma velha ordem de coisas na forma de palavras que chegaram até nós. Uma palavra tão comum, tão indispensável no discurso como *influência* tem, diz-se, uma origem astrológica e não significava, no começo, senão a ação exercida pelos astros nos negócios humanos; *desastre* era uma infelicidade devida a um aspecto estrelar de mau agouro; já observamos como as palavras *jovial, saturnino, mercuriano* se originam da relação entre as disposições que elas caracterizam e o nome dos planetas sob a influência dos quais se atribuem essas disposições. Da mesma forma, uma parte do vocabulário da caça ao falcão entrou em desuso quando esse gênero de caça foi abandonado ou foi transferido para outros usos; por exemplo, *mosquete* era o nome de uma certa espécie de pequeno falcão.

Em segundo lugar, as palavras aos milhares caem em desuso e, consequentemente, morrem aos milhares, quando sinônimos que lhes são dados prevalecem e suplantam seus predecessores, por uma razão apreciável ou não. Encontramos exemplos dessa marcha em nossa passagem-tipo: os bons e velhos derivados saxões ou palavras compostas *Hælend, reste-dæg, leorning-cnihtas* foram, eles próprios, substituídos pelas palavras estrangeiras *savior, sabbath, discípulo*. Este é apenas um detalhe na história da língua inglesa. A conquista normanda derramou nessa língua uma torrente de palavras francesas que certamente a enriqueceu, quando lhe forneceu expressões para ideias novas e lhe trouxe formas e procedimentos de linguagem que têm sua utilidade; mas esse fato resultou numa abundância de sinônimos, como: *brotherly* e *fraternal, outhlandish* e *foreign, forgive* e *pardon, rot* e *decay, hue* e *color, stench* e *odor, foresight* e *providence*. E como esses sinônimos representavam frequentemente acumulação de riquezas que as exigências do uso não exigiam, a adoção de palavras novas levou à exclusão das antigas. Foi assim que uma porção de palavras saxãs desapareceu da língua inglesa; poderíamos fornecer inúmeros exemplos: *despair* (*desespero*) substituiu *wanhope*; *remorse* (*remorso*) substituiu *ayenbie*; *conscience* (consciência) substituiu *inwit* e assim por diante.

Não é apenas por causa das importações que as antigas palavras se tornam inúteis e são eliminadas. Há numerosos casos de palavras que entram em desuso. Trata-se aí de acaso e de capricho. Encontramos um ou dois exemplos excelentes em nossa passagem-tipo (p. 48 e 53) *fôr* e *sôth*. Em anglo-saxão, o verbo *faran*, (*fare*) empregado no sentido de *ir, passar*, era de uso frequente e familiar. *Gân* (*go*) com seu pretérito irregular *eode* (*fora, foi*) era também bom inglês; o mesmo se aplica a *gangan* (*gang*) com seu pretérito *gêng* (*ganged*) que significam *sociedade* ou *reunido*, *wendan* (*wend*) e *wende* (*went*) que significam *tornar* e *tornado* eram também muito usados. Mas havia muitas palavras empregadas para se dizer a mesma coisa, e o inglês moderno escolheu arbitrariamente *go* e *went*, deixando todo o resto ou restringindo o uso das outras palavras a casos particulares, como *fare*. Por esse mesmo procedimento *equus* (para significar cavalo) caiu em desuso em todos os povos de origem latina e foi substituído por *caballus* que, originalmente, era menos nobre e correspondia à palavra *bidet*; ele se tornou nobre, então, em *cavalaria*, etc. *Magnus*, igualmente, foi destronado por *grandis* e *pulcher*, por *bellus*; em francês, *vulpes* cedeu lugar a *renard*, que é a palavra alemã *Reinhart*, nome próprio pelo qual a raposa era popularmente chamada num dado período, do mesmo modo que, em inglês, cachorro é chamado *Tray* e, em francês, cavalo, chamado de *bucéphale*. Até mesmo é possível que uma palavra importante desapareça sem que um equivalente exato a substitua: é o caso do anglo-saxão *weorthan*, que corresponde ao alemão *werden* (*tornar-se*), o inglês tendo conservado apenas a palavra *become* (literalmente *vir ao lado, atingir, tomar posse*) fez cair no esquecimento seu sinônimo, muito melhor, tornando assim impossível a distinção que fazem os alemães através da palavra *werden*: particularmente aquela do verdadeiro passivo, *es wird gebrochen*, isto é, *está se quebrando*, em oposição a *es ist gebrochen, quebrou*; e obrigando por causa da ausência dessas duas palavras a recorrer a essa manobra deselegante, mas inevitável, *it is beeing broken* (*está sendo quebrado*).

Dessa forma, há em todas as línguas certa quantidade de elementos fora de uso e tendo conhecido diferentes graus de deterioração: são às vezes palavras que são apenas incomuns, ou reservadas a locuções particulares (como *stead* que se emprega apenas em *in stead, em lugar de*); outras vezes, termos consagrados no estilo arcaico ou no estilo poético. Uns se tornam estranhos, ininteligíveis; outros são encontrados somente nos dialetos locais. E os velhos monumentos de todas as línguas mostram um número mais ou menos grande de palavras que desapareceram para sempre.

É quase inútil falar da perda das ideias ligadas às palavras e às frases, embora se trate aí, em alguma medida, de uma diminuição dos recursos da linguagem. Os exemplos de mudança de sentido que fornecemos no capítulo anterior mostraram suficientemente que isso nem sempre significa, ainda que seja comum, uma adição de significações novas, sem supressão de antigas. Pode acontecer também que o sentido substancial de uma palavra permaneça, ao passo que suas acepções acessórias se percam; assim, quando Milton fala das damas que *from their eyes rain influence* (literalmente "de seus olhos chove influência"), não compreendemos o que ele quer dizer se não conhecemos a ideia astrológica à qual ele faz alusão. Lendo os velhos autores, nos deparamos continuamente com palavras e frases cujo sentido se perdeu e não vemos senão a superfície de ideias profundas, ou acreditamos compreender aquilo cujo sentido real nos escapa.

Um assunto mais importante e que tem, na história da linguagem, consequências mais profundas, é a perda das antigas distinções de formas gramaticais. Nós já vimos alguns exemplos quando analisamos nossa frase-tipo. Pelo desaparecimento, sob a influência da tendência fonética dominante, da velha terminação do infinitivo *an* em anglo-saxão e *en* em velho inglês e alemão, o infinitivo dos verbos não difere mais, na língua inglesa, da raiz da flexão verbal, e como a ideia contida na forma não foi, por isso, extinta, criou-se um novo signo, *to*, equivalendo ao sufixo suprimido. Em seguida, tendo perdido os signos distintivos do plural, como o *on* final de *ongunnon*, não se distinguiu mais o plural nos tempos dos verbos, exceto em *is* e *are, was* e *were* (*é, são, era, eram*) e, contudo, a diferença que fazia a língua outrora entre os nomes e os pronomes plurais e singulares, diferença da qual ela guarda apenas alguns traços no indicativo (*they love* comparado com *he loves, eles amam, ele ama*) se conserva inteiramente nas mentes. Mas há o *se* e o *thâ* anglo-saxão, um singular, outro plural, o primeiro especificamente masculino (o feminino era *seo* e o neutro *thœt*) que nos fornece uma espécie de classe de distinções gramaticais que a língua inglesa abandonou e que nós esquecemos como se elas nunca não tivessem existido, a saber, a variação das palavras adjetivas segundo o número e o caso. No anglo-saxão, o adjetivo era mais suscetível à flexão que no alemão e quase tão suscetível quanto no grego e no latim; havia, inclusive, duas formas: uma para o artigo definido, outra para o artigo indefinido, como em alemão; e a língua havia conservado o acordo, a correspondência de forma entre o substantivo e a palavra que o qualifica ou que o representa, acordo fundado na identidade original do substantivo e do adjetivo e que é uma das glórias das línguas inteiramente flexionais; mas a partir do momento em que ela o perdeu, aqueles que falavam inglês nem sequer pensaram em lamentar esse fato e não seríamos capazes de convencê-los facilmente que, quando eles dizem *good men* (homens bons) eles ganhariam alguma coisa a dar à palavra *good* uma forma diferente daquela que há em *good man* (bom homem) e mais ainda a fazer a distinção de gênero em *good woman* (boa mulher); pois essa distinção foi suprimida no inglês moderno, mesmo nos nomes. Os nomes próprios têm gênero somente quando se trata do sexo da pessoa que eles designam e não nos confundimos quando se trata dos animais; ao passo que os anglo-saxões eram tão preocupados com o gênero em todos os objetos de pensamento e tinham tanto cuidado em dividir todas as palavras em masculinas, femininas e neutras – mesmo quando as coisas que eles designam não tinham sexo real – quanto são os alemães ou quanto eram, outrora, os gregos e latinos. Eis aí uma das principais características da língua da qual a maior parte das línguas europeias descende. O francês experimentou apenas parcialmente a mesma perda, tendo conservado a distinção entre o masculino e o feminino, mas mesclando o neutro e o masculino pelo apagamento de suas formas respectivas. O velho sistema de casos está em ruínas na língua inglesa, embora ele, em si mesmo, seja, como nunca, tão bom e tão útil. O inglês não tem nem dativo nem acusativo, exceto num pequeno número de pronomes (*him*, *them*, *whom*, etc.); o francês é ainda mais pobre e não tem nem mesmo um pronome possessivo distinto, ainda que ele faça, em algumas palavras pronominais, uma leve distinção entre sujeito e objeto. Os ingleses disseram igualmente adeus à forma do subjuntivo, que, em alemão, é tão rica quanto a do indicativo.

A língua inglesa é, na realidade, de todas as línguas de mesma família, a que mais apresenta esse tipo de mudança linguística, que consiste na perda das distinções gramaticais formais feitas por meios sintéticos. Não há exemplo de outra língua que, depois de ter sido tão rica nesse aspecto, tenha se tornado tão pobre e suprimido tantos e tantos radicais do aparelho dos sufixos, reduzindo-os de tal maneira à forma silábica. Tudo isso é o resultado da tendência à comodidade e à abreviação, tendência que nesse caso, mais do que em qualquer outro, produz um verdadeiro declínio. A força de conservação, a transmissão tradicional, não pode resistir a esses efeitos. Uma grande parte das perdas se deu nos últimos séculos, e seria fácil indicar as causas que as aceleraram. Quando um homem aprende uma língua estrangeira, não pelo estudo, mas pela prática, ele mutila facilmente a terminação das palavras e, feliz em ter apreendido as sílabas principais, as que encerram o sentido, ele deixa ao contexto o cuidado de explicar as circunstâncias nas quais a palavra é empregada. Eis aí o que contribuiu para a decadência da língua latina e a reduziu, na boca dos italianos, dos celtas, dos ibéricos e outros povos, graças a corrupções e abreviações, a dialetos românicos; a irrupção na Inglaterra dos normandos que falam francês, e sua fusão com os ingleses que falam saxão vieram juntar uma nova força a uma tendência já bastante conhecida entre os últimos anglo-saxões.

Mas é apenas quanto ao grau que o inglês difere, nesse aspecto, das línguas de sua família e das outras famílias. A tendência à comodidade, à economia de esforços em matéria de expressão, é universal e cega. Ela semeou ruínas por toda parte. Ela começa por juntar os elementos independentes compondo palavras; em seguida, os contrai e os mutila, e isso ocorre nas línguas primitivas de forma tão certa, e mesmo rápida, quanto nas línguas modernas. Acredita-se que não há nada mais antigo na língua inglesa que as terminações da primeira pessoa, *mi*, no singular, *masi*, no plural. Entretanto, essas formas são já contrações, a tendência à economia tendo agido sobre elas; *masi*, sobretudo, havia sofrido tantas mudanças que os filólogos discutem sua origem. Tudo o que resta na língua inglesa é o *m* de *am* (para *as-mi*) e todas as línguas da mesma família sofreram a mesma perda e muitas outras, nos diferentes departamentos da flexão e da derivação.

As línguas mais ricas e conhecidas não exprimem jamais de uma forma distinta todas as relações que existem entre os objetos do pensamento humano, relação que a mente compreende implicitamente, mesmo quando ele não lhes dá corpo mediante uma forma verbal. Nenhuma das relações explícitas é, mais que as relações subentendidas, absolutamente necessária ao discurso. Quando a mente encontra a expressão, ela pode contemplar o signo, mas não depende dele e, tendo, por assim dizer, nesse signo uma garantia de segurança, ela o esquece momentaneamente e realiza no interior de si mesma a ideia pura. Mas nós podemos observar, para nossa consolação, que a menos que um povo esteja realmente passando por um declínio em quantidade e em qualidade do trabalho mental, ele não perde aquilo que já adquiriu, como o aparelho flexional, sem encontrar o meio de fornecer um equivalente em seu lugar. Ele muda a maneira de exprimir, mas não deixa de se exprimir. A queda do sistema de casos levou ao desenvolvimento da classe das preposições; a perda dos elementos pronominais contidos nas terminações pessoais conduziu à formação dos pronomes, isto é, palavras distintas e separadas; o empobrecimento do sistema dos tempos e dos modos foi compensado por um rico aparelho de auxiliares, os quais bastam ao mesmo tempo para expressar as distinções antigas e exprimir as novas.

Isto nos conduz uma vez mais a reconhecer a última forma de mudança da linguagem, a saber, a aquisição de novos meios de exprimir o pensamento, e isso será objeto do capítulo seguinte.

VII
Desenvolvimento da linguagem: produção de novas palavras e de novas formas

Importância especial desse tipo de mudança linguística: seus efeitos. • Estes são obtidos, em parte, sem acréscimos externos; aquisições, definições, multiplicações de sentido nas palavras existentes. • Novas formas de linguagem. • Acréscimos externos; empréstimos de outras línguas; natureza e importância desses empréstimos; abusos da língua inglesa. • Invenção de palavras novas; a onomatopeia. Palavras novas formadas a partir de combinações de palavras antigas; novas formas produzidas por esse método. • Sua importância e o alcance de seus efeitos; as mudanças na forma interna são o resultado das adições externas. • Diferenciação da forma de uma palavra segundo suas diferentes aplicações. • Multiplicação das acepções de uma palavra pelo aparelho derivativo. • Conversão de uma das partes do discurso em outra.

Em nossa revisão dos processos de mudança ou desenvolvimento da linguagem, devemos, para terminar, examinar aquilo que diz respeito à aquisição de novos elementos, a maneira pela qual são compensados os efeitos destrutivos do declínio fonético e criados novos meios para exprimir as ideias e os fatos. Esses meios já foram expostos ou mencionados em parte; pois os modos do desenvolvimento linguístico se confundem e se misturam de tal maneira que é impossível discutir um, ainda que de forma sucinta, sem considerar em alguma medida os demais.

Diremos, para começar, que este último modo de mudança constitui, num sentido mais direto e mais natural que todos os outros modos, o que chamamos de desenvolvimento da linguagem e esclarece mais distintamente as forças que presidem a esse desenvolvimento.

Os acréscimos visam evidentemente a expandir e aperfeiçoar a expressão do pensamento, a fornecer às ideias recém-adquiridas e aos fatos recém-reconhecidos signos novos, e às velhas ideias e saberes do homem meios que possam melhor traduzi-los. Mas o que devemos observar inicialmente é que esse objetivo é, em grande medida, alcançado sem a ajuda de qualquer mudança aparente na linguagem. Isso acontece muito frequentemente através de novas combinações sintáticas e de aproximações inusitadas de palavras, novos tipos de empregos que fornecem uma pluralidade de recursos; pois uma porção de ideias e de deduções imprevistas são produzidas. Entretanto, essas variedades de combinações e de usos não podem ocorrer sem afetar mais ou menos o sentido das palavras e sem mudar os limites de seu domínio. Se, por exemplo, dizemos: *o sol se levanta, espalhando sua luz e seu calor sobre a terra*, esta frase é umas daquelas que poderíamos produzir em todas as línguas desde a origem da linguagem e do conhecimento humano; mas a ideia que se liga a ela será completamente diferente num ignorante moderno ou num sábio da Antiguidade! Para nós a expressão *levantar-se* aplicada ao sol é apenas uma concessão às aparências; não julgamos necessário dizer que a terra gira e que é a sua rotação que conduz a superfície na qual nos encontramos aos raios solares; e quanto às palavras *levantar-se* e *cair*, somente depois que Newton descobriu a lei cósmica da gravitação é que se soube o que realmente elas queriam dizer. Sabe-se há ainda muito menos tempo que a luz e o calor são modos particulares do movimento da matéria, e que percebemos pelos efeitos que produzem em nosso organismo sensível. A transformação da ideia ligada às palavras *terra* e *sol* dispensa observações. Esse exemplo é, sem dúvida, um exemplo extremo; entretanto, ele serve muito bem para mostrar aquilo que a linguagem se torna com o progresso dos saberes e das ideias. Essa espécie de mudança age ininterruptamente na massa linguística como um fermento, incorporando as significações das palavras umas nas outras e multiplicando as nuanças e as distinções que resultam do desenvolvimento gradual do pensamento humano. Como dissemos mais acima, o espírito de uma sociedade trabalha constantemente na construção do edifício da língua e remói de forma ininterrupta seus elementos.

Poderíamos dizer novamente tudo o que dissemos no quinto capítulo a propósito das transformações das palavras consideradas individualmente e mostrar essas mesmas transformações em sua relação com o movimento geral do pensamento. Mas isso tomaria muito tempo e devemos nos contentar em indicar brevemente alguns aspectos da questão.

Primeiramente, pode-se perceber o enriquecimento de uma língua por esse meio através da observação da variedade de acepções que se atribui a cada palavra. Se cada um delas fosse, como os termos científicos, limitada a exprimir apenas coisas análogas ou estritamente parecidas, o número de palavras existentes estaria longe de responder às necessidades da linguagem culta. Então é normal que uma palavra não cubra um ponto apenas, mas todo um território irregular, heterogêneo, oscilante. Um lexicógrafo inglês distinto pensou ter realizado uma grande façanha quando reduziu as significações da palavra *good* (bom) a quarenta variações, além de um resíduo insolúvel de uma ou duas dúzias de frases; e, embora não sejamos de forma alguma obrigados a aceitar todas as suas distinções, seu número fornece, ao menos, uma ideia do estado das coisas. Não há um estudante que não se lembre de seu desespero quando, no começo dos estudos, corria os olhos pela lista de significações de uma palavra em seus dicionários de grego e latim na tentativa de encontrar, no meio dessa variedade, aquela que poderia se adequar à frase que ele devia traduzir; o mesmo acontece com todos os que aprendem uma língua estrangeira. Cabe ao lexicógrafo, em todos os países, colocar em ordem a confusão aparente, descobrindo os núcleos, o sentido etimológico verdadeiro de onde se originam todos os outros por mudança, extensão, transferência, e mostrar o laço que os une, se isso for possível, o que não acontece, todavia, na maior parte dos casos. Se contássemos como palavra, na língua inglesa, cada significação de uma palavra, os cem mil vocábulos dessa língua se tornariam um ou dois milhões. Como exemplo dessa forma de enriquecimento da língua, citaremos a língua chinesa, uma das línguas mais cultas que há no mundo e que se compõe de aproximadamente mil e quinhentas palavras cujas acepções e empregos se estendem ao infinito. Podemos imaginar a pluralidade de ideias ligadas a cada palavra e a resultante confusão aparente.

O modo de transferência pelo qual uma palavra ganha uma significação nova é, sobretudo, a *figura*, mencionada no quinto capítulo. A linguagem filosófica é quase inteiramente formada de figuras. Mas este não é o único modo de transferência de sentido das palavras. A mente não apenas tem uma facilidade incrível para apreender as semelhanças, indicá-las, e sentir aí o prazer relativo a todo ato criador. Isso dá variedade, vivacidade à linguagem. Encontramos um exemplo curioso naquelas pessoas cujas ocupações são sempre as mesmas e cuja cultura intelectual é limitada; quando tratamos de coisas que lhes são menos familiares ou novas, eles veem analogias com os objetos habituais de seu pensamento e sua linguagem *cheira a butique*. O marinheiro fala como se o mundo inteiro fosse um navio, e quando lemos um romance marítimo a preocupação do autor em reproduzir fielmente esse fato dá à narrativa um interesse e uma naturalidade que, para nós, marinheiros de água doce, é repleta de charme. Ora, muitos termos técnicos ou frases especializadas foram assim adquiridos pela língua inglesa ordinária; e se quisermos entender o lugar que ocupa a figura na língua corrente, devemos ler em Mark Twain (*Roughing It*, Cap. XVII) essa interessante e, nesse aspecto, instrutiva conversação entre um apostador e um pastor protestante, ao qual o primeiro solicita um enterro cristão para seu parceiro defunto. Para um exemplo mais digno, veja nos poetas védicos o quanto eles empregavam a comparação do cabril e do pasto quando eles falam da condição humana, e observe que as palavras que eles empregavam como figura se tornaram palavras próprias. Quando se trata de coisas baixas ou insólitas, chamamos de *gíria* e as depreciamos em geral; mas a gíria é apenas o abuso e o excesso de uma tendência legítima e que foi bastante fecunda na história da linguagem. Ela procura se libertar do convencional, em geral opressivo, e mesmo insípido, das palavras que foram, por assim dizer, usadas pelo emprego demasiado longo que se fez delas, sem compreender seu verdadeiro valor e sem colocar nem vida, nem sentimento. Na exuberância de sua atividade, no prazer natural que ela tem em criar alguma coisa, a mente produz ao mesmo tempo a nobre linguagem figurada e a gíria. Os dois são, no fundo, a mesma coisa, e esta última não é senão um mal necessário. Há *gírias* nas quais se pode, sem acanhamento, encontrar graça, e uma narrativa em gíria é uma narrativa feita por uma série de pinturas, no lugar de uma série de palavras.

O emprego das palavras convencionais tem certamente também sua utilidade e serve nas relações sociais não para exprimir, mas para camuflar nosso pensamento. Vejamos um exemplo bastante simples. Quando perguntamos a uma pessoa *como vai?* seria demasiado enfadonho se essa pessoa respondesse com uma descrição detalhada de tudo o que ela está sentindo quanto à sua saúde; começamos uma carta endereçada a quem detestamos por *meu caro senhor*, e declaramos *estar às ordens* de alguém a quem não permitiríamos que nos comandasse. O mesmo se aplica a muitos outros casos. Substituir uma frase conveniente por uma expressão verdadeira seria faltar com educação, isto é, ser demasiado indiscreto. Há também assuntos nos quais a decência ou a delicadeza nos obriga a escolher nossas palavras com cuidado para não ofender nem desagradar aqueles que nos escutam. Trata-se aí de um dos exemplos mais surpreendentes do poder das palavras e de seu império sobre o pensamento, o fato de que toleramos uma expressão indireta, sugestiva, lá onde acharíamos revoltante a expressão própria. Aqui tem lugar o contrário daquilo que observamos mais acima: a palavra, no lugar de se desgastar pelo emprego prolongado, adquire uma significação muito direta, e somos obrigados a procurar outra.

Portanto, independentemente de toda acumulação de saberes e de ideias – ainda que em função dessa acumulação – o instrumento do pensamento sofre contínuas modificações e se aperfeiçoa pela aplicação das palavras a ideias mais sutis e mais variadas. O mesmo modo de desenvolvimento da linguagem serve para duas coisas: exprimir mais ideias e de forma mais agradável. Demos, talvez, suficiente atenção, no quinto capítulo, ao grande movimento que faz passar as palavras do sentido concreto ao sentido abstrato, dando assim expressão ao pensamento puro e ao pensamento novo pela via de extensão e formação; iremos agora expor esse procedimento mais evidente de desenvolvimento da linguagem que consiste em adições externas de palavras novas ao antigo vocabulário.

Comecemos pela adição de palavras emprestadas das línguas estrangeiras como sendo o processo mais externo. O empréstimo é, mais ou menos, o meio comum de enriquecimento empregado por todas as línguas. Não há dialeto no mundo que não tenha emprestado algo do dialeto vizinho. O que se adquire mais facilmente por essa via são os substantivos que designam as instituições e os produtos estrangeiros, que julgamos conveniente chamar pelos nomes que lhes haviam dado seus primeiros possuidores quando os adotamos ou os introduzimos em nosso domínio. Assim, *banana* é uma fruta tropical e um nome tropical; porém, quase todas as nações da Europa conservaram o nome *ananás* para a fruta que, por uma derrogação de uma lei geral, os ingleses chamam *pine-apple*, e a instituição do *tabu*, que pertence à Polinésia, é conhecida por esse nome em mais de uma língua da Europa. Uma língua como a língua inglesa, que é a de um povo misturado com todas as nações do mundo e cuja civilização fez empréstimos de todas, teve de assimilar palavras pertencentes às mais diversas línguas. Assim, há palavras religiosas tiradas do hebreu, *sabbath* (sabá), *seraph* (serafim), *jubilee* (jubileu); as palavras científicas árabes antigas *algebra* (álgebra), *alkali*, *zenith*, *cipher* (cifra), além de uma lista heterogênea de palavras como *sugar* (açúcar), *lemon* (limão), *sherbet* (sorvete), *magazine* (loja); as palavras persas *caravan* (caravana), *chess* (xeque), *shawal* (xale), e mesmo a palavra inglesa tão familiar e de significações tão diversas, *check*; há as palavras indianas *calico* (calicô), *chintz* (tecido de algodão utilizado na decoração de ambientes interiores), *punch* (ponche); há as palavras chinesas *tea* (chá), *nankeen* (nanquim); as palavras americanas *canoe* (canoa), *guano*, *patato* (batata). Esses são apenas alguns poucos exemplos tirados de uma longa lista; e a lista dos empréstimos do espanhol, do italiano e de muitas outras línguas da Europa é ainda maior. Em suma, esses empréstimos não estão em boa parte das palavras inglesas; mas eles têm importância teórica, pois esclarecem o procedimento geral pelo qual nomes são atribuídos às coisas, procedimento que iremos expor no próximo capítulo. Não é certamente em virtude do desenvolvimento orgânico da linguagem que palavras pertencentes a sociedades que os ingleses conhecem pouco e com as quais se preocupam menos ainda passam a fazer parte da língua inglesa, assim como as palavras que foram importadas pelos saxões ou que "entraram na Inglaterra com Guilherme, o Conquistador".

Esta última expressão nos leva a observar essa outra espécie de empréstimo que é comum na língua inglesa e em muitas outras. Todas as nações da Europa receberam, direta ou indiretamente, sua civilização e sua religião da Grécia e de Roma. Algumas, entre elas, como os diversos povos da Itália, os celtas da Gália, os celtiberos da Espanha, todos eles ou quase todos emprestaram dos romanos, de modo que suas línguas hoje não são praticamente outra coisa que dialetos provenientes do latim. O mesmo efeito se produziu nos povos do Norte, num grau diferente; eles se apropriaram das palavras dos romanos na mesma proporção que se apropriaram de suas ideias e instituições. Portanto, muitos vocábulos gregos e latinos entraram nas línguas germânicas, eslavas, célticas. Pode-se encontrá-los em grande quantidade já no mais velho anglo-saxão e eles são abundantes no vocabulário alemão, mesmo quando são mascarados pela aparência germânica. A dependência em relação à Roma em matéria de ciências e de arte durou muito tempo na Europa. O latim era a língua exclusiva e a única própria a exprimir as coisas elevadas. Ainda hoje, a juventude está impregnada de latim. Essas circunstâncias mantiveram nos povos da Europa o hábito constante de procurar na língua latina tudo o que faltava na sua própria língua. Isso era fácil, sobretudo, para aqueles cuja língua vulgar já era a romana; mas os ingleses também fizeram o mesmo, e os estudiosos emprestavam do latim muito mais do que do anglo-saxão ou qualquer outra língua germânica. As fontes gregas e latinas eram as mais abundantes e se ofereciam aos povos europeus. Em outras partes do mundo, outras línguas desempenharam um tal papel. O sânscrito foi durante muito tempo para todo um conjunto de nações e tribos falantes de dialetos tão diversos da Índia, a língua sagrada, a língua literária, aquela encarregada de conservar os conhecimentos sublimes e as formas mais altas do pensamento; de modo que esses dialetos foram povoados de palavras sânscritas e chegaram por si só à condição de língua de cultura. Os persas foram forçados, há mais de mil anos, a receber a religião e as leis dos árabes, e hoje o persa moderno é quase mais árabe do que persa. Os turcos invadiram a Pérsia como selvagens, e como eles não sabiam senão matar e devastar e tinham tudo a aprender, sua língua escrita está hoje repleta de palavras persas e árabes como estão os versos de Ronsard, de palavras gregas e latinas. Há quinze séculos, os japoneses se fizeram alunos dos chineses e seu vocabulário absorveu completamente o vocabulário chinês.

Portanto, os empréstimos não são de forma alguma algo próprio da língua inglesa, e esta não difere das outras senão pelo fato de que alguns desses empréstimos foram feitos de línguas que têm com ela relações muito remotas. Uma avaliação digna de fé das derivações das palavras inglesas mostra que cerca de cinco sétimos delas são derivações clássicas e dois sétimos, germânicas (as outras sendo muito pouco numerosas para serem computadas). Não é preciso dizer que as palavras empregadas na linguagem corrente não seguem essa mesma proporção; porque as palavras usuais inglesas e o conjunto da língua, seu esqueleto, por assim dizer, é germânico. Assim, na obra de Milton, por exemplo, as palavras clássicas seguem a proporção de dois terços pelo menos; mas numa página de Milton, tomada ao acaso, elas não somam mais do que dez a trinta por cento; e mesmo numa página de Johnson, essa proporção não é muito diferente.

Existem razões facilmente assinaláveis que podem explicar a abundância das palavras de origem clássica na língua inglesa. A invasão normanda, que fez entrar em conflito franceses e saxões, introduziu uma grande quantidade de elementos latinos, cuja presença na língua saxã preparou a introdução natural de outros elementos dessa mesma origem. O desaparecimento gradual dos modos de composição, de derivação, de flexão pertencentes à língua do país, causado pelo mesmo acontecimento, tornou essa língua imprópria para as necessidades crescentes da ciência e do pensamento. Assim, diante das exigências urgentes e diversas dos dois últimos séculos, o recurso aos empréstimos foi mais empregado do que nunca. Quando uma sociedade vive tranquilamente, não tendo de acumular muitos frutos do pensamento, quando ela se contenta em viver com seus velhos conceitos e elabora apenas lentamente as novas ideias, o desenvolvimento puramente orgânico da língua, desenvolvimento proveniente de toda a massa social, é o bastante. Mas quando as ciências, as artes e a filosofia fazem progressos rápidos, quando os ramos do conhecimento se multiplicam e se originam um dos outros, cada um exige todo um conjunto de termos novos; quando um número infinito de fatos e de objetos conhecidos se apresenta ao pensamento, mesmo a língua mais fértil não seria capaz de responder por seus próprios meios. A demanda é pelas palavras técnicas, científicas, e os estudiosos vão muito naturalmente procurá-las nas línguas de cultura. Eles encontram aí a vantagem de que todos os continuadores da mesma obra de civilização têm assim uma língua em comum, por meio da qual eles se entendem, respondem uns aos outros e se unem para além das fronteiras. Os cinco sétimos de elementos clássicos da língua inglesa são consagrados aos usos técnicos ou científicos, e as crianças não têm necessidade alguma de aprendê-los quando aprendem a falar inglês; muitas pessoas não chegam mesmo a conhecê-los, e há um número bastante grande que mesmo nos livros encontram lugar apenas raramente. Entretanto, sob certas condições da vida prática ou em certas profissões, eles se tornam tão familiares quanto aqueles cuja origem não tem nada de artificial. Vemos um exemplo disso nas palavras *dália, petróleo, telégrafo, fotógrafo,* etc.

Há diferentes modos e diferentes graus de empréstimos. O que se toma emprestado mais facilmente de uma língua são os nomes e os epítetos, dito de outro modo, os substantivos e os adjetivos. Os verbos são mais dificilmente assimiláveis; as partículas, quase nunca, e os prefixos e sufixos muito pouco; menos ainda os aparelhos de flexões, terminações, conjugações, declinações. A própria língua inglesa não tem em sua gramática nada ou quase nada que tenha vindo de fora. Os artigos, essa parte do discurso que serve para ligar as ideias, mostrar suas relações, formar períodos, são inteiramente anglo-saxões. De modo que, apesar da predominância dos elementos clássicos, o inglês permanece uma língua germânica. Há poucos exemplos de invenções de novas palavras em relação ao período histórico (pois não falamos do período primitivo da linguagem). Assim, há, excepcionalmente, a palavra *gas* (*gás*), fornecida, como vimos, por um químico, para nomear um estado da matéria que não havia sido ainda suficientemente distinguido a ponto de merecer um nome a parte. Esse mesmo químico propusera chamar *blás* a influência dos corpos celestes sobre a temperatura da terra: essa palavra parecia muito fantasiosa para ser adotada de forma geral e ela caiu no esquecimento ao passo que a outra se tornou universalmente conhecida.

Há outras palavras cuja fortuna não se deve, como a palavra gás, ao acaso; são aquelas cujo mérito e cuja razão de ser consistem na imitação dos sons da natureza: como *cuco*, *tucano*, nomes dados a determinados pássaros em função de sua semelhança fonética com o canto dessas espécies; ou ainda as palavras descritivas, imitativas, como, em francês, *craquer* (produzir um ruído seco), *cracher* (cuspir), *siffler* (assobiar) e, em inglês, *buzz* (zumbir). É o que chamamos de onomatopeia, literalmente, em grego, *criação de nomes*, porque os gregos davam seus nomes dessa maneira e não concebiam que entre o nome e a coisa apenas existisse um laço puramente convencional quando se podia fazer melhor.

Passaremos agora a um outro processo pelo qual os elementos que não são inteiramente novos, mas que são suscetíveis de enriquecer consideravelmente uma língua, são postos em funcionamento; processo que a história da linguagem prova ser mais importante do que qualquer outro. Estamos falando da composição das palavras, da justaposição de dois elementos independentes para formar uma palavra. Podemos encontrar um ou dois exemplos em nossa passagem-tipo: *reste-dæg* e *leorining-cnihtas* (*dia de repouso* e *jovens aprendizes*, dito de outro modo, *sábado* e *discípulos*). Tais palavras são, logicamente, frases descritivas abreviadas e cujos signos de relações, os conectivos ou as flexões ordinárias foram eliminados. As duas ideias são reduzidas cada uma a um só signo e os dois signos são justapostos; cabe à mente inferir suas relações, partindo de circunstâncias conhecidas. É um sacrifício feito em nome da brevidade e da comodidade, vantagens de uma língua que possui elementos formativos e palavras formais. A relação entre as duas partes das palavras compostas é subentendia, e sua natureza, variável; assim, *headache* é uma dor de cabeça; *head-chess* é um penteado, *headland*, uma península em forma de cabeça; um *headsman* é um algoz (um homem que corta as cabeças); um movimento *headway* é um movimento de progressão em direção à cabeça (de um cavalo ou de qualquer outro animal exceto o homem); um *steamboat* é um barco a vapor; um *railway*, um caminho feito com trilhos, etc., etc. As palavras assim formadas têm um único acento; aí está o selo exterior da fusão, mas isso não basta, pois palavras, como *the man* (o homem), *have gone* (foi) e ainda, *shall go* (ele irá), tão próximas a ponto de possuírem apenas um acento, seriam também palavras compostas. Não há nada mais comum nas línguas que as combinações de duas palavras formando apenas uma. Entretanto, as línguas fazem usos em graus diferentes de um tal recurso: o sânscrito abusa; o grego e o latim o utilizam com sábia moderação; o francês parece ter perdido quase totalmente a virtude de utilizá-lo e o inglês, ainda que não possua tantas palavras compostas quanto o alemão, possui mesmo assim um número considerável, e os exemplos citados mais acima mostram que a língua inglesa encontrou nesse processo grandes recursos para a expressão do pensamento. Vimos o quanto os homens perdem de vista a origem das palavras compostas, unindo-as por meio de mudanças fonéticas e considerando-as como um signo apenas. Resta-nos, todavia, estudar um pouco mais o destino dessas palavras numa direção diferente.

Entre os inúmeros adjetivos que os ingleses juntam aos nomes para formar palavras compostas, há aqueles que em razão de seu sentido e aplicabilidade são empregados com maior frequência. Um exemplo típico é *full* (cheio – o alemão *voll*), que se junta aos nomes num sentido tão geral que seu valor específico se perde e ele se torna uma espécie de sufixo: *dutiful* (obediente) e *plentiful* (abundante) são equivalentes a *duteous* e *plenteous*. Seu contrário é *less* (menos), em alemão *los*. Não é, contudo, como poderíamos crer, esse adjetivo que entra nas palavras compostas; é *loose*, que quer dizer *frouxo* (que não é firme, que se desata). Esse fato se prova pela significação da palavra alemã e pelas velhas formas da língua inglesa; e aqui, a palavra independente foi de tal forma mascarada pela mudança fonética que ela não é mais reconhecível, não sendo absolutamente outra coisa que um sufixo. Mostramos suficientemente (p. 51) que o sufixo adverbial inglês *ly* (*godly* – divino – *homely* – *doméstico*) vem de *like* (*parecido, da natureza de*); e que um certo caso da palavra *like* foi convertido em um sufixo geral: *truly* (verdadeiramente), *plentifully* (abundantemente). O sufixo adverbial francês *ment* procede igualmente do ablativo latino *mente*. *Grandement* vem de *grandi mente* (com uma grande mente). O *wholesome* inglês (sadio) – em alemão *sam* em *heilsam* – é uma forma alterada do velho *sam* idêntico a *same* e que, como *like*, significava *parecido, da natureza de*. Há também sufixos formativos de nomes que possuem a mesma origem. Os casos mais comuns são *ship* (em alemão *shaft*), *lordship*, *herrschaft* e assim por diante: *dom* (em alemão *thum*), *kingdom*, *wisdom*, *königthum*, *weisthum* (reino, sabedoria); *ship* vem de *shape* (forma), e *dom*, de *doom* (sentença). Vimos um caso ou dois *en passant* no qual o tempo verbal foi formado do mesmo modo. O *don* de *hyngredon* (plural de *hyngrede*, p. 52) era em língua gótica *dêdum*, evidentemente um auxiliar (o *did* inglês), que, numa época muito longínqua da história comum dos dialetos germânicos (pois o encontramos em todos eles, mas em nenhuma das línguas da mesma família) se juntou a uma palavra verbal empregada no infinitivo tendo ambos sofrido fusão, como hoje em inglês, *I do love* – eu amo – *I did love* – eu amava, sendo que neste caso não há fusão. Um fato muito parecido se produziu na língua francesa no tempo futuro dos verbos, em que o infinitivo simplesmente se fundiu com o verbo *avoir* (ir); exemplo: *je donner-ai* (eu darei). Podemos encontrar em abundância traços dessas composições de palavras através da fusão na língua latina, na qual elas produziram uma nova forma verbal. Sabe-se que as sílabas *bam, bo, ui* ou *vi* que marcam em latim, o imperfeito, o futuro e o perfeito são terminações de um verbo auxiliar que emprestou sua forma à conjugação dos verbos ativos e que corresponde ao verbo inglês *to be* (ser). O grego e o sânscrito poderiam fornecer exemplos semelhantes em épocas mais ou menos remotas. Pensamos que o futuro *syâmi* e o grego σω remontam ao período primitivo da formação das línguas da nossa família.

Entre os inúmeros exemplos que mostram que os sufixos das palavras derivadas ou flexionadas são palavras originalmente independentes e distintas, esses são os mais simples que poderíamos ter escolhido. Nesse caso como nos demais, o esquecimento, a atenuação, a transferência de sentido, a abreviação, a mudança de forma, cada um desempenhou seu papel na criação das palavras; pois, enquanto os dois elementos justapostos permanecerem reconhecíveis, nós estaremos diante de compostos mais que de palavras; assim, o *ful* inglês (o *voll* alemão) não é realmente um sufixo, como o *ly*, pois *ful* conservou uma significação própria que ainda se pode reconhecer. É preciso uma alteração camuflada para que se forme um afixo, ou *elemento formativo*, como chamamos, com razão, distinguindo-o do *elemento radical*, isto é, da palavra essencial à qual ele vem se juntar.

E não está aí – falamos dos sufixos das palavras derivadas e flexionadas – a parte mais importante dos elementos formativos da linguagem, cuja origem remonta a esse processo. Se devemos admitir, em matéria de linguagem, apenas aquilo que repousa sobre provas evidentes, não atribuiremos ao princípio da combinação uma grande parte do desenvolvimento da linguagem. Mas seria extremamente insensato exigir tais provas em todas as ocasiões. As modificações que sofrem as palavras por meio dessas duas espécies de mudanças são tais que depois de um longo intervalo de tempo, podemos apenas adivinhar (e em alguns casos nem mesmo isso) aquilo que essas palavras foram na origem. Não poderíamos explicar o sufixo inglês *ly* se não pudéssemos recorrer a outras línguas. Não saberíamos com certeza de onde vem o *d* da palavra *loved* sem a ajuda do gótico, não mais que o *s?*, que marca o futuro na língua grega, sem o sânscrito. A cada período da vida da linguagem, há eliminações feitas em função do progresso e da simplificação nas partes conectivas das palavras, e as contrações levadas ao extremo tornam irreconhecíveis, mesmo nos dialetos romanos, os elementos antigos dos compostos. Portanto, não é porque não encontramos numa forma os caracteres que são visíveis nas outras que essa forma tem uma origem diferente; a presunção, muito pelo contrário, está a favor da paridade e em lugar de ter de provar que ela existe, devemos, antes, provar que ela não existe. Ora, no estado da ciência, essa comprovação não foi feita e todos os resultados fazem crer que a agregação das palavras foi, desde a origem, nas línguas que pertencem à mesma família que a nossa, o método fecundo e suficiente do desenvolvimento externo da linguagem, aquele que forneceu os novos elementos que, sob a ação de outras causas, foram aplicados às necessidades crescentes do pensamento. Iremos, mais abaixo, percorrer brevemente a história desse desenvolvimento em suas relações com o princípio da combinação como nos apresenta a filologia comparada.

Mas uma parte das palavras derivadas ou flexionadas parece ser formada por modificação interna mais do que por adição externa. Sem dúvida se diz em inglês *boy* e *boys* (*menino* e *meninos*), mas se diz também *man* e *men* (*homem* e *homens*); se diz *love* e *loved* (amar e amado), mas se diz igualmente *read* e *read* (ler e lido), e em alemão esse fenômeno da variação da vogal radical, fenômeno bastante vasto e importante, é encontrado em grandes classes de palavras, o inglês apresentando o mesmo, por exemplo, em *sing, sang, sung, song* (*cantar, cantara, cantado, canto*); em *break, broke* e *breach* (*romper, rompido* e *ruptura*). O grego tem também, ainda que de maneira menos visível, uma leve mudança de vogal radical num grande número de verbos e de derivados verbais, como λείπα, ἔλιπον, λέλοιπα e como τρέπα, ἔτραπον, τέτροφα, τρεπτός, τράπηξ, τρόπος, etc. Essas são aparentes violações do princípio do desenvolvimento por acréscimo externo, por agregação. Entretanto, se chegarmos a provar que esses casos, aparentemente divergentes, estão submetidos a esse mesmo princípio, eles irão antes lhe dar ainda mais força.

Comecemos por *rēad* e *rĕad*, que são mais recentes e mais simples. Em anglo-saxão, esse verbo e o número reduzido de outros verbos semelhantes não tinham essa diferença de vogal entre o pretérito e o presente e eles possuíam a mesma terminação que os verbos regulares ou novos: as formas eram *rœdan* para *rēad* (ler) e *rœdde* para *rĕad (lido)*. *Mas o princípio fonético da comodidade agiu aí como alhures: a penúltima de rœdde* tinha uma vogal longa diante de uma consoante dupla e a dificuldade foi diminuída com a pronúncia breve dessa vogal, procedimento tão comum nas línguas germânicas que se consideram quase sempre como vogais breves todas aquelas que se encontram diante das consoantes duplas. Portanto, quando mais tarde e pela supressão das vogais finais das palavras, as duas formas se tornaram monossilábicas, a consoante dupla desapareceu, não restando outro signo para marcar a diferença de tempo entre *rēad* e *rĕad* que a maneira de pronunciar a vogal radical, longa ou breve. O caso é análogo, por um lado, a *lēave, lĕft* (deixar, deixado), *feel, felt* (sentir, sentido), nos quais há pronúncia breve da vogal pela mesma razão, sendo que o grupo das consoantes foi conservado; por outro lado, a *set, put* (colocar) etc., que perderam igualmente suas terminações no pretérito, mas, tendo uma vogal curta no presente, não foram diferenciadas nos dois tempos e conservaram a mesma forma. A distinção entre *rēad* e *rĕad* (ler e lido), *lēad* e *lĕd* (conduzir e conduzido) é, portanto, puramente um acidente fonético; é um modo de dar conta, para fins gramaticais, de uma diferença produzida de forma secundária como consequência imprevista de uma adição externa, quando essa adição desapareceu em virtude do declínio fonético. Chamamos essas distinções de *inorgânicas*, em oposição às distinções que, como *loved* (amado) de *love* (amar), vão direto ao seu objetivo.

Quanto a *man* e *men* (homem e homens) trata-se aí de um exemplo do que, em alemão, chamamos de *umlaut*, ou modificação de vogal, fenômeno muito comum na língua germânica e raríssimo na língua inglesa. Era na origem a mudança do som *a* ao som *e* pela influência assimilante do *i* que se segue (cf. p. 78): mudança que depende do caráter das terminações dos casos e que não tem nada a ver com a distinção de número. Acontecia em anglo-saxão que um dos casos singulares (o dativo) recebia o *e* e que dois casos plurais (o genitivo e o dativo) recebiam o *a*. Mas em virtude de sua influência de assimilação, as terminações desapareceram (da mesma maneira que o segundo *d*, cuja supressão encurtou a vogal longa de *read*); de modo que o dativo e o genitivo perderam no plural sua distinção, e que *man* e *men* permaneceram um diante do outro, o primeiro como expressão do singular e o segundo, do plural. E porque essa diferença de vogal bastava para distinguir os dois números, não se fez duplo emprego juntando um *s* como em *ear*, *ears*, épi, épis (cf. p. 47). Aqui novamente temos um caso de aplicação com fins de distinção gramatical de uma diferença de forma que em sua origem era *inorgânica*, isto é, acidental.

Seria necessário muito mais espaço do que dispomos aqui para discutir e para explicar o caso que ficou faltando, aquele relativo ao *ablaut* ou variação da vogal radical em *bind*, *bound*, *band*, *bond* (ligar, ligado, banda, laço), etc. Isso nos conduziria a levantar algumas questões que permanecem sem respostas, e que são ainda objeto de discussão. Mas não encontraríamos, na história dessas variações, nada de essencialmente contrário aos princípios relativos aos exemplos já citados. O pretérito, o particípio, o derivado, cada um possuía, na origem, seu elemento formativo externo: o primeiro tinha a reduplicação, como em *cano*, *cecini*, τρέπω, τέτροφα, *haldan*, *haihald*; os dois outros, suas terminações de derivados, e não existia diferença de vogal. Quando essa diferença começou a se mostrar, já não era significativa, não mais do que aquela de *feel* e *felt* ou do alemão *männer* de *mann*: ela se produziu a partir de influências puramente eufônicas: trata-se do enfraquecimento do som de um *a*, do aumento da força dada a um *i* ou a um *u* por meio de um acento, e a fusão da reduplicação que pertencia ao pretérito com a raiz da palavra. Não há aqui lugar para exceções a essa regra geral segundo a qual, em nossas línguas, as formas nascem da agregação externa de elementos separados.

Há aqui um fato digno de nota que constitui um importante acréscimo aos meios de enriquecimento das línguas: a mente se apropriou de diferenças acidentais e as aplicou a novos usos. Uma palavra se divide, dessa maneira, em duas ou mais palavras, cada uma seguindo um destino distinto e separado: vimos já alguns exemplos notáveis. O *ân* anglo-saxão se tornou o numeral inglês, *one* (*um*) e o artigo *an* ou *a* (que significa igualmente *um*); *of* formou *off* (*fora de, para além de*, etc.) e *of* (*de*); *also* (*também*) e *as* (*como*), semelhantes às palavras alemãs *also* e *als*, representam uma ideia antecedente; *fore* (diante) e *for* (para), como as palavras alemãs *vor, für, ver, through* (*através*) e *thorough* (*profundo, completo*) são exemplos de um tipo particular de divórcio, que é acompanhado da transformação de um advérbio em adjetivo; *outer* (exterior) e *utter* (*pronunciar*) são as duas faces de uma mesma palavra e de uma mesma ideia; *cónduct* (*conduta*) e *condúct* (*conduzir*) são espécies de uma classe de palavras pares que somente a posição do acento distingue; *minúte* (*pequeno, fino*) e *mínute* (*minuto*) são distinções bastante convenientes, que gostaríamos de ver aplicadas aos dois usos de *second*, palavra cujas diferentes acepções não são marcadas; *genteel* (*polido*), *gentile* (*pagão*) e *gentle* (*doce, moderado*), todas as palavras provenientes do latim *gentilis* mostram tanto na variedade de suas significações como na unidade de sua raiz que significavam simplesmente *ser nascido*, a que ponto podem chegar as mutações da linguagem.

O processo de desenvolvimento que consiste em agregar as palavras de uma língua e assim formar novas palavras e, algumas vezes, novas formas é naturalmente muito mais lento que o processo que consiste em emprestar termos, sobretudo quando se recorre a ele de forma tão voluntária como na língua inglesa. A criação de formas se faz por um progresso insensível e é preciso uma longa sucessão de gerações para formar uma palavra, um sufixo. Mas quando esse resultado é obtido, os desenvolvimentos aos quais ele serve como ponto de partida se tornam muito mais rápidos. Quando, por exemplo, fazemos de *did* uma terminação do pretérito, nós o aplicamos ao tempo passado de todos os verbos novos, seja qual for seu número; e são poucos os adjetivos na língua inglesa que não permitem formar um advérbio por meio do sufixo *ly*, ainda que sejam poucos os que o fazem por meio de *like*. Mas se pensarmos nos períodos da linguagem que remontam a milhares de anos e no número de línguas que não fizeram muitos empréstimos, veremos que o procedimento de acréscimo por agregação tem aí um lugar muito importante. As línguas podem adquirir pelo triplo socorro às variedades de acepções, de formas e de agregação dos elementos, tudo o que é necessário para constituir seu desenvolvimento orgânico. Elas podem também, unicamente por meio dessas forças, se transformar, do ponto de vista da gramática, criar distinções novas e substituir aquelas que o tempo, que tudo destrói, faz desaparecer.

Existe ainda um outro processo de crescimento da linguagem e que tem alguma relação com este: a facilidade que todas as línguas flexionais têm para multiplicar o emprego de seus elementos antigos ou novos, fazendo-os passar pelo processo da flexão ou da derivação. Certamente não podemos utilizar desse modo todas as formas contidas numa língua: as distinções inglesas, por exemplo, de *he* e *him*, *they* e *them*, *man* e *men*, *give* e *gave*, *sit* e *set*, *true* e *truth*, *land* e *landscape*, ainda que flexionais, estão mortas e já deram tudo o que poderiam dar; mas os nomes de importação recente podem receber inicialmente um *s* para indicar o plural, e a terceira pessoa do indicativo, como *telegraphs*; depois, fazemos deles um verbo com todas as suas formas flexionadas, *telegraphed* (*telegrafado*), *telegraphing* (*telegrafando*). Em seguida recorremos aos sufixos (*telegrafia*); e aos compostos, *telegram* (*telegrama*). Um certo número de sufixos, como *ful*, *less*, *ous*, *ish*, *y*, estão ainda bastante vivos para que, na prática, possam ser aplicados. Além do fato de que se pode transformar os adjetivos em substantivos, como *o bom*, *o belo*, *o verdadeiro*, há em inglês o sufixo *less* que serve perfeitamente para exprimir a ausência, a negação, *lifeness* (*sem vida*). Há nessa língua o *ly*, que transforma todo adjetivo em advérbio, *telegraphically* (*telegraficamente*). O verbo tem também seus meios de mutação e *to telegraph* (*telegrafar*) pode formar *telegrapher* (*operador de telégrafo*), *telegraphy* (*telegrafia*) e *telegraphist* (*que cultiva a arte da telegrafia*). As línguas podem ainda formar verbos a partir de nomes e adjetivos; exemplos: *endurecer, revolucionar, desmoralizar*, e assim por diante. Este último método é, em todas as línguas da nossa família, uma grande fonte de verbos novos, os verbos chamados *denominativos*, que aparecem em grande número em todos os períodos da história da linguagem. Tudo isso vem da facilidade com que tratamos os elementos formativos da mesma maneira que os elementos radicais. Uma sílaba modificadora, ainda que limitada a ter apenas um valor formal ou formativo, se torna de uso bastante geral, adquirindo um sentido para um povo, e esse povo faz uso dela em todas as palavras às quais ele quer acrescentar esse sentido, tão naturalmente quanto um conectivo ou um auxiliar. Trata-se aí de um exemplo notável de como um sufixo, mesmo de origem estrangeira, pode se tornar um instrumento formativo que usamos e abusamos, como o *ize, ism* e *ist*, que os ingleses emprestaram da língua francesa, e esta, por sua vez, da língua grega. As pessoas que falam mal ou falam uma linguagem sem naturalidade acabam usando formas monstruosas como *walkist* (*andarilho*), *haircuttist* (*cabeleireiro*), etc.

É de grande importância, se se quer compreender a estrutura de uma determinada língua, distinguir seu atual sistema de flexão e de derivação do antigo sistema destruído, do qual nada mais existe exceto os efeitos e os traços nas velhas palavras da língua. E é em grande parte pela destruição dos velhos instrumentos que um dia serviram para criar as formas que uma língua guarda seu caráter individual sendo, como a língua inglesa, particularmente analítica. Cada língua tem, em relação a esse aspecto, sua maneira de proceder: o francês é mais pobre, mesmo em relação ao inglês, no que diz respeito aos aparelhos de derivação; as línguas eslavas, como o russo, são mais ricas que todos os dialetos germânicos e neolatinos.

A língua inglesa conserva um resto de sua antiga característica de língua flexional na facilidade com que ela tem para mudar uma parte do discurso em outra sem o auxílio de um signo exterior. As línguas da mesma família possuíam no passado um meio, um elemento formativo, para formar verbos denominativos a partir de nomes e de adjetivos; o inglês perdeu ou eliminou esse elemento, mas ele continua a formar verbos tanto quanto antes; exemplos: *to head an army* (literalmente *cabeçar* um exército), *to foot a stocking* (literalmente *pisar* um cabo), *to hand a plate* (*mãosar* um prato, isto é, apresentá-lo), *to toe a mark* (literalmente *dedar* uma marca com o dedo do pé, isto é, marcar com o fundo do pé), *to mind a command* (literalmente *mentalizar* um comando), *to eye a foe* (literalmente *olhar* um inimigo nos olhos), *to book a passenger* (literalmente *livrar* um passageiro, isto é, registrá-lo), *to stone a martyr* (literalmente, *pedrar* um mártir, isto é, *apedrejar*) e assim por diante. Esses exemplos mostram que a relação entre sujeito e objeto é extremamente variável, sendo determinada, em cada caso, unicamente pelas circunstâncias conhecidas. Uma outra facilidade que tem a língua inglesa é a de transformar, sem cerimônia, nomes em adjetivos: assim os ingleses dizem *a gold watch* (literalmente um *ouro relógio*) ao passo que os franceses são obrigados a dizer *un montre en or* (*um relógio de ouro*) e os alemães também; *a steam-mill* (um *vapor moinho*) para um moinho a vapor; *a Chine-rose* (uma *China rosa*), para uma rosa da China, e assim por diante. Isso se deve ao enfraquecimento dos laços de composição, à eliminação das partes conectivas do discurso. Essa variação de emprego é algo muito diferente do caráter indeterminado das palavras nas línguas que não possuem flexões. O sentimento de distinção entre as partes do discurso é suficientemente conservado nas mentes pela presença, em uma língua, de um número considerável de palavras que pertencem unicamente a uma dessas partes e podemos suprimir seu signo sem correr o risco de perder a ideia; isso faz com que a língua inglesa conserve nisso uma capacidade grande de multiplicação dos recursos da linguagem.

VIII
Como são criadas as palavras

Revisão dos processos de mudança: sua parte na formação de palavras. • Até que ponto a formação das palavras é fruto da reflexão. • A concepção da ideia precede o signo; explicação; exame dos argumentos contrários a essa opinião. • Fonte dos elementos dos nomes. • O laço entre o nome e a ideia é artificial. • Pesquisas etimológicas. • Razões de ser dos nomes: ciência da morfologia. • Força que concorre para a criação dos nomes; a faculdade linguística; exame dos erros e das causas dos erros em relação a esse assunto. • Papel que desempenha a sociedade nos processos linguísticos. • Sua relação com a ação individual.

Terminamos o exame dos diferentes processos – ao menos os principais – pelos quais se desenvolvem as línguas como as nossas. Se se quer compreender o movimento histórico de uma língua num dado período, é preciso analisá-la em suas relações com cada um desses diferentes modos de desenvolvimento, ver como eles operam em conjunto e separadamente; observar o tipo e o grau de atividade de cada um e, se possível, a razão das diferenças. Na exposição que fizemos e nos esclarecimentos que fornecemos, visamos, sobretudo, os efeitos dos diversos processos de crescimento na língua inglesa, não acreditando ser necessário mostrá-los nas outras línguas, senão ocasionalmente e a título de complemento de demonstração. Iremos antes examinar certos princípios gerais relativos aos fatos existentes concernentes à formação original dos nomes, isto é, à aquisição primeira de signos para as ideias. Os outros aspectos do desenvolvimento linguístico são, como vimos, de uma importância menor e de explicação fácil. Mas compreender como somos capazes de exprimir todas as coisas é compreender a natureza essencial do desenvolvimento linguístico e da própria linguagem.

Começaremos por dizer que há uma parte da formação dos nomes que é, de qualquer maneira, facilmente observável e evidente. Quando um ser humano nasce, um costume fundado na comodidade pretende que ele receba um nome, e que aqueles que são responsáveis por seu nascimento lhe deem um nome segundo seu gosto, que não é outro que o gosto da sociedade à qual pertencem. Pais ingleses não dão a suas crianças nomes *sioux* ou chineses e vice-versa: o nome do santo que é venerado no dia do nascimento, um amigo eminente, um parente do qual se espera uma herança, ou qualquer outra circunstância acidental determina sua escolha. Pouco importa, contanto que o indivíduo tenha um nome, e um nome conforme os hábitos da sociedade em que vive, e que será seus hábitos. Isso não parece ter nada em comum com os fatos de linguagem; entretanto não é sempre o caso: o nome próprio Julius fez com que o nome do sétimo mês do ano fosse, em nosso calendário, julho; o sobrenome de *César* deu seu título aos chefes de dois grandes povos, a Alemanha e a Rússia (*Kaiser, czar*); quando se batizou o pequeno *Vespucci* com o nome *Amerigo*, nomeou-se a *América* e os *americanos*; Herschel foi o padrinho de um planeta e Leverrier de outro; mas eles foram orientados pelo uso estabelecido; o nome de *Georgium sidus*, dado por adulação a um monarca caiu no esquecimento. Aqueles que descobriram asteróides gozaram do mesmo privilégio, mas não sem uma reserva: a necessidade de respeitar o costume. Assim, eles deviam provar seus direitos de nomenclador. Sabe-se que na comunidade científica, o direito de nomear um objeto descoberto é intensamente disputado, em nome de certas regras estabelecidas, por aqueles que tiveram parte na descoberta. O mesmo se aplica a todos os inventores; ou ainda ao vocabulário técnico das artes, das ciências e da filosofia. O metafísico que faz uma distinção lhe dá um nome, sendo-lhe permitido rejeitar toda terminologia antiga de sua ciência, se ele encontrar aí uma vantagem, e criar uma nova, sob a condição de ser boa. E se os outros filósofos acham que suas inovações são úteis, eles as ratificam, adotando-as.

Tudo isso é feito de forma consciente. Há inicialmente a necessidade de se exprimir ou de se exprimir melhor e, em seguida, a obtenção dos meios para fazê-lo.

Ora, nesse fato, muito simples, em graus diferentes e com mais ou menos consciência de sua existência, está implicado o fenômeno da formação das palavras com todas as suas variedades. Se não fosse assim, a linguagem seria composta de duas partes discordantes: uma parte seria produzida de uma maneira, a outra parte, de outra. Examinemos esse assunto um pouco mais detalhadamente em suas relações com os princípios que ele supõe.

Em primeiro lugar, há sempre e em toda parte uma ideia que precede a palavra. Em toda frase comum, pensamos inicialmente e formulamos, em seguida, nosso pensamento. Isso é tão evidente que ninguém pode sequer pensar em negá-lo. Tentar fazê-lo seria pretender que um objeto novo não pudesse ser conhecido antes de receber um nome, ou que o nascimento de uma criança só poderia acontecer depois do seu batismo. Não reconhecer que a ideia precede a palavra é tão impossível quanto não reconhecer que a criança existe antes de ter um nome, ainda que a evidência seja menos palpável. O princípio da vida, por exemplo, foi nomeado *animus* (*sopro*) ou *spiritus* (*exalação*) porque os nomencladores tinham uma vaga ideia, para nós insuficiente, de algo existente em nosso organismo, e distinto dele, que o governava, o dirigia, e que poderia ter fim enquanto o corpo continuava a existir. E como o sopro parecia ser a manifestação particular desse algo, e seu término, o signo mais visível de sua morte, eles aplicaram à palavra a uma ideia preexistente, assim como os anatomistas aplicaram, utilizando uma figura igualmente original, a palavra *inoculação* à ligação observada das artérias e das veias. Toda mudança de sentido do próprio ao figurado se funda na percepção da analogia entre uma coisa e outra. Ninguém diz: *eu entendo* sem antes ter sentido que seus órgãos atingiram os objetos oferecidos à sua atividade. Nós provocamos a repetição do ato quando dizemos: *você entendeu?* Ninguém nunca utilizou a frase *isso me toca, essa ideia me vem* (em alemão *fällt mir ein, cai em mim*) senão em virtude de uma relação que sua mente descobre entre seu intelecto e seus sentidos. Quando uma certa nuança de vermelho foi produzida pela argúcia da química moderna, o que foi feito logo em seguida foi dar-lhe um nome, e o nome, escolhido de forma refletida, foi *magenta*, pois nesse momento causas históricas haviam tornado célebre o nome da cidade de Magenta. Esse nome era tão indispensável à cor em questão quanto o nome *verde* o fora àquela que ele designou numa época tão remota que não se pode fixá-la: os homens disseram *green* (verde) quando eles se deram conta de que as coisas verdes eram quase sempre coisas *growing* (crescentes). Encontraríamos em todas as outras palavras etimologias análogas. A gênese das formas e das palavras formativas não difere da gênese dos nomes. *Off* se tornou marca de genitivo (signo virtual) e *to*, de infinitivo, por uma série de modificações que tinham, cada uma, como efeito, estender ou fazer variar a acepção primeira da palavra, porque se sentia necessidade de exprimir uma determinada ideia; do mesmo modo e pela mesma causa, as formas gramaticais *loved, donnerai, amabam,* δώσω, *asmi (am)*.

Pode-se seguir toda a lista dos exemplos que já fornecemos e de tantos outros que poderíamos fornecer ainda sem encontrar uma exceção a essa regra. A ideia de que uma concepção qualquer é impossível sem uma palavra para exprimi-la é um paradoxo insustentável e que não se pode defender senão por mal-entendidos e falsos raciocínios. Não é fora de propósito citar um ou dois.

Aqueles que não querem admitir que a ideia precede o signo supõem que, se assim fosse, haveria acumulação de ideias latentes na mente e, depois, atribuição de nomes feita de maneira refletida e deliberada. Trata-se aí de uma forma grosseiramente falsa de representar as coisas. É preciso dizer, antes, que todo ato de nomenclatura é precedido de sua concepção; a palavra surge tão logo sua necessidade é sentida. Ela pode se produzir antes mesmo da consciência dessa necessidade. Algumas vezes o passo adiante feito pelo intelecto pode ser tão pequeno que a mente só perceberá e verá o caminho feito depois de muitas vezes percorrido. É quando o ato nomenclatório segue instantaneamente o ato conceitual. Outras vezes, uma ideia fraca e vaga flutua de forma indefinida na mente de um povo até o momento em que, de repente, alguém a apreende e a condensa por assim dizer numa palavra; todo mundo então lhe dá a mesma forma (forma enganosa talvez) e o nome permanece ligado a ela, ainda que este poderia ter sido outro ou melhor. É certo que tão logo uma ideia é formulada, ela se torna infinitamente mais perceptível e manejável; mas, é um erro acreditar que isso que não passa de um progresso seja uma necessidade; é ainda um erro pensar que, porque a mente não poderia realizar tudo o que ela realiza hoje sem a ajuda da fala, ela não pode prescindir dessa ajuda em cada ato particular, por mais simples que esse ato seja; é como se disséssemos que um homem não pode subir no alto da Igreja de São Pedro ou ir de Roma a Constantinopla, porque a distância é maior que o comprimento de suas pernas. Na realidade, ele dá um passo após o outro, e cada passo dado se torna um novo ponto de partida; dessa forma, sua capacidade deambulatória não conhece outros limites que os limites de sua vida. O mesmo se aplica à mente; ela fixa nas palavras cada uma de suas aquisições, e feito seu armazenamento, ela parte novamente em busca de novas conquistas e trabalha em novas ceifas. Como vimos, a mente fermenta sem parar sob a camada externa da linguagem, refazendo ou corrigindo as classificações de ideias cujos signos são as palavras; se tornando cada vez mais mestre das formas de expressão para aplicá-las a concepções vagamente ou mal exprimidas; enchendo as velhas palavras de significações novas, como enchemos os vasos até a beira. Tudo isso se realiza com a ajuda da linguagem, mas em cada ato considerado isoladamente. Não há nada de novo nesse modo de produção de novas palavras. A mente não somente refaz e aguça seus velhos instrumentos, mas ela continua a criar outros, em sua atividade incessante.

Quando a faculdade humana de atribuir nomes às coisas se manifesta, ela se serve simplesmente, e sem seguir outra lei que a lei da comodidade, dos elementos que se apresentam, não se perguntando curiosamente de onde eles vêm. Na realidade, o fim ao qual ela tende é encontrar um signo que possa a partir de então estar estreitamente ligado a um conceito, e empregado para representá-lo na comunicação e nos processos mentais. Procurar outra coisa seria, de fato, inútil, quando o laço pelo qual todo vocabulário se liga à mente é, em cada indivíduo, um laço puramente convencional. Vimos suficientemente no segundo capítulo que a criança toma as palavras como estas lhe são dadas e as associa às mesmas ideias que os outros o fazem. As questões etimológicas não representam nada para ela, não mais que a escolha da língua que ela irá aprender. Mas a verdade é que essas questões não são relevantes para os adultos, e, na prática, o próprio etimologista não se preocupa com elas. Os mais instruídos podem apenas voltar alguns passos na história da maior parte das palavras e, alcançando uma época mais ou menos remota, dizer, como os camponeses, *é assim que se usa-*

va. Uma sociedade, num tempo dado, empregou tal ou tal signo de tal ou tal maneira, e é daí, através de mudanças que podemos, em parte, conhecer, que vem o signo que empregamos hoje. Observamos mais de uma vez o quanto os homens esquecem facilmente as origens de suas palavras e suprimem, como inúteis obstáculos, as lembranças etimológicas, a fim de concentrar toda força da palavra no objeto novo ao qual ele está ligada. Eis aí uma das mais fundamentais e uma das mais importantes tendências da faculdade de formar palavras; ela contribui, em grande medida, para tornar a linguagem mais prática.

Mesmo quando não há transferência visível e que a mudança de acepção é tão lenta e insensível a ponto de cada significação permanecer ligada à significação precedente, não há persistência de valor nas palavras, e o ponto ao qual se chega guarda frequentemente uma distância muito grande em relação ao ponto do qual se partiu. Vimos um exemplo disso em *have*, cujo sentido primeiro é *apreender, pegar com a mão*, e que se tornou numa mesma língua o signo de toda espécie de posse física e moral, da ação passada, da obrigação futura e da causação. Ora, não há nada de anormal nesse caso, e todas as línguas apresentam um grande número de casos semelhantes. Mas elas oferecem também muitos exemplos de mutações de sentido mais rápidas e sumárias e às quais presidem razões tão triviais e não condizentes que, se as línguas levassem em conta as incongruências, quase todas as palavras estariam condenadas. Assim, duas formas das forças que governam a matéria, a *eletricidade* e o *magnetismo* receberam seu nome, uma, de uma palavra grega que significa *âmbar*, a outra, de uma província desconhecida da Tessalônica; e isso porque os primeiros fenômenos elétricos que chamaram a atenção dos fundadores de nossa civilização se produziram na ocasião da fricção de um pedaço de âmbar e que as pedras que permitiram descobrir a força magnética provinham de Magnésia. O nome *galvanismo* tem uma razão de ser ainda melhor, pois ela serve para honrar o homem que, pela primeira vez, nos fez conhecer essa espécie de fenômeno; entretanto, não há um laço essencial e razoável entre um fato desse gênero e o nome de um doutor italiano. *Trágico, tragédia* e todos os seus derivados, seguindo uma filiação ainda não muito bem compreendida, vêm de uma palavra grega que significa *bode*; *cômico* e *comédia* descendem provavelmente da palavra χώμη, vilarejo, a mesma que a palavra inglesa *home*. Poderíamos lembrar aqui, como apoio à nossa demonstração, várias das etimologias já citadas; mas é inútil insistir; nossa tese já está suficientemente estabelecida. Se um laço direto e necessário devesse existir inicialmente entre a ideia e a palavra, signos novos surgiriam incessantemente no discurso, no lugar de serem, como é o caso aqui, fenômenos raros. A razão que nos faz ir procurar no depósito dos velhos utensílios do pensamento é nesse aspecto, como em todo o resto, tirada da tendência à comodidade. Talvez não haja, no fundo, prova melhor e maior da verdade desse princípio que o seguinte fato geral: quando um povo entra em contato com outro, ele se apropria dos recursos de sua linguagem de forma ilimitada e uma nação como a nação inglesa, por exemplo, termina por atribuir certos nomes a uma porção de coisas pela razão pouco filosófica que uma nação do sul da Europa nomeava mais ou menos assim, há muito tempo, coisas parecidas ou em alguma medida semelhante.

Não queremos, com isso, dizer que não há causas que presidem à atribuição dos nomes. Há, pelo contrário, razões para cada uma delas; entretanto, o uso atual da palavra não depende dessas razões; elas nem sempre são descobertas e, quando são, se baseiam na comodidade, não na necessidade. Elas se reduzem a isso: uma ideia qualquer é expressa de tal ou tal maneira porque outrora ela foi expressa de maneira análoga, o mesmo tendo antes se passado; e, antes ainda, havia uma concepção mãe desta que se exprimia quase da mesma forma; essa regressão continua indefinidamente até os limites do nosso conhecimento e da nossa vida. Para nós, a história de uma palavra é a história de suas transmutações de sentido e de suas mudanças de forma, transmutações e mudanças que são algumas vezes paralelas, mas sempre independentes e envolvendo unicamente a força livre da vontade humana, que age aí, como em toda parte, sob a influência das condições e motivos. Para uma compreensão exata do problema, seria preciso se colocar no lugar do nomenclador e apreender seus recursos adquiridos em matéria de linguagem e seus hábitos de pensamento e de fala que neles se baseiam; seria preciso ainda pensar do mesmo modo que ele pensava e se encontrar nas mesmas circunstâncias de modo que se possa se exprimir como ele se exprimia. Mas isso é impossível; não poderemos jamais remontar à posição *a priori*; estamos condenados a considerar a questão apenas *a posteriori* e a pensar por dedução, partindo do ato de nomenclatura, chegando às causas intelectuais que o produziram.

Eis aí o que pode ser a ciência da morfologia, ou das adaptações e readaptações dos signos articulados à expressão do pensamento. Enquanto essa ciência pressupor a existência de leis necessárias que presidem ao desenvolvimento desses signos e que essas leis podem explicar os fenômenos aí em questão, ela não será possível. Como método para classificar e ordenar a infinita variedade dos fatos e mostrar as operações desse desenvolvimento e suas direções, ela pode ter uma grande utilidade. O que fizemos no quinto capítulo foi apenas um esboço; o assunto mereceria um estudo amplo e profundo, que abrangesse as línguas de todas ou quase todas as famílias.

Mais uma vez, não há nada no processo complicado da formação e atribuição dos nomes que demande uma explicação baseada em outra coisa que a operação da razão, isto é, a operação refletida dos homens, seu motivo não sendo, como mostramos mais acima, senão a adaptação de seus meios de expressão a suas necessidades e preferências indefinidas. Essa grande e importante instituição, embora transmitida desde o primeiro dia, foi, desde então também submetida à ação daqueles que a recebiam. Se eles encontram alguma vantagem em mudar a forma, a sintaxe ou a significação das palavras, nada os impede de fazê-lo; se um nome não tem mais razão de ser, isto é, se o objeto que ele designava não existe mais, ele desaparece; se outros objetos se apresentam ao homem e vêm lhe pedir um nome, esse nome é encontrado de uma forma ou de outra, segundo o caso. O processo não implica a existência de uma faculdade especial da mente, de um instinto linguístico, de um sentido da linguagem, ou como se queira chamar; não se trata aí de outra coisa que o exercício numa direção particular dessa grande e complexa faculdade que é, mais do que qualquer outra, característica da razão humana, a faculdade de adaptar os meios ao fim, de se ter um propósito e atingi-lo; esse processo não difere, em sua natureza essencial, deste outro procedimento que não é menos característico do homem e que consiste em criar e empregar instrumentos. Como já observamos, não há duas outras manifestações da razão humana que sejam tão paralelas e que esclareçam tão bem uma a outra.

Esse ponto é evidentemente da mais fundamental importância, o mais vital na história da linguagem. Há pessoas que acreditam ainda que as palavras são aplicadas às coisas em virtude de um processo misterioso da natureza e do qual os homens não desempenham papel algum; que há na linguagem forças orgânicas que, por fermentação, digestão, cristalização ou qualquer outra operação da natureza, produzem novos elementos e alteram os velhos. Contudo, ninguém nunca tentou, ao que parece, mostrar essas forças agindo e, certamente, não as mostrou jamais. Não analisamos seus procedimentos operatórios, não expusemos seus efeitos detalhados, não mostramos os resultados individuais que eles apresentam. Tomemos uma unidade qualquer produzida pelo desenvolvimento da linguagem e veremos que ela é proveniente de um ato humano, ato que tendia a um objetivo sob a influência de um motivo, ainda que o homem que o realizou pudesse não ter a consciência refletida desse ato. Ora, seria absurdo reconhecer uma força agindo nas partes e outra no todo. Se nos contentamos em especular sobre o conjunto e não entramos em detalhes, não há teoria tão falsa com a qual nos contentaríamos por um momento. Poderíamos muito bem considerar as pirâmides como grandes cristais produzidos pelas forças organizadoras da natureza, como poderíamos considerar a linguagem como a manifestação exterior de uma força orgânica intrínseca; tão logo examinássemos de perto as partes integrantes, encontraríamos por toda parte a marca do trabalho humano e, nós mesmos, edificamos sem parar edifícios parecidos, ainda que numa escala menor que nossos ancestrais. As leis ou tendências gerais da linguagem não são, se não desejarmos nos deixar enganar pelas palavras, senão as leis da atividade humana agindo sob a dupla influência do hábito e das circunstâncias. Considerá-las causa eficiente é pura mitologia; poderíamos, nesse caso, também estabelecer em massa as leis que presidem ao desenvolvimento das instituições políticas, as tendências que, num dado momento, asseguram, num país, a vitória de um partido sobre o outro; ora essas leis se baseiam simplesmente na ação dos homens, tomados individualmente, os quais são dotados da faculdade de querer e de escolher, sob a grande influência dos motivos e das impulsões, influência facilmente reconhecível em suas operações gerais, embora não nos detalhes de suas operações particulares.

Uma das grandes razões pelas quais os homens são conduzidos a negar a ação da vontade humana no desenvolvimento da linguagem é que eles não têm consciência dessa ação que neles se exerce neles próprios. Ninguém diz a si mesmo ou aos outros: "Nossa língua é defeituosa nisso ou naquilo; ao trabalho! Modifiquemo-la!" ou "Levando-se em conta tudo isso, essa palavra se tornou inútil; temos de suprimi-la". O fim ao qual tendemos é geral; é o de se exprimir de um modo mais satisfatório. Uma necessidade se apresenta, à qual não respondem os recursos existentes da linguagem e então somos levados a provê-la de um meio através de um dos processos já descritos aqui; ou ainda encontramos a ocasião de abreviar as palavras e as formas do discurso, de seguir um caminho mais atraente e o seguimos. Uma pessoa faz, assim, acréscimos à língua sem ter consciência disso; não mais do que os pais que nomeiam seus filhos acreditam que estejam, com isso, aumentando o número de endereços da cidade. Se pretendêssemos que não há outra vontade senão aquela dos atos refletidos, poderíamos sustentar que a linguagem não é o produto da ação humana ; pois tudo o que o homem deseja é se exprimir de modo novo quando a expressão antiga não lhe é suficiente; a mudança de formas, de significações e de palavras surge de si mesma como resultado. Assim, não foi pelo exercício de sua vontade que o réptil que se arrastava nas margens permianas ou jurássicas fez de seu ser um monumento a serviço do estudo do futuro geólogo; e, no entanto, se ele o animal não tivesse rastejado sobre a superfície da terra úmida por um movimento voluntário determinado por influências suficientes, não haveria monumento algum.

Certamente, é preciso não cair no erro de atribuir um papel demasiado importante à ação voluntária, mesmo quando essa ação produz uma mudança linguística. Assim, por exemplo, em relação à mudança fonética, uma palavra nasce de uma série bastante complexa de atos dos órgãos vocais; a omissão despercebida ou indiferente de um desses atos resulta na mutilação de uma palavra, ou, ainda, um leve relaxamento na articulação afeta o caráter de um dos sons que entram na composição dessa palavra; e como o vocábulo não deixa de cumprir seu ofício, não prestamos atenção e seguimos caminho; entretanto, ninguém dirá que a corrupção fonética seja proveniente de outra fonte que o próprio homem, agindo voluntariamente, não mais que atribuirá a um agente externo a queda de um homem que, depois de ter pulado todos os dias um buraco, caísse certo dia por não ter empregado força suficiente para executar o salto. Se houvesse um inconveniente tão grave quanto esse na pronúncia das palavras, a mudança fonética seria reduzida a quase nada. Não é esse o único resultado do relaxamento da pronúncia. Muitas outras mudanças não têm outra fonte e se devem à omissão das distinções, aos erros de analogia, cometidos pelos que não estudaram bem uma língua e não conhecem o valor das palavras que empregam. Entretanto, em todos esses casos a mudança é obra exclusiva daqueles que fazem uso das palavras, assim como o naturalista que vai ao dicionário grego ou latino quando tem de dar um nome a uma planta ou a um mineral novo.

Outro argumento utilizado pelos defensores dessa opinião que combatemos aqui é que todo mundo se sente incapaz de realizar uma mudança na língua unicamente por meio de sua autoridade e de forma arbitrária e, ao sentir que não pode fazê-lo, conclui que ninguém mais poderia. Isso é bem verdade; num certo sentido, não é o indivíduo, mas a sociedade que faz com que a língua mude; mas é preciso saber em que sentido para que não nos enganemos gravemente. Trata-se aí de um fato já assinalado aqui em alguma medida, a saber, a diferença de participação na obra da linguagem que existe entre o indivíduo e a sociedade.

A participação da sociedade na obra da linguagem se deve a este fato muito simples de que uma língua não é propriedade do indivíduo, mas da coletividade. Ela existe (como mostraremos de forma mais detalhada no capítulo XIV) não apenas em parte, mas antes de tudo, como um meio de comunicação entre os homens; seus outros usos são secundários. Para a massa humana, este é mesmo seu único fim, e apenas os homens advertidos têm consciência do papel que a linguagem desempenha em cada mente. Uma língua que ninguém compreende exceto um único indivíduo não teria direito ao nome de língua. Para que sons articulados possam se chamar língua, é preciso que eles sejam aceitos por uma sociedade, por mais limitada que ela seja. Disso resulta que a ação individual sobre a linguagem é restrita e condicional. Primeiramente, se as adições e as mudanças feitas por um indivíduo não são aceitas pela comunidade e conservadas pela tradição, elas morrem com ele. Em seguida, se o indivíduo ultrapassasse muito os limites e se afastasse dos hábitos convenientes, ele não seria compreendido e isso bastaria para restringir sua atividade; mas essa barreira é inútil, porque, em última análise, o indivíduo vive sob o império dos mesmos hábitos que seus concidadãos e pensa quase da mesma forma. Ele não se sente inclinado, mais do que os outros, a se desfazer das formas usuais do discurso e a passar na tangente buscando algum modo de expressão estranho. Tudo na linguagem procede por analogia; aquilo que uma língua tem o hábito de fazer é o que ela continua a fazer, com algumas diferenças. Os hábitos demoram a se formar e desaparecer e, uma vez desaparecidos, não voltam mais. Eles chegam e vão embora sem que tenhamos plena consciência deles e a razão disso é a preferência comum dos que fazem uso de uma língua. Designamos vulgarmente esse fato pela expressão mitológica de *gênio de uma língua*; os alemães dizem o *Sprach-gefühl*, o sentimento do discurso, ou instinto linguístico, palavras vagas, sob as quais pensadores inexatos escondem frequentemente uma pluralidade de concepções errôneas ou imprecisas. O que na realidade se quer dizer com isso é que há uma soma ou resultante das preferências de uma sociedade, preferências cujo testemunho é, nas diferentes épocas, a composição atual da linguagem. Com exceção das variações insensíveis, a sociedade não cria nem aceita nada de novo em matéria de significações, de palavras, nem de frases.

Reconhecer a sociedade como árbitro soberano, que decide se uma inovação será ou não aceita não é negar a ação individual em matéria de linguagem. É preciso que alguém comece; se ele é seguido, o trabalho está feito; se ele não é seguido, o trabalho é abortado. A comunicação não pode agir senão pela iniciativa dos indivíduos. Cada parcela do discurso tem seu tempo, seu lugar e sua ocasião determinante. Uma palavra passa de pessoa para pessoa até se tornar de uso geral; ou então ela cai no esquecimento. Há aquelas às quais o público se inclina de uma maneira tão evidente e que são tão vizinhas daquelas já em uso que diversas pessoas as encontram ao mesmo tempo, tendo, por assim dizer, uma pluralidade de berços. Foi provavelmente assim com a palavra inglesa *its* (*seu, sua, seus, suas*), quando, há dois ou três séculos, ela afluiu subitamente na língua inglesa, apesar da oposição dos puristas, e isso em virtude de sua aparente analogia com os outros pronomes possessivos ingleses; este foi provavelmente o caso de *is being done* (literalmente *está sendo feito*), a forma passiva correspondendo à forma ativa *is doing*, como *is done* corresponde a *does*, frase que, graças a essa mesma oposição dos aristarcos, ainda não encontrou um lugar no bom inglês. As mudanças fonéticas, sobretudo, são comumente gerais desde o começo. Um exemplo notável é o *umlaut* alemão, ou modificação de vogal (cf. p. 78) que não pode ter pertencido às línguas germânicas antes de sua separação, pois o gótico não o possuía, tendo sido criado mais tarde de um modo independente e simultâneo nos dialetos do alto-alemão e escandinavos, sem dúvida como um resultado do hábito de pronúncias preexistentes na língua germânica primitiva.

Após termos assim reconhecido a natureza da força que, apesar do rigor da tradição linguística, modifica sem parar e sempre os elementos transmitidos da linguagem e, após termos visto como e sob quais influências ela age, veremos agora essa mesma força produzir pelos mesmos modos de ação, não mais somente as variações contínuas da linguagem, mas também, sob certas condições exteriores, suas migrações e seu fracionamento em dialetos diferentes.

IX
Os dialetos: variações da linguagem segundo as classes e as localidades

Diferenças dos dialetos provenientes de uma mesma língua: particularidades linguísticas entre os indivíduos, as classes e as localidades. • O que faz a unidade de uma língua. • Influências que restringem ou fazem crescer as diferenças de dialetos; efeitos da cultura intelectual nesse assunto. • Exemplos. • História das línguas germânicas: história das línguas românicas. • Forças centrípetas e centrífugas; o desenvolvimento separado causa a separação dos dialetos; exemplos. • A semelhança dos verbos prova a comunidade de origem das palavras e das línguas; precaução quanto a essa regra. • Graus de parentesco. • Constituição da família indo-europeia e evidência de sua unidade. • Universalidade das relações entre as famílias e os dialetos. • Valor relativo das duas palavras: língua e dialeto.

Nossos estudos sobre o fenômeno da linguagem nos mostraram que cada um adquire sua língua por meio da tradição e, depois de recebê-la, trabalha para modificá-la. Sua participação é ínfima, sem dúvida, e proporcional à sua importância relativa como indivíduo em relação à sociedade; mas são todas essas porções infinitesimais que terminam por constituir do todo. É o indivíduo que continua a tradição da linguagem, e somente ele a altera. Cada parcela de acréscimo ou de mudança tem sua origem na iniciativa individual e se estende mediante a aceitação da sociedade. Cada palavra tem seu estágio probatório, durante o qual ela procura ser aceita.

Mas, se é assim, houve, portanto, em todas as línguas e em todas as épocas progressos de diferenciação que não chegaram a se completar, palavras e formas de palavras em estado transitório; formas em vias de se alterar, mas não alteradas, frases empregadas, mas não comuns, expressões em uso e outras raras, maneiras de pronunciar antigas e que começam a parecer estranhas, outras novas e que se tornam moda e isso em todos os ramos possíveis da mudança linguística.

E isso acontece com todas as línguas do mundo: estado de coisas que não se pode explicar senão pelas causas que examinamos. Isso se aplica até mesmo ao inglês, que, pelas razões que iremos expor mais abaixo, se encontra em condições pouco favoráveis para esse resultado. É preciso não exagerar quanto à uniformidade das línguas existentes; ela está longe de ser absoluta; num certo sentido, poderíamos dizer que cada um tem sua língua. Aprendemos e falamos a língua inglesa em virtude de nossa capacidade e das circunstâncias em que nos encontramos e ninguém fala exatamente da mesma maneira; as diferenças podem ser pequenas, mas elas existem. Pois é evidente que ninguém pensa exatamente da mesma forma e que cada um possui uma individualidade formada pelo caráter, educação, conhecimentos, modo de sentir, etc. Tampouco ninguém escapa da influência das particularidades locais e pessoais de pronúncia, de fraseologia que, assim que elas se tornam muito pronunciadas, levam o nome de dialeto. Essas nuanças se propagam e se acentuam em distritos e classes. Cada província, num país de grandes dimensões que fala a mesma língua, tem suas formas locais mais ou menos fortemente marcadas, mesmo quando, como acontece na América, não há dialetos antigos herdados, como acontece na Inglaterra, na Alemanha, na França, e, enfim, em quase toda parte. Toda classe de homens tem suas diferenças dialetais, como, por exemplo, as formadas pelas diferentes profissões; cada ramo do comércio e da indústria, cada domínio de estudo e da ciência tem seu vocabulário técnico, suas palavras e suas frases, que são ininteligíveis para os leigos. O carpinteiro, o ferreiro, o mecânico, bem como o médico, o geólogo ou o metafísico pronunciam todos os dias palavras que, salvo as pessoas de sua profissão, ninguém compreende, a menos que seja alguém muito bem informado. Há ainda as diferenças em relação ao grau de instrução; as pessoas perfeitamente bem educadas têm um modo de se exprimir que é inimitável pelo leigo. As pessoas instruídas têm à sua disposição toda uma série de palavras e de nomes; alguns deles chegam a todas as classes da sociedade (como *dália*, *petróleo*, *telégrafo*) e se tornam tão comuns quanto as palavras *is* (*é*), *head* (*cabeça*), *long* (*longo*, *longa*), *court* (*curto*, *curta*) em vez de permanecerem palavras de classe. Por outro lado, as pessoas incultas empregam uma série de palavras impróprias, construções gramaticais ruins, vícios de pronúncia, gírias, expressões chulas, tudo o que, em parte, provém da tradição e não é senão a linguagem antiga, como falada, há alguns séculos, pelas classes cultas; em parte são gagueiras, tentativas mais ou menos felizes de formas novas, destinadas a entrar, mais tarde, na língua, mas que, até então, são repudiadas pelas classes superiores como inovações ruins. Enfim, há as diferenças de idade que influem na maneira de falar: as amas-de-leite falam uma linguagem que encantam os ouvidos das crianças e ofendem os dos bacharéis. Os jovens alunos possuem também o seu vocabulário; mas este é muito limitado.

Cada uma dessas diferenças é essencialmente dialetal, isto é, elas são semelhantes quanto à natureza e distintas quanto ao grau daquelas que constituem os verdadeiros dialetos. Elas são todas, no que concerne à origem, submetidas às diversas classes de mudanças que observamos. São desvios de um padrão primitivo, apenas reconhecido dentro dos limites de uma classe de homens ou de um distrito; ou são memórias de um padrão que, de forma geral, foi abandonado. Podemos citar, como exemplo deste último caso, as maneiras de falar que os ingleses rejeitam e estigmatizam como *americanismos*, que não é senão o bom velho inglês e muitas particularidades de pronunciação conservadas na Irlanda, provenientes da mesma fonte. Sem dúvida, é tão equivocado se atrasar quanto se adiantar ou se desviar. É preciso caminhar, em matéria de usos linguísticos, junto com a sociedade à qual se pertence; quando aqueles que falam melhor uma língua mudam seus hábitos, aqueles que não se adéquam à mudança são considerados iletrados.

E, no entanto, apesar de todas essas variedades, a língua é uma só; isto porque, embora aqueles que a falam possam não se entender nesse ou naquele assunto, há outros, mais familiares e de interesse comum, em torno dos quais eles podem debater. Como o objetivo imediato da linguagem é a comunicação do pensamento, a possibilidade dessa comunicação faz a unidade da linguagem. Ninguém poderia dar uma definição abstrata da palavra *língua*, porque uma língua é uma grande instituição concreta, um conjunto de usos que prevalece em lugar e tempo determinados e tudo o que se pode fazer é mostrar e descrever esses usos. Você os encontrará nas gramáticas, nos dicionários e também nos hábitos da linguagem que nem gramática, nem dicionário seriam capazes de fornecer e você pode traçar os limites geográficos nos quais eles estão estabelecidos com todas as suas variedades.

Trata-se de um corolário óbvio do nosso ponto de vista a propósito das forças que presidem ao desenvolvimento da linguagem e do modo como elas agem o fato de que as diferenças, por assim dizer, dialetais existentes numa língua no seio de uma mesma sociedade serão maiores lá onde a separação e distinção de classes é maior. A necessidade de se comunicar se opõe às mudanças e, ao mesmo tempo, a comunicação habitual generaliza rapidamente as mudanças adotadas, de modo que a unidade da língua se mantém na comunidade. Ao passo que tudo o que enfraquece o laço político ou social, tudo o que contribui para fracionar um povo, seja em tribos, seja em castas, faz crescer o número de discordâncias no seio da linguagem geral.

Diferentes causas contribuem de diferentes maneiras para esse resultado. Por um lado, num estado social bárbaro a condição e as ocupações humanas variam pouco. Todos os membros de uma mesma comunidade estão, no fundo, num mesmo nível. À exceção de pequenas diferenças, eles possuem os mesmos conhecimentos, as mesmas habilidades, os mesmos hábitos. A soma total das ideias não é muito grande e cada indivíduo pode assimilá-las e delas se servir. Por outro lado, as diferenças entre as localidades são bastante marcadas, pois somente a civilização pode reunir os homens e fazer deles grandes conjuntos de nações. Para além dos limites mais estreitos, a influência da barbárie é uma força de desagregação. Um povo selvagem, quando ele se multiplica e se estende por um vasto território, logo se fraciona por suas divisões e hostilidades e cada uma das frações altera a língua geral ao seu modo. Se elementos de civilização são introduzidos, eles tendem, ao contrário, a conservar a língua e preservar sua unidade. O surgimento de um sentimento nacional forte o bastante para implicar o culto do passado conduz ao respeito das ações e da língua dos antepassados e, com isso, faz aparecer uma literatura, que se torna a norma a partir da qual são julgadas todas as futuras tentativas de mudança na linguagem. Uma literatura escrita, o hábito de conservar os registros e de ler, o predomínio do ensino são influências que agem no mesmo sentido; e quando elas atingem o grau de força próprio das nações civilizadas, essas influências dominam por completo a história da linguagem. A língua se estabeleceu, sobretudo quanto às alterações decorrentes da negligência e da imprecisão: não somente as diferenças locais não mais se produzem, mas elas desaparecem em toda parte onde os efeitos da educação se propagam. Há também um estado de coisas intermediário entre a barbárie e a civilização; é quando a cultura penetra apenas uma classe, uma minoria da comunidade. Somente esta possui, então, os monumentos da linguagem e, ao tomá-los como modelos, ela transmite a língua, fixada de geração em geração, enquanto a massa do povo muda a sua livremente. A língua que inicialmente era uma se divide em duas partes: um dialeto culto, que é a antiga língua comum, um dialeto popular que dela descende, até que este tome conta do primeiro e se torne, por sua vez, língua culta em uma nova ordem de coisas. Essa é a história do latim e dos últimos dialetos que dele se originaram e que se tornaram, desde então, veículos de grandes e nobres literaturas; é o caso, também, das línguas cultas da Índia ariana moderna em relação ao sânscrito.

Suponhamos, portanto, uma sociedade X, que possui uma língua comum. Ela se divide nos territórios A, B, C, nas classes A,B,C, nas profissões a,b,c, etc., todas essas divisões se confundindo, em alguma medida, em seus limites e se entrecruzando de diversas maneiras. A língua comum, como todas as línguas vivas, cresce continuamente; a mudança é sempre possível, sob as condições e pelos procedimentos que examinamos mais acima, de modo que toda inovação que se produz num ponto ou noutro se espalha por toda parte, a menos que essa inovação se circunscreva num distrito como dialeto local, ou numa classe, como palavra de casta ou palavra popular. Esses resíduos diversos constituem, numa determinada língua, discordâncias pouco importantes que não impossibilitam sua unidade geral. Nenhuma língua está livre dessas discordâncias; mas elas se apresentam nas diferentes línguas em proporções bastante diversas.

Esse estado de coisas depende das circunstâncias históricas nas quais as línguas se encontram. Suponhamos que o nosso caso hipotético represente a língua alemã, no começo e desde o começo de nossa era. Aqui, enquanto as separações das classes e das ocupações eram pouco marcadas, as separações dos territórios A, B, C eram tantas que, praticamente, representavam um obstáculo à unidade da linguagem. Além das inúmeras discordâncias locais, havia de província em província diferenças tão consideráveis que a compreensão era quase impossível e se nenhuma força nova não tivesse intervindo, as coisas poderiam ter continuado como estavam e, até mesmo, a separação das línguas poderia ter se acentuado cada vez mais. Mas uma nova força foi introduzida, a da civilização greco-romana, que se tornaria a civilização europeia: ela abre o caminho à unidade das instituições civis e políticas. Entretanto, sua influência como força preponderante sobre os hábitos da linguagem não foi imediata. Cada província teve inicialmente sua civilização separada, tendo produzido ensaios de literatura local, cujos monumentos existem ainda, e que não eram inteligíveis para além de suas fronteiras. Mas, enfim, no começo do século XVI, chegou o momento; as condições políticas e sociais permitiram um movimento em parte natural, em parte artificial, em direção à unidade linguística e A, que certamente já havia se tornado até certo ponto a forma mais conhecida, foi adotada pelas classes cultas. A partir desse momento, A será a língua escrita da Alemanha, a língua modelo, a língua das escolas. Sua autoridade, com efeito, não parou de crescer desde então, à medida que o poder da nação e a civilização se desenvolveram e, hoje, o estrangeiro acredita que A é toda a língua alemã. Isso, no entanto, está longe de ser verdade. Ela é apenas a língua de uma classe, que as condições da civilização moderna fizeram com que se tornasse a mais numerosa, a classe dominante. B, C, D, etc. subsistem ainda; há regiões inteiras da Alemanha onde os dialetos falados são ininteligíveis para aquele que é versado unicamente na língua literária; mas eles são empregados, na maior parte, somente pelas classes inferiores da sociedade, E e F, ou pelas profissões a,b,c, etc. e ainda a influência da língua literária penetra profundamente em todas as classes e em todas as profissões. *A* modifica tudo, transforma tudo e até mesmo anuncia, se as forças da educação continuarem a se desenvolver, o desaparecimento de todas as variedades da linguagem, exceto os termos profissionais.

Seu poder não será exercido, todavia, sobre todo o território outrora ocupado pelas tribos que falavam o alto e o baixo alemão. Houve, ao menos, duas grandes variedades locais que designamos por E e F que escaparam das influências unificadoras de A. Uma, E, é a língua inglesa, cuja individualidade foi preservada pela distância e pelos mares. Os anglo-germânicos e os saxões que trouxeram, através do Mar do Norte, seu dialeto germânico e bretão, e que expulsaram a língua celta, sofreram, por sua vez, uma série de mudanças linguísticas análogas àquelas que sofreram seus antigos compatriotas. As subdivisões locais E', E", E"', etc. ou sociais, E', E", etc., que eles formaram, receberam, por sua vez, influências de um outro dialeto literário de origem semelhante ao da Alemanha. O mesmo fato se produziu nos distritos do nordeste da Germânia continental; separados quanto aos interesses, eles se separaram também do ponto de vista da língua e, enquanto as províncias da Baixa-Germânia falam o alto alemão como língua literária, a Holanda tem, assim como a Inglaterra, uma língua distinta de valor igual. Não importa como as variantes locais A, B, C foram separadas e como elas chegaram a sofrer mudanças linguísticas diferentes a ponto de não mais se confundir; o fato é que as três tomaram um caminho diferente e que elas se tornarão em seu tempo três línguas distintas.

As mesmas forças agiram, não sem diferenças em relação aos detalhes, na produção das línguas românicas modernas, provenientes do latim. Quando as armas, a civilização e a política de Roma fizeram prevalecer sua língua por toda a Itália e também em vastas províncias fora da Itália, esta já estava dividida pelo efeito da educação e por profundas diferenças sociais em variedades correspondentes às classes sociais. Todas essas variedades foram transmitidas ao mesmo tempo, e o dialeto culto A, como designamos ainda, foi conservado até o presente em toda sua pureza pelos meios apropriados, mas ele se restringiu a uma classe cada vez menos numerosa. As variedades inferiores B e C, etc. são aquelas que serviram como ponto de partida para a história de uma nova língua. As alterações do latim foram tão numerosas e tão rápidas quanto foi sua transmissão num estado já inferior a povos que a recebiam de segunda mão e de modo forçado. E como o laço social era fraco, as comunicações, difíceis, o baixo latim foi diferenciado pelas separações geográficas em uma porção de formas locais cuja representação exata exigiria inúmeros alfabetos. Circunstâncias históricas, que seria fácil, mas inútil identificar, conduziram a uma variedade de línguas, ocupando cada uma, uma vasta região – C, F, I, P, S, W – todas línguas cultas servindo aos usos literários, enquanto uma porção de patoás é compartilhada pelo povo das províncias e interiores.

Poderíamos continuar a citar exemplos dessa natureza, mas isso seria inútil. Os processos de mudança linguística enumerados mais acima e cuja ação oscila entre a iniciativa do indivíduo e a resistência da sociedade que tanto aceita quanto exclui as inovações bastam para explicar os fenômenos do desenvolvimento das línguas em todos os aspectos e em todos os casos. No indivíduo, é a força centrífuga de variação, a força centrífuga da linguagem em vias de desenvolvimento; e como não há no mundo duas pessoas cujo caráter, educação, constituição física, etc. sejam completamente idênticos, não há identidade na ação que cada um exerce sobre a língua que lhe foi transmitida. Mas até aonde vão os meios de comunicação entre os homens, os indivíduos são contidos em suas excentricidades pela força centrípeta da comunidade, que usa toda sua força para manter a unidade da linguagem. Para empregar os termos de nossa hipótese, enquanto as mudanças ocorridas em A, B, C, etc. forem introduzidas na massa X ou completamente rejeitadas por ela, X permanece uma língua comum. Essa língua pode e deve necessariamente se alterar de instante em instante; ela pode, no espaço de dois ou três séculos, mudar de tal forma (como aconteceu com a língua inglesa no espaço de mil anos), que aqueles que a falaram no início e que a falam no fim desse período não se entenderiam caso entrassem em contato; mas nas diferentes épocas, a sociedade à qual pertence essa língua sempre se entendeu, porque as mudanças ocorrem simultaneamente em todas as mentes e em todas as bocas. Mas na medida em que A, B e C são separadas de uma maneira ou de outra, de modo que essas mudanças, em lugar de agirem por toda parte, agem somente em uma delas, então começa o desenvolvimento dos dialetos e novas línguas nascem, novas línguas que se tornarão, mais tarde, distintas. Uma muralha que separa aqueles que as falam completaria a separação dessas línguas, caso cada grupo reste num território diferente, o que acontece comumente. As fronteiras artificiais ou naturais desempenham esse papel, e quando as circunstâncias políticas e sociais começam a diferir também, a divergência linguística é rapidamente acelerada.

A supressão de uma influência reguladora comum exercida sobre as variações incessantes e intermináveis de uma língua pode parecer inicialmente uma causa insignificante da divergência dos dialetos; e, em si mesmo, isso é, de fato, verdadeiro: mas essa causa é plenamente suficiente para dar conta do fenômeno de línguas distintas que se originam de uma língua comum. Pouco importa o grau de um ângulo se as duas linhas que o formam são demasiado longas: a extremidade dessas duas linhas acabará por marcar dois pontos tão distantes um do outro quanto o quisermos. Além disso, o ângulo da divergência dialetal é um ângulo que se abre indefinidamente. No começo, a soma das analogias diretoras em cada dialeto é quase a mesma; os hábitos de linguagem se parecem como os materiais; mas cada variação nova introduzida separadamente numa língua diminui o acordo; outros hábitos se formam, e o movimento de divergência se torna mais rápido. É a história do inglês, que se separou do baixo alemão durante o quinto e o sexto século. Não poderíamos encontrar exemplo melhor.

Ora, como a separação dos dialetos tem como causa o desenvolvimento linguístico, e que a estabilidade de uma língua não permitiria que dela nascessem outras línguas, é evidente que a força de separação depende da força de desenvolvimento. E, como vimos, as influências da barbárie e as da civilização são aqui diametralmente opostas uma à outra, ainda que elas não sejam, de modo algum, as influências decisivas que aceleram ou tornam mais lento o movimento intrínseco do desenvolvimento da linguagem. É a civilização que, por uma dupla ação, manteve a paridade de linguagem entre as duas grandes nações que falam inglês, separadas por um vasto oceano; primeiramente, tornando a comunicação entre elas mais fácil que entre duas tribos selvagens vizinhas; em seguida, dando-lhes uma literatura, isto é, um grande conjunto de escritores que falam pelos dois povos e aos dois povos ao mesmo tempo; e, enfim, moderando de tal forma o progresso da mudança linguística que seus resultados podem atingir e penetrar as populações dos dois lados, dado o devido tempo. A ausência das mesmas influências conservadoras faz com que o francês dos habitantes do Canadá e o alemão das colônias da Pensilvânia difiram muito mais da língua mãe que o inglês dos americanos do norte difere do inglês da Grã-Bretanha.

O exemplo mais acessível e instrutivo do desenvolvimento dos dialetos é aquele fornecido pelas línguas românicas, porque, em primeiro lugar, ele diz respeito a um grupo importante de línguas literárias com sua legião de dialetos subsidiários, e, depois, porque esse é um grupo cuja língua-mãe ainda possuímos, o que não acontece com nenhum outro na mesma medida. O linguista encontra aí um mundo cheio de fatos a ser estudados, comparados, descritos desde sua origem, em seus efeitos e causas. Sua tarefa, ainda que simples e fácil em relação a certos aspectos, é, em relação a outros, difícil, podendo confundir aquele que pretende realizá-la, pois sob os olhos da história, por assim dizer, são produzidas mudanças que desafiam a investigação, resultados a cuja origem não se pode remontar. Vejamos um exemplo ou dois dos caminhos que seguiram as línguas quando se separaram da língua latina.

O latim possuía uma palavra, *frater*. Em francês, ela sofreu abreviações fonéticas, mas é ainda facilmente reconhecível: *frère*; mas no italiano e no espanhol, ela sofre maiores mutilações: um *fray* espanhol, um *frate* ou mesmo um *fra* italiano é um religioso de uma comunidade eclesiástica qualquer, um *friar*, como se diz em inglês, quase do mesmo modo. Essa aplicação particular força cada língua a procurar outra palavra para designar a consanguinidade de primeiro grau. O italiano usa o diminutivo *fratello*; o espanhol se serve da palavra latina *germanus* (parente próximo) para formar *hermano*. Outro exemplo: o latim dizia para *mulher, mulier*, e para fêmea, no sentido genérico, seja a espécie humana ou outras espécies animais, *femina*. O espanhol guardou a primeira dessas palavras sob a forma de *muger*, atribuindo-lhe o mesmo sentido; o italiano fez o mesmo, com uma variante, *moglie*, mas desta vez restringindo sua significação: *esposa*; o francês perdeu completamente essa palavra, e quanto à *femina*, que em latim designava exclusivamente o sexo, tomou em *femme* uma acepção mais ampla, incluindo a de esposa, ao passo que, em seu sentido original, ela se tornou *femelle*. Para significar *mulher* (*mulier*) o italiano formou uma nova palavra, *donna*, que vem do latim *domina* (*proprietária, mulher, senhora, esposa*); o espanhol também a utiliza, além da palavra *señora*, feminino recentemente criado a partir de *señor*, outra palavra latina que significa *mais velho*. Eis aí exemplos de como são reunidos e trabalhados os elementos de uma língua, tanto do ponto de vista do sentido quanto do ponto de vista da forma, pelos povos que fazem suas próprias línguas com esses mesmos elementos. Se considerarmos a classe dos verbos, veremos que o mesmo se passou. O verbo inglês *to be*, por exemplo, é feito de restos do verbo latino *stare* que todos os dialetos montaram conjuntamente: assim, as palavras francesas *étais, été* são formas bastante corrompidas de *stabam, status* (como já vimos, cf. p. 63) e o verbo *aller* é composto, não se sabe bem como, de *ire*, de *vadere*, e talvez de *adnare* (*chegar por água*) e de *aditare* (*causar a chegada de alguém*) ou algo parecido.

Os dialetos germânicos, vizinhos da língua inglesa, apresentam o mesmo tipo de similitude no seio da diversidade. As palavras alemãs *broeder* em holandês, *bruder* em alemão, *brodhir* em islandês, *broder* e *bror* em dinamarquês e em sueco, que respondem todas a *brother* inglês (*irmão*), não são menos variações de uma mesma palavra que os diferentes produtos do *frater* latino. A antiga palavra germânica *weib* (*femme*) se encontra na maior parte das línguas modernas e conservou uma forma bastante reconhecível e de valor idêntico; mas no inglês, *wife* significou o mesmo que a palavra italiana *moglie* (*esposa*). Há ainda outra antiga palavra gótica, *quens* e *quinon*, que em alguns dialetos é o nome aceito de *mulher*, mas que, em inglês, teve esse estranho destino de receber duas acepções muito distantes uma da outra e que se referem ambas, todavia, à ideia de mulher, *queen* (*rainha*) e *quean* (*desavergonhada*). Em inglês, os verbos *be* (*ser, estar*) e *go* (*ir*) são igualmente compostos de diversas raízes, reunidas em diversas épocas. Já observamos esse fato *en passant* (p. 95 e 105) e é inútil nos estender aqui sobre esse assunto.

Somos, portanto, forçados a tirar das inúmeras relações existentes entre a língua germânica e seus dialetos a mesma conclusão que tiramos das correspondências encontradas entre o latim e seus descendentes. Não é menos verdade que *wife, weib, vif* sejam a mesma palavra que *muger* e *moglie* são o latim *mulier*. O fato é talvez menos evidente, mas ele não é mais duvidoso. Acreditamos na existência do avô que nunca vimos porque morrera há muito tempo quando temos diante de nós um grupo de primos, da mesma forma que acreditamos na existência do avô que vive ainda junto de seus netos. Com a experiência que adquirimos do modo como as coisas se passam no mundo dos homens e no mundo das palavras, a dúvida não é possível. A marcha da mudança linguística em nosso tempo e no passado é suficiente para que possamos nos dar conta da existência, num grupo de línguas, de um grupo de palavras análogas, mas não idênticas, de modo que é inútil recorrermos a hipóteses incertas para fornecer uma explicação.

Esse fato legitimamente generalizado revela o grande princípio de que a presença das palavras verdadeiramente correspondentes, por mais distantes que sejam suas relações, em diferentes línguas, prova que essas palavras têm uma raiz comum, pois tanto o parentesco nas palavras como nos homens indica um ancestral comum. E aquilo que vale para as palavras de uma língua vale também para as próprias línguas: as línguas compostas de palavras relacionadas são filhas de uma mesma mãe.

Apenas é preciso aplicar esse princípio com prudência e com reservas; e evitar duas fontes de erros às quais ele poderia nos levar. Em primeiro lugar, as palavras são emprestadas e passam, assim, de uma língua para outra, como explicamos no sétimo capítulo. Há, na língua inglesa, muitos elementos latinos e outros que lhe foram dados por outros povos que não formam um parentesco linguístico com eles. Em segundo lugar, correspondências inteiramente acidentais ocorrem entre palavras que não possuem nenhum laço histórico: por exemplo, entre o grego ὅλς e o inglês *whole*, entre o sânscrito *loka* e o latim *locus*; entre o grego moderno ματι, que quer dizer *olho* e o polinésio *mata* que quer dizer *ver*; e assim por diante. Essas duas dificuldades pedem aos que se dedicam ao estudo comparado das línguas que não seja precipitado em suas conclusões. Entretanto, as coincidências têm seus limites e, em geral, é possível distinguir aquilo que é proveniente da transmissão tradicional daquilo que vem de aquisições acidentais. O linguista se esforça para descobrir o número e o grau de correspondências entre uma língua e outra, e em quais classes de palavras elas são encontradas. Se não soubéssemos pela história política aquilo que a língua inglesa é, ela nos diria por si só. Bastaria olhar a parte de seu vocabulário que concorda com as línguas germânicas e a parte que se aproxima das línguas românicas.

Mas o parentesco das línguas, assim como o parentesco dos homens, conhece graus, pela mesma razão. Os franceses, os espanhóis, os italianos são primos em virtude de causas que já foram suficientemente observadas; mas o parentesco entre suas línguas é ainda maior. O mesmo é válido para as línguas germânicas. O inglês pertence a um grupo de baixos-alemães que ocupam ainda as terras do norte da Alemanha de onde provêm os ancestrais da nação alemã; há também um grupo de altos-alemães que habitam a parte central e sul da Alemanha; há ainda o grupo escandinavo que compreende a Dinamarca, a Suécia e a Noruega; além disso, há um dialeto mesógoto, que conservou alguns raros monumentos e que representa sozinho um outro grupo cuja extensão se ignora. O mesmo que se diz da existência dos grupos maiores deve ser dito da existência desses grupos secundários: eles são historicamente centros de divergência mais recente, divergência que se opera sempre em virtude das mesmas leis e que é sempre da mesma natureza.

Mas as relações de fisionomia e de parentesco não terminam aqui. Entre a palavra germânica *brothar* e a palavra latina *frater*, há um ar de semelhança, e essa semelhança se torna mais evidente quando comparamos essas palavras com outras da mesma classe, *mothar*, *fathar* (*mãe*, *pai*) e seus correspondentes latinos *mater, pater*. Mas encontramos ainda em outros grupos de línguas signos de parentesco parecidos. Temos o grego φρατήρ (que significa certamente um membro de uma confraria como o *fray* e o *fra* mencionados mais acima) e μήτηρ e πατήρ; temos o sânscrito *bhrâtar, mâtar* e *pitar*. As línguas persas, celtas e eslavas têm palavras para exprimir essas mesmas ideias e que têm grandes semelhanças com essas palavras, ainda que menos marcadas. Esses fatos proclamam um parentesco original entre tais grupos de línguas; são, por assim dizer, afloramentos espalhados pela superfície de um veeiro, que convidam o explorador; pois, em primeiro lugar, as relações são demasiado numerosas e extensas para que pensemos em coincidência ou acaso; em segundo lugar, não é possível explicá-los em termos de empréstimos que essas línguas teriam feito umas das outras. Como acreditar que essas tribos, completamente separadas umas das outras, que encontramos na aurora dos tempos históricos em todas as variedades de cultura primitiva, teriam recebido de uma fonte comum e pela transmissão nomes para concepções como essas cuja formação deve ter sido acompanhada dos primeiros desenvolvimentos da vida familiar? Evidentemente todas as probabilidades são contrárias a essa suposição.

Não poderíamos, portanto, basear nossas conclusões a propósito de um fato tão importante em fundamentos tão estreitos e procuramos mais adiante e em outras classes de palavras. Não há selvagens no mundo, por menos desenvolvidos que sejam que não possam contar *um, dois, três*, ainda que haja aqueles que não avançaram por conta própria e que não conhecem os números mais elevados ou que os receberam de seus vizinhos. Se percebermos que os signos desses números concordam nas línguas que citamos, esse fato será um forte testemunho em nome de seu parentesco. Ora, o acordo existe e ele tem a característica mais marcante, não somente nos três primeiros números, mas também nos seguintes: *dwa* é a raiz comum de todos os nomes que significam *dois*, e *tri*, de todos os nomes que significam *três* na grande massa dos dialetos. Os pronomes formam uma classe de palavras em relação à qual a suspeita de empréstimo é ainda mais improvável; ora, no *tu* (*twa*), no *mim* (*ma*), no pronome demonstrativo *ta* e interrogativo *que* (*kwa*) encontramos um grau de semelhança que não pode ser obra do acaso.

Vimos ainda (p. 122) que as línguas não tomam emprestado umas das outras o aparelho das flexões, nem a estrutura gramatical; ora, a similitude em todo esse grupo de dialetos, similitude que pode ser observada até onde a história pode ser seguida, não é menos convincente. Assim, por exemplo, nas flexões verbais, há alterações diversas de uma terminação original, *mi*, para a primeira pessoa do singular e *masi*, para a primeira do plural; de *si* e *tasi* para a segunda pessoa e de *ti* e *anti* para a terceira; igualmente, de uma forma original do tempo perfeito que consistia na reduplicação da consoante; igualmente, ainda, de um signo do condicional, e assim por diante. Na declinação dos nomes, os traços são menos distintos e, no entanto, reconhecíveis. O comparativo e o adjetivo se exprimem por toda a parte pelos mesmos meios. Os particípios e outros derivados levam os mesmos sufixos de derivação.

Enfim, há superabundância de provas do parentesco – no sentido que entendemos essa palavra – entre as línguas de todos os povos que citamos mais acima e que compreendem quase toda a Europa antiga e moderna, bem como uma parte importante da Ásia. Não há por que, do ponto de vista teórico, se opor a esse fato, e todas as conclusões que podemos tirar dos fenômenos da linguagem levam a essa opinião. Sabemos que a separação e o isolamento das diferentes frações de uma sociedade conduzem a uma divisão da língua em vários dialetos e que esse efeito se reproduz indefinidamente; sabemos também que os dialetos que se separaram mais recentemente serão mais parecidos entre eles do que aqueles que se separaram numa época mais recuada; enfim, não conhecemos outro fato que explique a semelhança na diversidade. Inferimos, portanto, que todos os dialetos em questão são os representantes multiplicados de uma única língua pertencente, numa certa época e num certo país, a uma certa sociedade, cuja dispersão produziu, com o tempo, todas essas discordâncias; e a essa grande coleção de dialetos que se agrupam mais ou menos, damos, por uma figura permitida, o nome de família, termo emprestado do vocabulário da genealogia.

Isso que acabamos de ver nos mostra o caminho que devemos seguir se quisermos classificar todas as línguas da terra. Os primeiros passos são bastante simples e ninguém precisa ser adivinho para ver que o inglês de Londres, de Yorkshire, da Escócia e das colônias é uma só e mesma língua; não é preciso, tampouco, ser um grande observador para descobrir, quando se sabe inglês e se aprende o alemão, o holandês ou o sueco, que estamos diante de dialetos do mesmo gênero que o primeiro. Mas é preciso mais estudo e penetração para reconhecer as marcas da unidade primeira entre o inglês, o francês, o gaulês, o russo, o grego moderno, o persa, o híndi; e é preciso recorrer, em cada uma dessas línguas, ao estudo de línguas mais antigas, seguindo sua ascendência mais direta, línguas que conservam menos alterados os elementos que são comuns. Apenas o investigador instruído e experiente pode levar, com segurança, seu trabalho de classificação até os últimos limites; e esse trabalho não pode ser completado senão por meio da ajuda de um grande número de linguistas, cada um especialista num determinado domínio. Esse grande trabalho ainda não pôde, todavia, ser terminado; mas muito já foi feito. A maior parte das língua foi agrupada, em virtude de suas afinidades, por famílias e por ramos, e são os resultados dessa classificação que iremos examinar nos capítulos seguintes.

Pois, conforme os princípios que expomos como sendo os princípios do desenvolvimento da linguagem, não há sequer uma língua no mundo que não seja submetida à divisão em dialetos, de modo que a língua de cada povo é um membro de uma família mais ou menos extensa, a menos, todavia, que se encontre, por acaso, uma língua isolada e próxima de sua extinção, não sendo falada senão por um pequeno número de famílias, algumas vezes mesmo por um único vilarejo. Línguas mesmo muito pouco propagadas, como a língua dos bascos dos Pirineus, ou algumas poucas do Caucásio têm suas formas dialetais facilmente reconhecíveis; porque um povo não civilizado não pode se formar em campos isolados e, não obstante, conservar essa unidade social que é necessária à unidade da língua.

A condição linguística do mundo segue um curso paralelo à sua condição política. No começo dos tempos históricos, e mesmo tão longe quanto a ciência arqueológica possa remontar, vemos a terra povoada do que parece ser uma massa heterogênea de clãs, de tribos, de nações. Mas ninguém, mesmo o mais heterodoxo dos naturalistas que defende a diversidade da origem da espécie humana, acreditará que esses clãs, essas tribos e essas nações tenham se originado no solo que eles habitam e lá permanecido: essas sociedades procedem da multiplicação e da dispersão de um número restrito de famílias primitivas, quando não, como alguns pensam, de uma única família. O mesmo se aplica à linguagem: por mais longe que nossos olhos possam ver, seja pela ajuda dos monumentos, seja pela ajuda do estudo comparado, já a encontramos num estado de subdivisões sem fim, e, contudo, todo linguista instruído sabe que essa aparente confusão é o resultado da extensão e da separação de um número limitado de dialetos primitivos; examinaremos mais adiante as possíveis razões para remontarmos esses dialetos a um só. Na aurora dos tempos históricos, a barbárie cobre a terra; os centros de cultura são, ao todo, dois ou três; eles não percorrem senão pequenas distâncias e estão constantemente sob ameaça de destruição pela massa de força bruta que os cerca. Portanto, a força de separação linguística está em seu apogeu, e os dialetos se multiplicam pela ação das mesmas causas que os produziram. Mas por toda parte onde a influência da civilização começa a ser exercida, uma força contrária se desenvolve na política e na linguagem. A pluralidade de tribos hostis se agrupa em corpos de nação e da Babel dos dialetos discordantes saem línguas cuja unidade aumenta a cada dia. As duas espécies de mudança caminham lado a lado porque elas estão ligadas e dependem uma da outra: nada pode formar uma grande língua senão uma grande nação e nada pode formar uma grande nação senão uma civilização avançada. Da mesma forma que assistimos, na história, ao crescimento constante da civilização até aquilo que ela é hoje, força dominante no mundo, a tal ponto que as raças não civilizadas quase não subsistem mais senão pela tolerância das civilizadas; também, sob o império das causas externas, das quais cada operação pode ser claramente definida, as línguas de cultura estendem seu domínio e suprimem os patoás que se formaram sob uma ordem de coisas desaparecida, sempre avançando a tal ponto que os homens começam a sonhar com um tempo em que a mesma língua poderá ser falada por toda a terra; e ainda que esse sonho seja uma utopia, do ponto de vista da teoria ele não é impossível. Bastaria um conjunto de circunstâncias externas para tornar esse resultado inevitável.

É possível que nos enganemos a propósito desses fatos e acreditemos que a linguagem começou num estado de divisões dialetais infinitas tendendo desde o começo à concentração e à unidade. Mas isso só seria possível se fizéssemos pouco caso das forças que agem no desenvolvimento da linguagem e de seus modos de ação recíproca. Diga ao etnologista que, no começo, a raça humana se compunha de um número indeterminado de indivíduos isolados que foram condensados em famílias, estas em clãs e em tribos, essas tribos em confederações, essas confederações em nações, das quais pode ainda sair, por um mesmo processo, uma única raça homogênea que cubra a terra, e ele não dará sequer a honra de acolher sua teoria com um sorriso. A opinião análoga em matéria de linguística não é menos absurda. É apenas porque o assunto é menos acessível à massa que se percebe menos o absurdo de uma tal teoria.

Antes de concluir este capítulo, devemos observar o valor diferente que têm as palavras *língua* e *dialeto* em sua relação uma com a outra. São dois nomes que remetem a uma mesma coisa, e que empregamos segundo o ponto de vista. Todo corpo de expressões usado por uma comunidade, por menor ou mais simples que ela seja, para propósitos de comunicação e como instrumento do pensamento é uma língua, e ninguém dirá que um povo possui um dialeto e sim uma língua. Por outro lado, não há uma única língua no mundo que não possa ser chamada de dialeto se a considerarmos como um conjunto de signos linguísticos relativamente a um outro conjunto. A ciência da linguagem tornou essa distinção banal; ela nos ensinou que os signos que cada homem emprega para se exprimir constitui sua língua ou uma língua, mas que não há língua, por mais culta que ela possa ser, que não seja um dialeto pertencente a uma certa classe e a uma certa localidade, grande ou pequena. O inglês escrito é uma das formas do inglês usado pelas classes esclarecidas para certos propósitos, e que possui características dialéticas que o distinguem do discurso falado dessa mesma classe e, ainda mais, das outras classes ou divisões da comunicação inglesa; cada uma dessas formas é tão importante no estudo comparado da linguagem quanto a forma dita superior. Mas o inglês, o holandês, o sueco, etc. são os dialetos da língua germânica, e esta, assim como o francês, o irlandês, o boêmio e os outros, são os dialetos da grande família cujos limites já traçamos. Eis aí a significação da palavra para a ciência. Na linguagem popular, que é pouco exata, tentamos fazer distinções de grau e de importância por meio dessas mesmas palavras; enquanto reservamos à língua literária de um país o nome de língua, damos às sua formas inferiores o nome de dialeto. Para o uso ordinário, essas diferenças de acepções convêm suficientemente; mas elas não são aceitáveis em outras esferas e não fazem parte da ciência linguística.

X
As línguas indo-europeias

Classificação de gênero. • Família indo-europeia; diferentes nomes que lhe são dados; seus diferentes ramos e seus mais antigos monumentos: o germânico, o eslavo-letão, o celta, o itálico, o grego, o iraniano e o indiano; ramos duvidosos. • Importância dessa família. • Seu valor para o estudo da linguagem. • Não se pode determinar a data e o lugar de sua origem. • Método científico aplicado ao estudo de seu desenvolvimento estrutural; as palavras são formadas pela agregação e a integração de elementos; esse princípio basta para explicar a formação da língua. • Disso resulta a doutrina do monossilabismo radical original. • Raízes indo-europeias. • Desenvolvimento de formas. • Estrutura do verbo e do nome. • Pronomes: advérbios e partículas; interjeições; sua analogia com as raízes. • Questão da ordem do desenvolvimento e o tempo que foi preciso para operá-lo. • Estrutura sintética e analítica.

Depois de ter examinado em tantos detalhes quanto permite nosso espaço de que dispomos os fundamentos nos quais pode repousar uma classificação genealógica de todas as línguas do mundo, iremos esboçar rapidamente essa classificação a partir das pesquisas dos linguistas. Vimos que as semelhanças são tais, quanto ao número e natureza, que não podemos atribuí-las ao acaso ou aos empréstimos e que elas não se explicam senão pela tradição separada de uma língua originalmente comum, tradição na qual uma parte das formas originais é conservada ao passo que as outras sofreram tantas mudanças e renovações que é difícil descobrir o laço primitivo. Como exemplo, lançamos um rápido olhar sobre a grande família de línguas à qual a língua inglesa pertence e fornecemos alguns exemplos das provas nas quais se apoia a crença geral em sua unidade. Devemos mostrar agora, de maneira mais detalhada, a constituição dessa família e esboçar os traços principais de sua figura e de sua história.

Primeiramente, costuma-se designá-la por diferentes nomes, sendo que nenhum deles foi até o momento aceito em geral e por todos. Empregaremos *indo-europeia* porque essa terminologia nos parece a mais legítima. Foi adotada, depois de muita reflexão, por Bopp, o grande intérprete das relações existentes entre as línguas dessa família, e, desde então, foi muito empregada pelos outros linguistas. A maior parte dos compatriotas de Bopp prefere agora a terminologia de *indo-germânico* simplesmente porque contém o nome estrangeiro dado por seus mestres e concorrentes, os romanos, para designar o ramo que eles representam. Outros repudiam as duas por serem incômodas e longas e dizem ariana, nome que começa a se espalhar de forma considerável. A objeção que se pode fazer à sua adoção é que a terminologia pertence à divisão asiática composta pelos ramos iraniano e indiano e é ainda necessário para designá-los. Diz-se também *sanscrítico*, isto é, que descende do sânscrito, e *jafético,* nome tirado do filho de Noé, de quem descendem, segundo a Gênese, alguns povos que falam seus dialetos; mas esses dois últimos nomes não pegaram e são usados apenas em alguns casos particulares.

A família indo-europeia é composta de sete grandes ramos: o indiano, o iraniano ou persa, o grego, o itálico, o celta, o eslavo ou eslavo-letão e o germânico ou teutônico.

Considerando esses ramos em ordem inversa, temos, primeiramente, o germânico, que se divide em quatro sub-ramos já observados: 1º O mesógoto ou dialeto dos godos da Mésia, cujo único monumento existente é um fragmento da Bíblia feito por seu Bispo Ulfilas no quarto século da nossa era. Esse dialeto não existe mais como língua falada há muito tempo. 2º Os dialetos baixos-alemães, falados ainda no norte da Alemanha desde o Holstein até os Flandres, e que compreendem duas grandes línguas de cultura, o holandês e o inglês. Os monumentos literários ingleses remontam ao século VII, os holandeses, ao século XIII; há um poema em *velho-saxão*, o *Heliand* ou o *Salvador*, que data do século IX, e a literatura dos frísios, do século XIV. 3º O corpo de dialetos altos-alemães, representados hoje por uma única língua literária, o alemão, cuja literatura começa com a reforma no século XVI; antes desse período, que chamamos o novo período alto-alemão, há o velho período alto-alemão cuja literatura, escrita em vários dialetos mais ou menos diferentes, remonta ao século VIII. 4º A divisão escandinava, formada pelo dinamarquês, pelo sueco, pelo norueguês, pelo islandês. Os monumentos escritos do islandês são do século XII e são, quanto ao estilo e às ideias, mais velhos que tudo o que encontramos no alto e no baixo-alemão. A Edda é a fonte mais pura e a mais abundante onde se pode pesquisar para conhecer a condição da antiga Germânia. O islandês é também, sobretudo quanto à fonética, o mais antigo dos dialetos germânicos vivos. Além dos registros literários, há as inscrições rúnicas, compostas comumente de uma palavra ou duas e que remontam, diz-se, ao século III e mesmo ao século II.

O ramo eslavo esteve sempre muito próximo do ramo germânico e se estende ao leste desse. Este último conquistou sua importância histórica. Sua divisão oriental compreende o russo, o búlgaro, o sérvio, o croata, o eslavônio. O búlgaro é o que tem as mais antigas memórias: sua versão da Bíblia feita no século IX, na mesma região onde a versão dos godos havia sido feita cinco séculos antes, se tornou a versão canônica e seu dialeto é a língua da Igreja grega na divisão eslava. A língua russa é de longe a mais importante do ramo; ela tem registros que datam do século XI. Alguns dos dialetos do sul apresentam exemplos de uma data ainda mais remota. Pertencem à divisão ocidental o polonês, o boêmio, cujos sub-ramos são o morávio e o eslovaco; muito próximos estão o sorábio da Lusácia e o polábio. O polonês não possui monumentos anteriores ao século XIV; os do boêmio ou tcheco vão até o século X.

Esse ramo é frequentemente designado pelo nome de eslavo-letão porque se tem aí uma subdivisão, o letão ou lituânio, que, embora esteja muito mais afastado do eslavo que qualquer outro dos seus dialetos, não o está, todavia, o suficiente para formar um ramo separado. Ele se compõe de quatro dialetos principais: o velho prussiano, que desapareceu nesses dois últimos séculos, o lituânio e o livónio ou letão, todos agrupados em torno do grande arco do mar báltico. O lituânio é o mais importante e o mais antigo, pois ele possui registros escritos que remontam à metade do século VI. Ele é notável pela conservação dos elementos e das formas da linguagem.

O ramo celta perdeu terreno de forma constante desde o começo dos tempos históricos e se reduziu de tal forma que não ocupa senão a extremidade ocidental da Europa, depois de ter coberto vastas regiões ao oeste e ao centro dessa parte do mundo. Não se conhecem bem os dialetos do norte da Itália, da Gália e da Espanha para poder lhes assinalar um lugar na subclassificação do ramo. Os dialetos conservados formam dois grupos: o cimbro e o gaélico, como são comumente chamados. O cimbro compreende o gaulês que possui glosas do século IX aproximadamente e uma literatura do século XII, cuja substância é provavelmente mais antiga e remonta ao século VI; o córnico, que desapareceu como língua falada no fim do século passado, deixando para trás uma literatura considerável, quase tão antiga quanto a literatura gaulesa; o armoricano da Bretanha, tão vizinho do córnico que se acredita ter sido importado pelos emigrantes da Cornualha. O grupo gaélico compreende o irlandês, cujos monumentos vão até o fim do século VIII, o gaélico da Escócia, cujos registros datam do século VI, e o dialeto pouco importante da ilha de Man.

Entre as línguas vivas, o ramo itálico está representado apenas pelos dialetos românicos provenientes do dialeto de Roma, o latim. Algumas particularidades no tocante à sua história e grau de importância já foram aqui apontadas. Esses dialetos surgem todos mais ou menos ao mesmo tempo, isto é, do século XI ao século XIII, da condição de *patoás* locais produzidos pela corrupção da língua popular, ao passo que o latim continuava a ser a língua dos letrados. Há partes do francês que são mais antigas, e que datam do século X; sua literatura começa um ou dois séculos mais tarde; as da Itália, da Espanha, de Portugal são do século XII apenas. Essas quatro línguas são os membros mais evidentes do grupo. Mas havia também, do século XI ao século XIV, uma rica literatura pertencente a um dos principais dialetos do sul da França, o provençal, que, à exceção de dois ou três esforços esporádicos recentes não é mais usado, desde então, como língua de cultura. Há também nas províncias setentrionais da Turquia, na Valáquia e na Moldávia, uma vasta região onde se fala um dialeto românico menos cultivado, o romeno, vestígio da extensão da supremacia romana em direção ao leste: ele não tem literatura própria. Ainda, certos dialetos do sul da Suíça são muito diferentes do italiano para serem classificados, como língua distinta, sob a denominação de reto-romano ou romance.

Os antigos sub-ramos do ramo itálico ligado ao latim foram há muito tempo suprimidos, mas ainda restam alguns resíduos, sobretudo do úmbrio ao norte de Roma atrás dos Apeninos e do osco ao sul da Itália. O próprio latim, em seus mais velhos monumentos, não data de mais de três séculos antes da era cristã, se mostrando aí sob uma forma estranha e pouco inteligível para aqueles que aprenderam apenas a língua cultivada do último século antes de Cristo.

O ramo grego é de uma antiguidade muito mais venerável; as obras-primas do gênio humano, os poemas de Homero, precedem nossa era cerca de mil anos. A partir do ano 300 a.C., aproximadamente, toda a literatura grega está em dialeto ático ou ateniense, como a literatura alemã está em alto-alemão novo. Mas antes desse período, assim como acontecia no período do velho alto-alemão, cada autor se servia mais ou menos distintamente de seu dialeto local; de modo que, tanto por meio de seus escritos como por meio de suas inscrições, temos uma representação bastante completa das variedades que cindiram a língua grega nos tempos pré-históricos. Existe, sem sombra de dúvidas, uma variedade parecida de dialetos hoje; mas há um grego escrito apenas, o grego moderno ou romaico; ele se distancia menos do grego antigo que o italiano em relação ao latim. À exceção da própria Grécia, essa língua não é falada senão nas ilhas e na região do mar Adriático e nas costas norte e sul da Ásia Menor.

O ramo que vem em seguida é o Persa ou, de forma mais apropriada, o iraniano, pois a Pérsia é apenas uma das numerosas províncias que constituem o território do Irã (*Airyana*), parte dos arianos ocidentais. Há dois antigos representantes: o velho persa ou o persa aquemênida de Darius e de seus sucessores, e a língua de Avesta, chamada zende, ou o velho bactriano. O velho persa é de uma época determinada (século V a.C.) e pode ser lido nas inscrições cuneiformes recentemente decifradas. O outro é de uma data desconhecida: ele pode ser mais recente ou mais antigo. O Avesta é a Bíblia de Zoroastro, cuja data e o lugar de origem são desconhecidos. Acredita-se que ela tenha sido escrita há mais de mil anos antes de Cristo e se ela é, em parte, como se pretende, obra do próprio Zoroastro, ela é, assim, antiga. Os modernos sectários dessa religião, aqueles que guardam os livros sagrados, são os parses da Índia ocidental, que fugiram da perseguição maometana e se refugiaram em sua terra natal. Além do Avesta original, eles conservaram uma versão feita em huzvâresh ou pehlevi do tempo dos sassânidas, dialeto de característica particular e problemática. A literatura persa moderna, fecunda e rica, começou a se formar aproximadamente mil anos depois de Cristo, quando o país havia passado pelo maometismo.

São esses os membros do corpo linguístico iraniano. O curdo não é senão um dialeto desse tipo fortemente marcado. O osseta, que reina em uma pequena província do Caucásio está mais afastado, embora ele claramente lhe pertença. O armênio, cuja importante literatura remonta ao século V (e que possui, ao que parece, segundo as novas descobertas, fragmentos cuneiformes de mais de mil anos) é também do tipo iraniano. Enfim, o afegão, nos confins do Irã e da Índia, é igualmente visto como iraniano, apesar de que alguns linguistas dignos de fé o consideram como indiano.

O ramo da língua indo-europeia que se estende pela Índia não ocupa todo o país. A raça dravidiana que, sem dúvida, sofreu perseguições com a invasão dos arianos do norte, reina ainda na maior parte da Península Meridional, o Dekhan. A mais antiga das línguas indo-europeias é o sânscrito, sobretudo seu primeiro dialeto, chamado védico, aquele dos hinos religiosos, hinos que formaram, com alguns acréscimos literários um pouco mais recentes, a Bíblia dos Hindus, o Veda. Parece que, durante o período em que esses velhos hinos foram produzidos, os povos que falavam o sânscrito não ocupavam a grande Bacia do Ganges, mas estavam circunscritos nos vales do Indus e de seus afluentes do lado noroeste da Índia e não longe do Irã. Não se pode determinar a data com exatidão, provavelmente dois mil anos antes de Cristo. O sânscrito clássico é um dialeto que, numa época mais próxima (depois que o bramanismo saiu da região e da civilização mais simples e mais primitivas dos tempos védicos e dominou todo o Hindustão) foi conservado como a língua literária de todo o país e sempre guardou essa característica. Aprende-se ainda a ler e a escrever em sânscrito nos seminários bramânicos. Como foram encontradas inscrições que datam do século III a.C. em dialeto novo, conclui-se que o sânscrito havia deixado de ser língua vulgar antes dessa época. A segunda forma da língua da Índia à qual essas inscrições pertencem é chamada de prácrito. Um dos dialetos do prácrito, o pali, se tornou, por sua vez, a língua sagrada do budismo no sudeste e é ensinada ainda no Ceilão e na extremidade oriental da Índia. Os outros dialetos estão representados, primeiramente, nos dramas sânscritos onde eles são introduzidos a título de patoá falado pelos personagens inferiores e, depois, por algumas produções literárias que lhes pertencem. Enfim, há os dialetos modernos da Índia, numerosos e variados, que podemos, todavia, classificar de forma grosseira sob três denominações gerais: híndis, maratas e bengalês e que têm literaturas de origem recente. Aquele que chamamos hindustâni ou urdu é o híndi com uma grande penetração de palavras árabes e persas devido à influência do maometismo.

Os limites dessa grande família são mais marcados do que os de qualquer outra. Mas eles não são permanentes. Há uma ou duas línguas isoladas na Europa que poderíamos ainda chamar indo-europeia. Assim, o esquipetar ou língua dos albaneses dessa parte da costa da Turquia da Europa faz frente ao calcanhar da Itália. Acredita-se que ele representa o antigo ilírico e que ele é mais provavelmente indo-europeu do que qualquer outra coisa. O etrusco, há muito tempo objeto de discussões, língua obscura de um povo particular cujas relações com os primeiros romanos até sua absorção final por Roma são familiares a todo estudante, acaba de ser declarado (1874) língua indo-europeia por linguistas de tão grande autoridade que suas conclusões devem ser aceitas até que se prove o contrário. É evidente, entretanto, que na teoria, casos como este, de classificação duvidosa, podem se apresentar. Não há limite para as alterações das línguas e seu parentesco original pode se tornar irreconhecível.

Há diversas razões pelas quais a família indo-europeia seja preeminente entre as línguas do mundo e que fazem com que os linguistas sempre lhe tenham dado maior atenção. A menor dessas razões é que as línguas que nós falamos pertencem a essa família, embora este seja um motivo legítimo de interesse; a principal é que ela pertence a uma raça que domina a história do mundo, e que, hoje, como em outros tempos, ela não conhece rival. As instituições civilizadas das grandes nações são as que demandam maior estudo, sendo o mais digno objeto de investigação. As línguas e a história dos gregos e dos romanos serão sempre, como elas são hoje, o essencial de uma educação liberal; e a história da língua indo-europeia ainda esclarece o estudo do grego e do latim, bem como o estudo das línguas latinas, germânicas e eslavas, e tudo o mais que nos toca mais de perto e que interessa mais às nações que a estudam.

Mas há uma razão mais imperiosa que fez do estudo da língua indo-europeia a escola da ciência linguística, de tal maneira que, para muitos, o estudo dessa língua e a filologia são uma coisa só. É que, em geral, os monumentos da história linguística são incompletos e raros. Se toda a história da linguagem fosse representada numa grande folha de papel, as partes que poderíamos dizer que são conhecidas seriam marcadas por pequenos pontos no espaço. No que diz respeito à maior parte das raças, somente as línguas vivas podem ser conhecidas. Depois, alguns raios de luz se projetam no passado do lado da era cristã; outros vão um pouco mais longe: quatro ou cinco esclarecem não sem limitações o período compreendido entre o ano 1000 e 2000 a.C. e há somente um desses raios, a língua egípcia, que penetra um pouco mais a escuridão do passado. Apenas começamos a suspeitar que tenha havido antes disso uma longa história da linguagem e uma longa história da humanidade. Sendo essa a topografia do terreno, o linguista só poderia ter procedido como ele procedeu, isto é, tomando como ponto de partida esse conjunto de fatos históricos ligados uns aos outros que envolvia o maior número de relações conhecidas no passado, e que teve o maior desenvolvimento no presente. Colocando esses fatos em ordem, descobrindo o geral sob o particular, indicando as tendências e as leis, o linguista poderia esperar encontrar um fio condutor, orientando-o em seus estudos quando da abordagem de fatos menos gerais e mais obscuros. A preeminência, quanto a esse aspecto, pertence às línguas indo-europeias, incontestavelmente e sem comparação. As outras, que nos fazem remontar mais além no passado, como o egípcio, o chinês e as línguas semíticas têm, as duas primeiras, uma esterilidade de desenvolvimento, a última, uma pobreza e um uniformidade que as tornam muito inferiores. Culpar os filólogos por terem, até o momento, se dedicado em particular ao estudo das línguas indo-europeias é completamente absurdo. É como se repreendêssemos os historiadores por terem se ocupado particularmente da civilização europeia e de suas origens. Não nos enganamos menos quando acusamos os linguistas de darem mais atenção aos últimos fragmentos de línguas mortas e quase esquecidas e quando pretendemos que as línguas vivas, os dialetos falados hoje, sejam o campo de investigação verdadeiro e fértil dos estudos linguísticos. Seria desconhecer o caráter histórico da linguística; seria esquecer que os fatos presentes não podem ser explicados senão pelos fatos passados e que apenas a memória do antigo estado de coisas pode esclarecer o estado de coisas atual. É dar muita importância a esse princípio, igualmente verdadeiro, que o presente explica o passado. Seria evidentemente lamentável conter a preocupação daqueles que tomam as línguas vivas como objeto de investigações rigorosas, sobretudo no que concerne à fonética, e desconhecer o valor de seus trabalhos. Não há nada mais útil em linguística; só achamos que eles não devem desdenhar os trabalhos de seus predecessores e se lembrar que foram estes que abriram seus caminhos. O estudo minucioso dos costumes, das instituições, das crenças e dos mitos dos povos incultos que existem ainda era, há pouco tempo, mera questão de curiosidade; o que lhe deu importância foi a análise do desenvolvimento histórico da civilização. Era inútil observar as nebulosas antes do surgimento da astronomia e da geologia que nos ensinaram pela constituição e pela história do nosso sistema solar, como interpretar os fatos observados.

Ao dar prioridade e preeminência ao estudo das línguas da família indo-europeia, não acreditamos que estamos depreciando a importância das outras famílias; sabemos, inclusive, que elas são necessárias para o entendimento umas das outras. A ciência da linguagem é, como seu nome indica, a ciência de todas as línguas humanas e ela não rejeita nenhuma por ser desconhecida, inferior em desenvolvimento ou pertencente a povos longínquos. Assistimos hoje ao crescimento do número de questões sobre a história das línguas indo-europeias que não podem ser solucionadas senão pelo estudo mais aprofundado das línguas inferiores; e devemos estabelecer como princípio fundamental em linguística que nenhum fato de linguagem será inteiramente apreciado enquanto ele não for posto em comparação com os fatos análogos em todas as línguas humanas. Só não é possível evitar, em filologia como em todos os outros ramos da ciência, que os fatos se arranjem por si só em linhas principais e dirijam sua luz a determinados pontos quando se deseja mais particularmente observá-los.

Como vimos mais acima, chegamos a esta conclusão evidente de que todas as línguas indo-europeias conhecidas descendem de um dialeto único que provavelmente pertenceu, numa determinada época, a uma sociedade fechada, cuja extensão e migração, acrescidas da absorção provável de outras sociedades provenientes de outras raças, fizeram com que esse dialeto tenha se espalhado até chegar a essa divisão que se pode testemunhar atualmente. É assim que em outra época da história, dois ramos desse dialeto chegaram a cobrir, por sua vez, o novo mundo e a ocupar mais espaço que ocupa o tronco principal. Sem dúvida, seria de grande interesse poder determinar o tempo e o lugar onde essa sociedade primitiva e tão importante viveu caso existisse algum meio de fazê-lo; mas isto não é possível, pelo menos neste momento. Em relação ao tempo, é melhor não se pronunciar sobre esse assunto numa época de transição como a nossa em que ainda se discute, sem que se chegue a uma conclusão, sobre a antiguidade do homem na terra. A questão de saber se o primeiro homem nasceu há seis mil anos, doze mil anos, cem mil anos ou um milhão de anos, como pretendem as novas escolas de antropologia, é uma dessas questões cuja solução exercerá uma influência sobre o presente debate; quanto aos testemunhos que a própria língua pode dar, não há nenhum que seja concludente. Os filólogos dirão certamente que eles não veem como o desenvolvimento da língua indo-europeia possa ter acontecido em seis mil anos; mas eles ainda não encontraram uma regra para medir o tempo que foi preciso, segundo eles, para esse desenvolvimento. Seria, portanto, insensato, neste momento, até mesmo conjecturar.

A questão relativa ao lugar onde a língua indo-europeia foi falada inicialmente não é menos difícil. O homem foi sempre um animal migratório e não importa se ele passou um milhão de anos ou a décima parte desse tempo errando sobre a terra, é quase impossível dizer onde se deu a separação de uma raça. O que a distribuição atual dos celtas poderia nos ensinar sobre a história de sua migração? Se uma raça bárbara qualquer tivesse conquistado, exterminado ou absorvido os germanos do continente, que conclusão errônea não tiraríamos da presença destes somente na Escandinávia e na Islândia! Ora, é provável que a história dos indo-europeus contenha acidentes não menos passíveis de nos enganar em nossos julgamentos. Há muito tempo nos acostumamos a considerar o sul da Ásia como o berço da raça humana, e essa opinião se arraigou de tal forma até mesmo naqueles que recusam os testemunhos no qual ela se funda, que muitos asseguram que a região montanhosa do Hindu-Kush ou a bactriana é o berço dos indo-europeus. Como única prova, eles nos apresentam o fato de que foi aí que os iranianos e os indianos se separaram e que os dialetos desses dois povos são os mais primitivos da família. Mas sustentar essa opinião é o mesmo que manter que a lentidão ou a rapidez da mudança linguística depende da estabilidade dos que a falam ou de sua migração, o que é tão inexato que nem é preciso dar-se o trabalho de refutá-lo. A verdade é que a condição dessas línguas pode ser compatível com qualquer teoria sobre o lugar inicialmente ocupado pela família. Quanto à relação entre os diferentes ramos, os melhores linguistas concordam, há muito tempo, que a separação dos cinco ramos europeus deve ter acontecido depois da separação comum dos dois ramos da Ásia, que continuaram reunidos até o período histórico. Em relação a este último ponto, as opiniões são unânimes. As velhas formas do persa e do indiano se aproximam tanto uma da outra quanto se aproximam, por exemplo, dois dialetos germânicos um pouco diferentes: os dois ramos são classificados juntos sob o nome de *ariano* e supõe-se que o ramo indiano tenha se separado do tronco, ao nordeste do Irã, pouco antes do ano 2000 a.C. Na grande divisão europeia, o germânico e o eslavo são considerados por todos como particularmente próximos. As opiniões são menos unânimes em relação à questão de saber se o celta é um ramo completamente independente ou se ele é vizinho próximo do ramo itálico. Em todos esses fatos, nada nos esclarece quanto à questão do país de origem. A separação da divisão ariana e da divisão europeia pode tanto ser o resultado da migração dos europeus em direção à Ásia quanto da migração dos asiáticos em direção à Europa; e, com efeito, linguistas renomados já escolheram suas localizações em uma ou em outra parte do mundo. Mas seria inútil pretender chegar a conclusões definitivas quando os dados são tão escassos. Poderemos um dia encontrar provas de um valor real; mas até agora não as temos.

Há tantos elementos para a história da língua indo-europeia e ela foi objeto de tantos estudos que essa grande divisão da linguagem humana é muito mais conhecida que as demais. Portanto, tanto em função do grande interesse que tem essa história em si mesma quanto da sua utilidade como exemplo do método a ser seguido no estudo das outras divisões iremos examinar um pouco mais detalhadamente, ainda que de forma breve, a parte da história primitiva das línguas indo-europeias que objeto de consenso.

Mas devemos, primeiramente, examinar a questão de saber (se é que se pode chamar isso de questão) como proceder a fim de conhecer os períodos históricos da linguagem. A própria família indo-europeia possui apenas alguns documentos pertencentes a esses diferentes períodos. Como podemos saber aquilo que os monumentos escritos não nos ensinam? A resposta, acreditamos, é simples e segura: é preciso estudar as forças que assistimos diante de nós e observar como elas agem; depois, transportá-las até o passado, nos servindo de um raciocínio que procede por analogia, inferindo a partir de efeitos similares, causas similares, indo tão longe quanto possível e de forma racional, sem jamais fazer intervir novas forças, exceto quando as antigas não forem suficientes para darem a explicação exigida e mesmo assim com total prudência. Trata-se aí do método indutivo, familiar à ciência moderna. O paralelo entre a linguística e a geologia é, nesse sentido, bastante estreito e instrutivo, e muitas vezes a ele se recorreu. O geólogo infere a partir do modo de formação dos bancos de areia, o modo de formação dos bancos de granito; ele se dá conta, enterrando ou fazendo submergir espécies vivas, da existência de fósseis. A geologia é tão fiel a esse método que o estudioso que o abandona e que se serve de hipóteses, mesmo quando os meios comuns da experimentação não podem lhe ajudar, é considerado fantasioso, e convidado a não se pronunciar até que possa resolver, através de meios verdadeiramente científicos, o problema sobre o qual se debruça.

Sem dúvida, as circunstâncias e as condições de ação das mesmas forças podem variar e, ao admitir a unidade da história geológica, não se pretende que a Terra tinha sido sempre aquilo que é hoje. A opinião que prevalece, entre os geólogos, é, de fato, que a Terra era no começo uma massa nebulosa de vapor em rotação; mas essa opinião nasceu do método. A unidade essencial da história da linguagem em todas as suas fases e todos os seus períodos deve ser o princípio fundamental dos estudos linguísticos se se pretende que a linguística seja uma ciência. Declarar simplesmente, como fazem alguns, implicitamente ou explicitamente, que os modos de formação das línguas foram nos tempos antigos diferentes daqueles dos tempos modernos e que não se pode inferir do presente o passado, deveria bastar para que o autor dessa proposição fosse excluído da categoria de linguista, se a ciência linguística estivesse tão solidamente constituída quanto a ciência geológica. Ainda, é preciso admitir a diferença de condições e de circunstâncias e reconhecer que a linguagem primitiva está provavelmente tão longe da língua moderna quanto um país civilizado está longe de um deserto povoado de animais ferozes ou até mesmo quanto o cosmos existente, do estado de uma nebulosa. Contudo, aquilo que é, deve ser visto como o resultado de uma ação prolongada, que se exerce no mesmo sentido. Devemos lembrar, também, que não conhecemos o suficiente a natureza e o modo de ação das forças que agem sob nossos olhos para que possamos ter a pretensão de conhecê-las no passado e o que consideramos como anormal pode nos parecer, mais tarde, regular. Mas devemos rejeitar as hipóteses e não admiti-las mesmo sob esse título.

Vimos mais acima, nos capítulos consagrados à mudança linguística, que a tendência geral dos homens é a da criação de signos visando à instrumentação do pensamento e a sua comunicação; que, para tal, os homens se servem dos elementos que estão a sua disposição; que a direção do movimento é a da redução das designações grosseiras, físicas, materiais, sensíveis a designações formais ou abstratas; inicialmente, pela mudança constante de significações, depois, pela agregação das palavras simples em compostas, umas servindo de prefixo ou sufixo às outras, modificando seu valor. Assistimos, nos períodos mais longínquos da história da linguagem, à anexação de elementos formativos, utilizada como meio de indicar as relações de tal maneira que este é, com efeito, o traço característico da língua indo-europeia; explicar esse fato é explicar o desenvolvimento dessa língua.

É no hábito bastante simples de compor as palavras de duas ou mais sílabas que, no começo, eram uma palavra separada, que encontramos (cf. p. 142ss.) o germe da composição sintética das formas; e observamos um certo número de verdadeiras formas feitas, assim, unicamente pelo auxílio de tendências que prevalecem universalmente na linguagem humana. As terminações adverbiais *ly*, em inglês, *ment* em francês; a marca do tempo passado dos verbos *d* em inglês, *ai* em francês; os sufixos dos derivados ingleses *less* e *dom*, etc. são elementos formativos como qualquer outro elemento desse gênero na língua indo-europeia; é somente pelo estudo e não pelo uso que nos damos conta de que eles diferem do *s* de *loves*, do *th* de *truth*, os quais foram unidos às palavras numa época muito mais recuada. E toda criação de uma determinada forma cuja história se pode conhecer aconteceu assim, por acréscimo, sendo os casos que diferem em aparência, como mostramos em *man* e *men* (homem e homens), *rēad* e *rĕad* (ler e lido), *sing* e *sang* (cantar e cantara), inorgânicos, acidentais, resultando da alteração fonética de palavras antes formadas por agregação.

Sendo assim, os princípios do método indutivo nos levam a atribuir unicamente a esse processo de formação de palavras em funcionamento nos tempos históricos o desenvolvimento da língua indo-europeia nos tempos pré-históricos. Se isso é suficiente, não somente não precisamos recorrer a outras explicações, mas somos proibidos de fazê-lo, exceto no caso de indicação absoluta. Não é porque não podemos fornecer explicações para tudo que devemos fazer intervir outras forças. Os monumentos linguísticos são demasiado incompletos, fragmentários para que a história linguística seja isenta de lacunas e que possamos seguir a evolução das palavras através da série completa de suas mudanças de sentido e de forma. Assim como em cada período da vida instável da Terra a série de registros geológicos se desloca, há eventos na história que desarranjam a continuidade regular do desenvolvimento linguístico em todos os seus aspectos, transferência de significações, formação de palavras, modos de derivação. Quando vemos que há nas línguas germânicas e românicas que são de origem recente tantas coisas e tantas palavras cuja razão de ser o linguista não pode explicar, como esperar poder submeter a uma análise completa as palavras e as formas que compõem línguas muito mais antigas?

Se as primeiras formas sintéticas conhecidas nos mostram esse mesmo princípio da combinação que vemos agir mais tarde na formação das línguas, devemos concluir até que se prove o contrário que, porque ele é o único que age no momento presente, ele foi o único que agia no passado.

Os grandes estudiosos da filologia comparada defendem, com efeito, que a agregação pode explicar sozinha toda a formação da língua indo-europeia e que não existe uma só palavra que não seja o resultado da adição sucessiva de elemento a elemento; eles afirmam que ao separar esses elementos, encontraremos, sempre, de um lado um signo que representa a ideia radical e, de outro, um signo que representa a ideia modificadora, sendo esses dois signos originalmente independentes um do outro, tanto nas palavras nas quais já não podemos reconhecê-los, quanto naquelas em que o fazemos com facilidade, como em *love-did*, que se transformou em *loved*, *true-like* em *truly*, *habere habeo*, em *aurai*, *verâ mente*, em *vraiment* e assim por diante.

Mas essa doutrina contém uma outra muito importante, a saber, a doutrina da existência de um primeiro conjunto de raízes monossilábicas servindo de matéria-prima aos desenvolvimentos da língua indo-europeia. Trata-se aí de um corolário necessário: se todas as palavras são formadas por acréscimo e integração, de original não há senão os elementos que as compõem, as raízes. Ora, em nossa família de línguas as raízes são monossilábicas. Essa opinião é compartilhada por quase todos os linguistas; os dissidentes são pouco numerosos e seus argumentos são facilmente refutados como mal-entendidos ou carentes de consistência lógica. Essa opinião em nada poderia perturbar o estudioso, não mais que a aceitação de um estado social primitivo bárbaro, o historiador; e assim como existem ainda raças no mundo que até o presente momento aprenderam apenas a manusear os mais simples instrumentos e a se proteger em cabanas rudimentares, a se vestir com pele de animais, existem aquelas cuja linguagem não saiu jamais do período radical. Se observamos flexões, declinações, conjugações se produzirem numa época recente, podemos supor a existência de um período em que nada parecido existia. Se assistimos na história da linguagem ao nascimento das preposições, das conjunções, dos artigos, devemos considerar como possível a existência de um período em que as partes do discurso não eram distintas umas das outras. Cabe à ciência converter essas possibilidades em realidades evidentes.

É preciso observar que essa doutrina não nos obriga a reconhecer e a aceitar uma lista preestabelecida de raízes como sendo os primeiros elementos das línguas da nossa família. Mostraremos mais adiante, como já o fizemos em relação a alguns casos, que aquilo que reconhecemos, em geral, como raízes já são agregações, como *count* (contar), *cost* (custar), *preach* (pregar), etc. mencionados mais acima. Isso nos conduz simplesmente a limitar um pouco as aplicações da palavra raiz. O fundamento da doutrina das raízes é sua necessidade lógica, que resulta do desenvolvimento histórico do aparelho gramatical. É preciso observar também que a questão da existência das raízes, como ponto de partida das línguas, é completamente diferente da questão da origem da linguagem, que abordaremos mais tarde (capítulo XIV): uma é exclusivamente linguística; a outra pertence, em parte, à antropologia.

Portanto, as raízes existiam na língua indo-europeia antes dos meios de distinção gramatical, antes do desenvolvimento das flexões, antes da separação das partes do discurso. Cada uma delas era o signo de uma concepção simples cujas relações eram indeterminadas, podendo ser o nome de um objeto concreto, o atributo ou predicado; o mesmo signo servia indiferentemente nos três casos. Trata-se aí de um estado de coisas que, devido aos nossos hábitos linguísticos e mentais, não compreendemos sem dificuldades, mas que pode ser observado, num grau menor, nos povos cujas línguas se encontram num estágio de desenvolvimento ainda inferior. As raízes, contudo, não pertencem, todas, a uma mesma classe; há um pequeno conjunto daquelas que chamamos de raízes pronominais ou demonstrativas, que se distinguem das outras por indicarem antes a posição relativa àquele que fala, mais que uma realidade concreta. Elas são pouco numerosas e muito simples no que diz respeito à fonética: uma vogal isolada ou uma consoante seguida de uma vogal. Muitos linguistas, não sem razão, se recusam a ver aí verdadeiras raízes e acreditam que elas saíram, por atenuação de sentido, da classe das outras raízes; mas podemos, ao que parece, admitir que essa distinção já existia anteriormente ao desenvolvimento das formas indo-europeias como um todo. A questão não poderá ser esclarecida senão quando conhecermos melhor as línguas de ordem inferior; talvez o desenvolvimento precoce dessa classe de palavras formais tenha sido o signo distintivo dessa alta aptidão linguística que sempre distinguiu essa família e que preparou sua evolução. A outra classe, chamada de raízes verbais ou predicativas, era, em geral, composta de signos que indicavam os atos ou as qualidades que poderiam ser percebidas pelo sentido. Eles eram muito mais numerosos, chegando a centenas; exemplos são: *stâ* (em grego ἵστημι, em latim *stare*, em inglês *stand*, em francês, *rester*, no sentido de *ficar em pé*); *dâ*, (em grego, δίδωμι, em latim *dare*, em francês, *donner*, *dar*); *par* (em grego περάω, em latim, *experior*, em alemão *fahren, fare*), *wid* (em grego οἶδα, em latim, *video*, em alemão, *Weiss*, etc.) e assim por diante.

Um dos primeiros passos, talvez o primeiro, e um dos mais importantes na história do desenvolvimento da linguagem foram a separação entre verbos e nomes, substantivos ou adjetivos. A essência de um verbo é ser um predicado ou signo de afirmação; nem todas as línguas possuem uma forma distinta para indicar a predicação. Há diversas línguas que não distinguem formalmente *giving* (*dando*) tomado como adjetivo ou substantivo, e *gift* (*presente*) de *gives* (*ele dá*): elas colocam simplesmente o sujeito e o predicado lado a lado e dizem: "*ele doador*", "*ele bom*", deixando à mente o cuidado de suprir a cópula ausente. A formação de um verbo não é senão a criação de certas combinações de elementos tendo em vista um uso exclusivamente predicativo, a invenção de um laço especial que estabelece a relação entre predicado e sujeito. Isto se deu pela junção de certos elementos pronominais aos elementos verbais: *dâ-mi, dâ-si, dâ-ti*; o primeiro tendo já adquirido uma significação quase pessoal, indicando aquele que está mais próximo em relação àquele que está mais distante. A questão de saber como devemos traduzir *dâ-mi*, por exemplo, se por *dá meu* ou *dadivoso mim*, ou *doador meu*, ou *dando aqui* não merece ser debatida, pois no período em questão o primeiro elemento continha o nome, o adjetivo e o verbo, e o segundo, o pronome e o advérbio; ainda, não se distinguia formalmente *eu* de *meu*. As combinações apresentadas mais acima forneciam três pessoas verbais. Elas exprimiam o singular e eram pluralizadas pela justaposição de elementos pronominais no fim; por exemplo, *masi* que é *ma-si, eu* (e) *tu,* que significa *nós.* As formas assim criadas não eram formas de tempo; mas se produziu, em seguida, um pretérito, fazendo preceder a palavra de um elemento adverbial, o prefixo grego que indicava a ação como se passando então: *a-dâ-mi, então dar mim,* isto é, *eu dei,* e a forma foi, em função da adição acentuada no primeiro membro, contraída em *ádâm* (sânscrito *ádâm,* grego ἔδωτ) de onde vem a distinção entre terminações secundárias e terminações primárias, fato bastante marcado nas línguas da família. Outro tempo passado foi criado pela reduplicação ou repetição da raiz *dâ-dâ-mi, dar, dar, mim,* isto é, *eu tenho dado.* A reduplicação foi abreviada de diversas maneiras; em latim e em alemão ela se tornou o pretérito geral, a sílaba aumentativa do tempo tendo desaparecido. Descendem daí as palavras inglesas *sang* (cantado), *held* (mantido). Entretanto poucos signos do tempo presente nos verbos indo-europeus são de uma formação tão simples. Comumente, as raízes parecem ter sido alongadas, seja por uma outra reduplicação (em sânscrito *dadâmi,* em grego, δίδωμι) ou pela adição de vários elementos formativos (em latim, *cer-no, cre-sco,* em grego δάμ-νη-μι, etc., etc.): todos, supõe-se, indicam a continuidade da ação, como é o *am-giving* inglês (*estou dando*), mas que, mais tarde, não ficou limitado a esse sentido. Em alguns verbos, junto com o novo presente e seu pretérito contínuo ou *imperfeito,* o pretérito e o modo das raízes mais simples se conservaram, com uma significação passada menos definida formando o *segundo aoristo* grego e sânscrito (como ἔδων, *ádâm,* além do imperfeito ἐδίδων, *ádadâm*). Em outros verbos, formou-se um tempo de valor semelhante compondo, provavelmente, uma segunda raiz *as* (ser) com uma outra, formando o que se chamou em grego de *primeiro aoristo.* Ainda, um futuro, que se supõe conter o mesmo elemento auxiliar, foi criado antes da separação dos ramos indo-europeus, cuja forma mais bem conservada se encontra no grego e no sânscrito; a forma completa de seu sufixo é *sya*; em sânscrito *dâ-syâ-mi*, em grego δώσω (ou a forma mais antiga δωσιω) *eu darei*. Havia também algumas pessoas do imperativo que não possuíam signos de modos particulares, mas terminações particulares. Os outros modos eram o subjuntivo e o condicional, marcados pela inserção entre a raiz e a terminação de um signo um pouco duvidoso. Enfim, havia uma voz reflexiva ou *média* em todas essas diversas formas que era caracterizada pelas próprias terminações pessoais: extensão de sentido de um mesmo signo que tanto tinha um valor subjetivo quanto um valor objetivo.

Eis o que parece ter sido o edifício inteiro do verbo indo-europeu antes da separação dos ramos da língua indo-europeia. Esse edifício cresceu, diminuiu, modificou-se, em cada um dos seus ramos, de forma diversa. O sânscrito conservou mais fielmente as formas exteriores; o grego reteve melhor as antigas e juntou a elas um bom número, de modo que o verbo grego é o mais rico da família. O latim perdeu muito, mas introduziu aí muitas variantes modernas. O ramo germânico perdeu tudo, exceto o presente e o perfeito, com o optativo, que nós chamamos de subjuntivo, e o imperativo. Além do pretérito formado com *did*, do qual falamos com frequência, as novas adições foram feitas sob a forma de combinações analíticas. Ir mais além, na história dos verbos, seria para nós uma tarefa demasiado longa, ainda que interessante.

A gênese do nome como parte do discurso em suas duas formas, o substantivo e o adjetivo, estava implicada na gênese do verbo: quando os verbos foram separados da massa de signos articulados, o resíduo foi os nomes. Tudo no indo-europeu foi, na origem, verbo ou nome, forma de conjugação ou forma de declinação. Por outro lado, quanto mais remontamos ao passado, menos encontramos claramente estabelecida a distinção entre substantivo e adjetivo; eles levam os mesmos sufixos, as mesmas flexões; os objetos são designados por suas qualidades, e mal distinguimos se empregamos a palavra que denota qualidade como significando uma coisa ou um atributo dessa coisa. O caractere distintivo do nome é a terminação relativa ao caso, como o caractere distintivo do verbo é a terminação relativa à pessoa; o caso e o número são para os nomes aquilo que os números e as pessoas são para os verbos; eles lhes conferem seu lugar e sua utilidade no discurso. Os casos no indo-europeu são sete, além do vocativo, que não é um caso no mesmo sentido que os demais, pois ele não entretém relações sintáticas com as outras palavras. O acusativo indica a direção imediata da ação do verbo; o ablativo indica de onde a ação procede; o locativo designa o lugar onde ela acontece; o causativo, o meio pelo qual ela acontece; o dativo, a que ela se destina; o genitivo indica de que ela procede e os laços ou relações gerais da ação; enfim, o nominativo, caso do sujeito; ele parece ser o caso mais formal e o mais abstrato de todos; o vocativo quase sempre se parece com ele e não tem flexão particular.

A gênese das declinações é muito mais misteriosa que a das conjugações. Os sufixos do genitivo se parecem muito com os sufixos das derivações. Os elementos pronominais são bastante visíveis dentre os outros elementos; mas todos os casos são demasiado duvidosos para que possamos apresentá-los de forma sumária, e o espaço não permite senão resumir. Como as distinções de números se combinam com as distinções de casos, isso não é evidente. As terminações do singular, do dual e do plural parecem ser independentes umas das outras e não é certo que signos que indicam o número estejam, como acontece frequentemente nas línguas de tipo inferior, inseridos entre a sílaba radical e a sílaba final ou inicial. Além disso, a língua, no período primitivo, está completamente isenta desses modos de flexões que, no período médio, servem para formar o sistema de casos. Havia inicialmente uma considerável uniformidade de declinação em todas as palavras; depois, uniformidade de declinação nas palavras que possuíam a mesma terminação; mais tarde, as terminações tendo desaparecido, houve confusão de declinações. Esta é a história geral do desenvolvimento desse aspecto da língua.

Outra questão digna de menção, a dos gêneros, está tão ligada à questão dos casos e dos números que não podemos separá-las. Estamos longe de ter resolvido o problema da origem dessa distinção na língua indo-europeia. Evidentemente ela nasceu da distinção dos sexos nas criaturas que possuem claramente um sexo; mas essas criaturas constituem uma parte mínima da criação, ao passo que a distinção se aplica a tudo o que existe, sem que ela tenha, na maior parte do tempo, uma relação com o sexo natural. O universo dos objetos que não possuem sexo visível não está relegado em todas as línguas, como na língua inglesa, ao gênero neutro. Grandes classes de palavras são masculinas ou femininas, tanto em virtude de uma analogia poética e por uma estimação imaginária de suas qualidades distintivas comparadas com aquelas do homem ou da mulher, quanto em virtude de analogias gramaticais, porque elas se parecem com palavras cujo gênero já está determinado. Em todos os casos, no período indo-europeu comum, isto é, antes da separação dos ramos, todas ou quase todas as palavras que indicavam atributos eram flexionadas de três maneiras, um pouco variáveis, para marcar a distinção dos gêneros; os nomes substantivos seguiam um desses três modos e eram masculinos, femininos ou neutros. A distinção acontecia tanto na sílaba final, quanto na sílaba inicial que serve de base, ainda que quase não havia sufixo de derivados ou de flexões que, a rigor, não podia ser dos dois gêneros. A distinção do feminino era a mais marcada; a do masculino e a do neutro praticamente se confundiam exceto no nominativo e no acusativo.

Os pronomes participavam também da flexão dos nomes nas três variedades: caso, número e gênero. Entretanto, o gênero não era marcado nessas palavras demonstrativas que adquirem um caráter específico se ele se refere à pessoa que fala ou à pessoa a quem se fala. E as palavras que são originalmente pronomes tinham irregularidades de flexão se comparadas às outras palavras.

Embora uma raiz com sua declinação basta para formar um nome, a maior parte dos nomes indo-europeus possui outros elementos interpostos entre a raiz e a sílaba final, que chamamos de sufixos de derivação; e estes, com o tempo, se dividem em duas classes bem distintas: sufixos primários, isto é, que são unidos imediatamente à raiz verbal; sufixos secundários, isto é, que são juntados a outros anexos derivados. Os casos desse gênero se manifestam muito raramente nas línguas primitivas, e a história das mudanças de aplicação desses sufixos é uma tarefa demasiado difícil para que nos aventuremos à exposição de seu desenvolvimento. Contudo, embora o assunto seja complicado, não há mistério quanto ao princípio que sua existência supõe: o processo utilizado na formação dos sufixos modernos pode muito bem ter sido utilizado igualmente na formação dos sufixos antigos.

Como a significação e a aplicação das raízes predicativas ou verbais formam os verbos e os nomes, as raízes demonstrativas (que não formam verbos) dão origem aos advérbios e pronomes. Destas provêm as palavras que indicam lugar, direção e que podem facilmente servir para indicar o tempo, que é de natureza adverbial. Acreditamos igualmente que elas são formas particulares de pronomes, e estabelecemos, em princípio, que todas as palavras são originalmente formas flexionadas do verbo ou do nome. É certo que uma vez criada, a classe dos advérbios tenha assim aumentado desde o começo de sua história; isso já foi exemplificado (cf. p. 52 e 54). As preposições, no sentido que entendemos essas palavras, são de origem ainda mais recente, tendo sido criadas como parte distinta do discurso pela eliminação de certos advérbios que indicam a relação com o verbo. Elas aparecem de forma distinta na língua mais antiga da família, o sânscrito, e desde então cresceram em número e importância. As conjunções, ainda que não presentes por toda parte, são de origem secundária, porque elas caracterizam o desenvolvimento histórico da linguagem. Juntar frases num período tendo em mente sua relação uma com a outra é, com efeito, mais do que reunir palavras em frases.

Essas são as partes do discurso da língua indo-europeia, isto é, as classes principais de palavras que possuem aplicações restritas e relações definidas, entre as quais estão divididos os signos holofrásticos, ou signos equivalentes a uma frase inteira, que compõem, inicialmente, toda linguagem. Mas há uma outra classe de palavras, as interjeições, que não são uma *parte do discurso* propriamente dita, mas que são, antes, análogas a esses mesmos signos holofrásticos, de onde todos os outros procedem por evolução. Uma interjeição típica é um som articulado espontaneamente sob a influência de um sentimento e que podemos parafrasear unicamente com modulações. Assim, *Ah!* ou *oh!* podem significar segundo o tom: me machuquei, estou surpreso, estou muito contente. Diríamos apenas que a interjeição é indivisível. Contudo, somos dominados de tal maneira pelas convenções e pelo hábito, que mesmo as nossas exclamações se tornam geralmente convencionais, as interjeições fazendo assim parte da linguagem ordinária. É preciso que alguém fique particularmente emocionado para produzir uma exclamação natural, uma exclamação que não contenha nenhum traço dos hábitos adquiridos da sociedade. O emprego de palavras comuns em frases incompletas com sentido de exclamação se tornou coisa muito comum na linguagem familiar; a emoção ou a precipitação provocam a mutilação do edifício das frases, seja quando recusamos a combinação do sujeito e do predicado, seja quando usamos apenas elementos mais marcantes. Trata-se aí de um verdadeiro abandono de tudo o que, no desenvolvimento histórico da linguagem, fez a frase sair do monossilabismo radical, através da dominação cada vez maior da reflexão sobre o instinto, da razão sobre a paixão.

Nesse esboço demasiado rápido e imperfeito da história da língua indo-europeia, não quisemos determinar a ordem que as diferentes partes do discurso seguiram no desenvolvimento da flexão. Essa tarefa é impossível até que se conheça a fundo a história das línguas vivas inferiores e não desenvolvidas ainda. Por diversas razões, o conhecimento da língua indo-europeia não basta: a distância que nos separa dos seus primeiros desenvolvimentos é muito grande; os monumentos que possuímos são demasiado incompletos e sua interpretação é extremamente difícil; enfim, não somos competentes para um julgamento. A impossibilidade de fixar as datas e a duração dos primeiros períodos é um assunto que já foi bastante discutido; tudo o que podemos afirmar neste momento é que esses períodos foram bastante longos. Trata-se de uma série de atos sucessivos, um engendrando o outro; de um desenvolvimento de hábitos que, depois de terem sido efeitos, se tornaram, por sua vez, causas; e cada ato, como cada hábito, foi então, como seria agora, trabalho compreendendo longos períodos, sem que possamos dizer se foi preciso o mesmo tempo que seria hoje, pois o grau de velocidade do movimento depende em parte das condições exteriores, condições que não podemos conhecer inteiramente.

Há também, em matéria de sintaxe, uma gradação evidente seguida de uma degradação que pode ser percebida no fundo dessa história. Durante o imenso período pré-histórico e antes da separação dos ramos, o sistema da flexão do nome e também, ainda que de maneira menos distinta, do verbo havia atingido uma perfeição que sofreu uma diminuição progressiva. Não que tenhamos perdido a faculdade de exprimir as distinções; mas, para fazê-lo, tomamos outros caminhos: auxiliares, palavras formais no lugar de sufixos, elementos formativos acrescidos à palavra; chamamos esses meios de analíticos, em oposição a sintéticos, como são chamados os outros. *He might have loved* (ele poderia ter amado), *he will be loved* (ele será amado), que substituem o *amavisset* e o *amabitur* latinos, são exemplos típicos dessa maneira de se exprimir. Esse fato foi citado contra a teoria segundo a qual a língua teria sido, no começo, apenas um conjunto de raízes monossilábicas pelos que acreditam, ao contrário, na existência de um período primitivo de polissilabismo exagerado. Trata-se aí, todavia, de um erro evidente. O argumento seria plausível se conhecêssemos, na história da linguagem, apenas a redução das palavras e se não tivéssemos testemunhado sua formação e seu crescimento. Mas se levarmos em conta todo esse trabalho de composição, combinação, integração, mutilação e corrupção que se realiza numa língua, remoendo sem parar os mesmos elementos, produzindo e destruindo formas, veremos como sendo natural o fato de que as circunstâncias e os hábitos variáveis de um povo dão à história das línguas a forma de uma progressão. Os processos de formação, uma vez iniciados, continuam até que se tenha encontrado um aparelho suficiente para a expressão das relações e, quando isso acontece, a virtude desses processos triunfam como nunca durante algum tempo sobre as forças destruidoras, que estão em constante funcionamento. Em seguida, acontece o contrário; a virtude do processo criador se torna menor do que a força de destruição; há mais desgaste de formas do que renovação dessas mesmas formas por meios sintéticos, ainda que essa renovação não seja nunca inteiramente suspensa. Combinações, integração de elementos não são mais feitas; a língua muda sempre, mas de uma outra maneira. São os hábitos de construção que se modificam e isso de maneira diversa, segundo as classes sociais e as localidades. Se há uma lei que preside a essa fase gradual de desenvolvimento, ela ainda não foi descoberta, e, provavelmente, não o será, ainda que possamos indicar algumas das influências principais aí em jogo.

Encerramos aqui a parte de nossa exposição relativa à família indo-europeia, que nos ocupou consideravelmente. Em seguida, abordaremos brevemente as outras grandes divisões da linguagem humana. Mas, tomando como base o exemplo de desenvolvimento histórico que havíamos estudado, dedicaremos, primeiramente, nossa atenção a alguns dos traços gerais da estrutura das línguas.

XI
Estrutura linguística: elementos e formas da linguagem

Distinção entre os elementos e a forma; exemplos: número, gênero, caso, etc. nos nomes; comparação e concordância dos adjetivos; tempos, modos e outras distinções nos verbos. • Formas resultantes da posição das palavras. • Inferências. • Preconceitos nacionais e individuais; valor comparado das diferentes línguas. • As línguas são feitas à imagem dos povos. • Começos rudimentares de toda língua.

Não é difícil compreender, de uma maneira geral, a estrutura da língua indo-europeia, seu caráter e usos; o assunto já é mais ou menos familiar. Ainda que a língua materna de cada um de nós seja apenas parte do edifício, ela entretém relações com o conjunto que nos leva ao conhecimento do todo. É, comparativamente, uma questão de se conhecer mais ou menos; conheceremos mais ou menos a língua indo-europeia conforme o ramo ao qual pertencemos: se ele conservou ou substituiu suas formas. Não podemos, contudo, iniciar o exame das outras línguas sem que, antes, falemos, a título de introdução, dos princípios da estrutura gramatical. Podemos fazê-lo satisfatoriamente tomando alguns exemplos bastante familiares, tirados, sobretudo, da língua inglesa.

Já fizemos, mais de uma vez, a distinção entre os elementos materiais e os elementos formais da linguagem. O *s* de *brooks* (riachos), por exemplo, é formal em relação a *brook* (riacho), que é material; a letra acrescentada indicia algo subordinado, uma modificação do conceito de *brook*, a existência da mesma coisa em vários entes; em uma palavra, ele torna um singular num plural. *Men* (homens) tem o mesmo valor em relação a *man* (homem); apenas o modo de fazer a mesma distinção difere, o signo é intercalado no lugar de ser acrescentado. *Brooks* e *men* não são puros elementos; eles são elementos fabricados, signos de concepções simples aos quais se junta um caráter importante, o número. Entretanto, a oposição com *brooks* e *men* é suficiente para tornar *brook* e *man* palavras formais também. Cada uma contém, não pela presença de um signo, mas por sua ausência, a afirmação do singular. Tais são nossos hábitos de linguagem; nenhuma palavra, nenhum nome pode ser pronunciado sem que nossa mente lhe aplique imediatamente a distinção do número.

Mas riachos e homens apresentam a ideia de outras qualidades e circunstâncias além do número. Eles podem, por exemplo, diferir de grandeza e para exprimir essa diferença o inglês diz *brooklet* (riachinho) e *mannikin* (homenzinho). Compreende-se perfeitamente que uma língua leva em consideração a ideia de dimensão, que ela distingue o grande, o médio, o pequeno, que ele tem aumentativos e diminutivos. O italiano o faz por um meio particular, que se produziu nessa língua no momento em que ela se separou das outras línguas do mesmo ramo. Mas enquanto no inglês dizemos *brooklet* para significar um pequeno riacho, dizemos *creek* ou *river* para significar um riacho que tomou certas proporções; ou então recorremos aos adjetivos *small* (pequeno), *large* (grande) com seus diferentes graus; o mesmo acontece com *giant* (gigante), *dwarf* (anão) que servem para modificar a ideia de homem quanto ao aspecto da dimensão. Toda essa classificação feita por meio de palavras separadas é tão formal quanto aquela feita por meio de afixos. Outra qualidade que se apresenta à mente e que contêm diferenças em muitos casos e, particularmente, no caso dos animais, é a idade; dizemos em inglês *man* para designar um homem; *lad*, para designar um rapaz; *boy*, um garoto; *child*, uma criança; *infant*, um bebê, como dizemos *horse* e *colt* (cavalo e potro), *cow* e *calf* (vaca e bezerro), etc. O latim *senex*, o alemão *greis*, são extensão do mesmo sistema noutra direção, em que se usa o método de descrição por meio de palavras independentes.

Ainda, a palavra *man* (homem) indica um animal macho e temos uma palavra diferente, *woman* (mulher) para significar a fêmea da espécie; e assim por diante em toda a série dos animais nos quais o sexo é uma distinção importante: *brother* e *sister* (irmão e irmã), *bull* e *cow* (touro e vaca), *ram* e *ewe* (carneiro e ovelha) e não há uma só língua no mundo que não proceda da mesma forma. Apenas, como já vimos, nossa família de línguas (como outras duas ou três) estabeleceu, em relação ao sexo, bem como em relação ao número, uma distinção que é universal, de modo que é preciso levá-la em conta no emprego de todas as palavras; assim, essas palavras ultrapassaram os limites reais do sexo e sexualizaram todos os objetos do pensamento, por razões que ninguém ainda conseguiu descobrir. E, embora os ingleses tenham abandonado a parte artificial desse sistema, eles ainda conservam a distinção fundamental mediante o emprego das palavras *he* (ele), *she* (ela) e *it* (isto, ou neutro). A ideia de sexo está presente nessa língua como em todas as outras. Entretanto, o persa baniu toda distinção de gênero. Nele, como no turco e no finlandês, cujos ancestrais nunca distinguiram o gênero gramatical, não parece menos estranho empregar um pronome para um sexo e outro pronome para outro sexo, do que pareceria, para nós, usar um para um objeto pequeno, ou perto, ou branco e outro para um objeto grande, ou distante, ou preto. E, na realidade, o persa é que tem razão; é nosso uso que é estranho e precisa ser justificado. Não há necessidade de escolher entre os diversos acidentes de um conceito um acidente particular, para fazer dele, à exclusão de todos os outros, o motivo de uma distinção gramatical. A língua inglesa faz ainda outra distinção, não idêntica a esta, mas, de certo modo, análoga, na maneira de empregar os pronomes *who* (quem), *which* (o qual), *what* (o que), conforme eles se referem a pessoas ou a coisas; e os índios da América fazem uma distinção gramatical (parecida com a nossa distinção de gênero) entre as coisas animadas e as coisas inanimadas com abundantes transferências de figura. Essa distinção corresponde à distinção de gênero que pertence à língua indo-europeia, e tem mais utilidades no discurso.

Analisaremos apenas mais uma particularidade do nome, o caso. A língua inglesa conservou na maior parte dos nomes o velho caso genitivo, restringindo, contudo, os limites de sua aplicação. No pronome, distinguimos o objeto do sujeito, ou caso nominativo: *he*, *him* (ele, o), *they*, *them* (eles, os), etc. Por essa diferença nos pronomes, a distinção do sujeito e do objeto se tornou tão imediata para a mente que ela passou a aplicá-la a todas as classes de palavras, acreditando que elas possuem igualmente o caso objetivo, ainda que a língua não tenha uma forma para exprimi-lo. O inglês não reconhece o dativo, ainda que algumas de suas construções se refiram a ele, como por exemplo: *I give him the book* (literalmente: eu dou a ele o livro), porque não existe para o dativo outra forma senão a do acusativo. Da mesma forma, o latim e o grego contam com acusativos neutros, embora estes não sejam diferentes do nominativo, e isso porque os dois casos diferem comumente nas outras palavras; também, o latim conta com um ablativo plural diferente do dativo, porque há numa parte das palavras um ablativo singular que difere do dativo. Essa transferência de distinções formais, feitas, na realidade, apenas num certo número de palavras, a todas as palavras em geral, é um fato importante na história da linguagem. Os dois ou três casos que a língua inglesa possui parecem irrelevantes em relação aos sete do sânscrito; mas estes, também, não são numerosos se comparados com os quinze do cítico e nossas línguas modernas possuem outros meios para exprimir tudo aquilo que essas línguas antigas exprimiam pela diversidade dos casos, e esses meios são ainda mais fecundos em relação à distinção. Se era preciso dispor desses diferentes signos para realçar todas as nuanças dos casos que podem ser reconhecidos mediante análise em nossas línguas, deveríamos multiplicar muitas vezes a lista de nossas preposições.

Numa parte dos adjetivos de qualidade, o inglês tem formas (mais derivadas do que flexionadas) que denotam dois graus de aumento: *high* (alto) e *higher* (mais alto), *highest* (o mais alto); parece que todas as três eram, no começo, formas aumentativas mais do que comparativas. Mas como meio de comparação, elas respondem de maneira demasiado incompleta às necessidades da mente. Os graus possíveis de uma qualidade são infinitamente numerosos, tanto subindo a escala quanto descendo e, teoricamente, eles teriam, todos, os mesmos direitos de serem expressos. Muitos deles são marcados por nossos substitutos analíticos para os antigos derivados; e formamos palavras como: *reddish* e *bluish* inglês; *rötlich*, *bläulich* alemão, (em português *avermelhado, azulado*). Na maior parte das línguas da nossa família, o adjetivo concorda em gênero, número e caso com o nome; trata-se de uma herança de quando não se distinguia o adjetivo do substantivo, o que era um traço característico das línguas dos antepassados. Os ingleses não conservaram esse traço e, que um adjetivo mude de forma segundo o nome ao qual ele está ligado lhes parece tão estranho quanto o é, para diversas nações, que o verbo mude de forma segundo o sujeito do qual ele é o predicado.

A língua inglesa, de fato, praticamente destruiu a concordância do verbo com o sujeito. Vimos no capítulo anterior como essa concordância se deu: as terminações eram os próprios pronomes sujeitos e a distinção de pessoa e número no verbo foi o resultado e a consequência necessária da distinção do nome e do pronome. Ela não foi inteiramente abolida e pode ser encontrada em *thou lovest* (*tu aimes*), em oposição a *I love* (eu amo); em *he loves* (ele ama) em oposição a *they love* (eles amam); continuamos a subentender claramente essas distinções e a ter três pessoas e três números nas flexões verbais. Entretanto, essa tripla distinção de pessoas não compreende todas as relações de pessoa possíveis; há línguas que possuem uma primeira pessoa plural dupla, uma inclusiva, a outra, exclusiva da pessoa ou das pessoas às quais nos dirigimos: um *nós* que significa *eu e os meus* em oposição a *você/vocês* e um outro *nós* que significa *os meus e os seus*, em oposição a uma terceira pessoa ou a uma terceira sociedade. Há línguas que distinguem os gêneros nas flexões verbais: *ele ama* leva uma terminação e *ela ama* leva uma outra. Vimos que há línguas antigas da nossa família que possuem o dual, e seria tão justo, em teoria, ter um sistema decimal de números em gramática quanto em relação aos numerais se isso não fosse um incômodo muito grande.

As circunstâncias que se apresentam nos verbos, e que são expressas, umas numa determinada língua, outras, numa língua diversa, são infinitas. O sistema de conjugação mais rico não pode compreender todas as comjunções, mesmo com o recurso da fraseologia analítica. Para nós, a circunstância do tempo é a que mais fortemente se impõe à mente e não podemos exprimir uma ação sem exprimir o tempo em que ela se passa. Entretanto, há línguas que não prestam tanto atenção a essa circunstância, deixando aos demais elementos da frase o cuidado de indicar o tempo da ação, como nós o fazemos em relação àquilo que concerne às outras circunstâncias que essas línguas indicam pela forma verbal. Assim, por exemplo, *falar* não é apenas falar nesse ou naquele tempo, é também falar em diferentes lugares, com diferentes propósitos; falar baixo, falar alto, falar com veemência, falar rápido, falar por alguém, declarar que se fala, falar a si mesmo, etc. são circunstâncias que modificam o ato de *falar*; ora, há circunstâncias como essas que são marcadas nas formas verbais por certas raças, com o mesmo zelo que nós marcamos as circunstâncias de tempo, circunstância que essas raças desdenham. Ainda, nossa conjugação verbal não leva em conta todas as distinções que poderíamos fazer em relação à circunstância de tempo. Nem mesmo dispomos, como ao contrário de algumas línguas, de um signo para distinguir o passado de ontem do passado de outrora, e o futuro próximo de um futuro distante. Que uma ação tenha sido feita há uma hora ou há mil anos, isso constitui, no entanto, dois tempos bem distintos; mas nos marcamos apenas este último pela flexão, e o primeiro, por palavras de relação; e, assim, segundo nossos hábitos, uma língua que não faz uso da flexão tem muito pouco, e aquela que dispõe de flexões, tem em demasia. Na língua inglesa, a tripla forma do mesmo tempo: *I love* (eu amo), *I am loving* (eu estou amando) *I do love* (eu faço amar) pelo emprego contínuo que é feito e pela necessidade de escolher entre elas, impõe ao falante a obrigação de fazer distinções que são negligenciadas em francês e em alemão; entretanto, essas distinções subsistem na mente dos franceses e dos alemães tanto quanto na dos ingleses e, se eles desejarem fazê-la, sua língua fornece os meios. *I love* exprime a ação geral de amar; *I do love*, a ação de amar neste momento; *I am loving*, a ação de amar de forma ainda mais imediata (estar amando) e podemos compreender isso como o compreendemos, nós mesmos. É bom alemão e bom inglês uma frase como esta: *I picked up the book that lay there* (eu peguei o livro que está lá), mas em francês seria um erro empregar o mesmo tempo para a ação instantânea de pegar o livro e a continuidade da posição do livro. A diferença existe tanto para um inglês quanto para um francês; apenas, a língua não a considera. O mesmo se aplica aos modos, esses meios de definir a relação entre o sujeito e o predicado, essas modificações de cópula. Há em nossas mentes infinitas nuanças, de dúvida e de contingência, de esperança e de medo, de súplica e de condenação, que nem os recursos sintéticos dos modos gregos com adjunção de partículas e advérbios, nem toda a fraseologia analítica da língua inglesa seria capaz de dar conta, e um verbo pertencente a uma língua dos algonquinos faz uma série de distinções tão estranhas para nós que dificilmente seríamos capazes de compreendê-las quando de sua aplicação.

Há outro modo de distinções formais que merece nossa atenção: ele consiste na posição respectiva das palavras. Em *you love your enemies, but your enemies hate you* (você ama seus inimigos, mas seus inimigos odeiam você) a distinção de sujeito e objeto está inteiramente na posição das palavras. Numa língua em que o sistema flexional se encontra tão gasto e diminuído como na língua inglesa, esse método é muito importante e há línguas em que ele é ainda mais. As línguas que têm, ao contrário, um sistema de flexões bastante desenvolvido, dispõem as palavras com uma liberdade que surpreende e que deixam os ingleses desconcertados.

Acreditamos que essa curta apresentação permite tirar as conclusões às quais gostaríamos de chegar e que pretendemos utilizar na análise comparada da estrutura gramatical. Em primeiro lugar, o reino das relações é infinito e está longe de se esgotar pelos meios formais encontrados mesmo nas línguas mais ricas: embora possamos expressar muitas das relações, há sempre aquelas que permanecem subentendidas, ou que a própria mente negligencia por completo ou que não são consideradas necessárias à linguagem, meio tão imperfeito de transmitir o pensamento e o sentimento. Não há relações que as línguas não possam dispensar: há apenas aquelas que surgem mais naturalmente ou aquelas cuja expressão é mais útil na prática e que apenas são percebidas pelo estudo geral das línguas. Nossas preferências nacionais são o fruto da educação e não podem servir de guia nessa apreciação. Em segundo lugar, não há linha de demarcação absoluta entre o elemento material e o elemento formal de uma língua. Esse dois nomes são relativos, são nomes de graus, os polos de uma série contínua cujas unidades se baseiam umas nas outras; e, como vimos no quinto capítulo, o grande movimento interno de desenvolvimento nas línguas é a conversão das palavras que indicam coisas materiais em palavras que indicam circunstâncias, conversão pela qual as palavras concretas se tornam abstratas, e o elemento material se torna elemento formativo. Em terceiro lugar, os meios formais de expressão são extremamente variados: é preciso não os procurar apenas num dos lados de uma língua, mas em todas as suas partes; eles estão espalhados por todo o vocabulário e não pertencem unicamente ao aparelho gramatical. Quando uma língua é, nesse aspecto, pobre de um lado, ela é rica de outro. Não há língua humana que seja desprovida de meios de exprimir as relações, e chamar certas línguas de *línguas-formais* é um abuso de palavra e que não pode ser explicado senão nesse sentido: é que elas possuem num grau superior ou excepcional uma propriedade que é comum a todas as outras línguas.

Portanto, quando formamos um juízo sobre as outras línguas, devemos nos proteger dos preconceitos que nascem em nós dos hábitos adquiridos de nossa própria língua, e estar prontos para ver os outros povos fazer distinções de qualidades e de relações muito diferentes daquelas que nós fazemos, e distribuírem, de outra maneira, para criar meios formais, os elementos materiais que são comuns a todas as línguas. Trata-se de um erro cometido pelos povos ignorantes, e também pelos que são instruídos, mas apenas até certo ponto, acreditar que somente eles falam bem e que os outros são bárbaros estúpidos por não os compreenderem. Nós que somos mais ou menos esclarecidos pela ciência da linguagem não corremos mais o risco de cair nesse erro; mas ainda corremos outro risco, a saber, o de estimar de forma excessiva as particularidades da nossa própria língua e depreciar as qualidades das outras. Nesse assunto, é mais difícil do que ser imparcial: para julgar o mérito comparativo de sua própria língua ou de uma língua estrangeira, é preciso ter um conhecimento perfeito de ambas, um grande poder de análise e de comparação, a capacidade de se desfazer dos prejuízos nacionais e individuais, características que somente os seres altamente cultivados poderiam ter. Mesmos os homens mais estudados estão sujeitos ao erro. Há eminentes filólogos que consideram a análise inglesa como o único modo de expressão *razoável* e *lógico* e que acreditam que a síntese grega é própria de uma condição intelectual rudimentar e não desenvolvida. É provável que um número muito maior de linguistas deprecie os recursos da língua inglesa e estejam pouco dispostos a conceder um lugar superior a uma língua que perdeu ou rejeitou grande parte das formas e da estrutura que ela havia recebido por herança.

Enfim, a melhor pedra de toque para se julgar o valor de uma língua é o partido que dela tiram aqueles que a falam. A linguagem nada mais é do que a expressão do pensamento. Se um povo tem sobre o mundo das coisas exteriores e das coisas interiores um olhar penetrante, se ele foi capaz de reconhecer as semelhanças e as diferenças, se ele distinguiu bem, combinou bem, pensou bem sua língua, por mais imperfeita que ela possa ser do ponto de vista técnico, ela tem todas as vantagens que resultam desses fatos, e ela é um instrumento bem adaptado a uma mente esclarecida. Não há nada na forma gramatical do grego ou do inglês que, depois de ter servido de instrumento ao mais elevado pensamento, não possa servir, depois, a usos inferiores.

Num outro sentido, o que os falantes de uma língua fizeram dela, é o que essa língua é; ela representa, em sua forma e em sua estrutura, as faculdades, as tendências coletivas de uma nação. Ela é, assim como todos os outros ramos de uma civilização, obra da raça; cada geração, cada indivíduo contribuiu de alguma forma. Entretanto, não é certo que a faculdade linguística seja perfeitamente correlativa às outras faculdades, e que não podemos encontrar uma língua que seja habilmente organizada num povo cuja história revele algumas lacunas em sua organização intelectual e moral. O chinês fornece, como veremos no capítulo seguinte, uma prova curiosa de que um povo extremamente inteligente pode ser extremamente inapto ao desenvolvimento linguístico. É como a diferença e a desigualdade das disposições que mostram as diversas nações para as artes da pintura, da música ou da escultura, etc. que não dão de forma alguma à medida de sua capacidade geral. Não há povo inculto que se aplique conscientemente no aperfeiçoamento sua língua; isso vem incidentemente como resultado do pensamento crescente e do esforço para exprimir e comunicar esse pensamento. A raça que tem maior aptidão para as línguas possui simplesmente uma língua bela, nada mais que isso.

Diríamos apenas que a possibilidade de uma mudança radical de direção no desenvolvimento das línguas varia conforme as diferentes épocas desse desenvolvimento. Depois de atingir certo ponto, os hábitos adquiridos ganham muita força para que sejam destruídos, e a língua segue para sempre o caminho que os antigos abriram. Trata-se aí de um aspecto da questão que não é ainda muito conhecido e que esperamos, mais tarde, poder conhecer melhor; é possível que um dia saibamos por que a língua chinesa é estacionária. Há outros ramos da civilização nos quais uma raça tem, algumas vezes, necessidade da ajuda de uma outra raça para desenvolver suas faculdades naturais. As tribos celtas e germânicas que se mostraram tão capazes de desempenhar um papel tão eminente na história poderiam ter permanecido relativamente bárbaras se a civilização grega não lhes tivesse estendido a mão. Entretanto, embora uma nação tome por empréstimo a cultura de uma outra nação, ela não toma emprestado dessa mesma língua seu grau de desenvolvimento linguístico. Nenhuma raça tomou por empréstimo a estrutura de uma outra, ainda que ela tenha muitas vezes, sob o império de diversas circunstâncias, trocado palavras e, como já vimos, que os empréstimos em matéria de língua acompanhem essencialmente os empréstimos em matéria de civilização. Eles enriquecem uma língua, possibilitando que ela faça usos mais elevados; mas, a menos que uma língua seja substituída por outra, o gênio da língua nacional sempre persistirá.

Mas, ao mesmo tempo em que as aptidões e os desenvolvimentos de um povo fazem sua língua, é preciso ver que a língua ajuda a determinar a direção de seu progresso. A poderosa influência refletida da linguagem sobre o pensamento é um fato universalmente admitido em linguística; estar de acordo não é senão reconhecer uma verdade incontestável, a de que os hábitos transmitidos têm uma influência sobre as nossas ações e isso é uma evidência axiomática. Mas esse assunto pertence a um estudo da linguagem que transcende os limites deste livro; e esse estudo ainda não foi abordado com sucesso.

Procedendo por analogia e tomando como ponto de partida a língua indo-europeia, podemos afirmar provisoriamente que tudo o que as outras línguas do mundo podem conter em matéria de flexões e de aparelhos formais ou formativos, se fez, aqui e ali, a partir de um vocabulário rudimentar formado por palavras puramente materiais, que constitui o período primitivo das línguas. Se chegarmos a demonstrar que há línguas que já nascem flexionais e formais, essa opinião será abandonada; mas é preciso que se tenha provas muito rigorosas para uma tal demonstração. A linguagem é um instrumento e a lei de simplicidade original se aplica às línguas como a qualquer coisa. Alguns parecem afirmar que acreditar que os homens começaram a empregar unicamente raízes, que nada mais são que a substância das palavras atuais separadas *por abstração* da massa viva da linguagem, é pensar que eles empregaram, inicialmente, os instrumentos que são as invenções da mecânica, como o plano inclinado, a roda, a roldana, que pressupõem o conhecimento abstrato dessas forças motrizes. Nada há, todavia, de mais errôneo: o análogo das forças motrizes seria antes as relações de atributo e de predicado, os modos afirmativos, interrogativos, imperativos, etc. O que é, de fato, análogo à raiz é a pedra ou o bastão que foi, sem dúvida, o primeiro instrumento que o homem manipulou; uma arma ou uma ferramenta simples à qual adaptamos agora para diversos usos uma variedade de anexos e de combinações. Sustentar que as palavras formais, divisíveis em elementos radicais e em elementos formativos foram empregadas desde o princípio é pretender que começamos pelo uso do martelo, da serra, da plaina, dos pregos, e que os ferros de lança, os arcos e as catapultas serviram ao primeiro combate. No início, cada raiz continha, como ela pode conter ainda hoje, num monossílabo tendo o caráter de uma interjeição, uma asserção completa, uma questão, uma ordem; e o tom, o gesto ou as circunstâncias completariam sua significação: assim como a pedra ou o bastão era a matéria, o modo de se servir deles variando suas aplicações.

Pretender agora, para explicar a variedade das línguas, que o poder de se exprimir foi virtualmente diferente nas diferentes raças, como são diferentes os germes que se desenvolvem em plantas e em animais diversos; que uma língua conteve desde a origem e em seus elementos primitivos um princípio formativo que não se encontrava em nenhum outra; que os elementos empregados para um uso formal eram formais por natureza, e assim por diante é puro mito. Seria como afirmar que um instrumento acabado, toda uma máquina estivesse escondida na pedra ou no bastão, e que da natureza dessa pedra e desse bastão dependia o desenvolvimento da máquina. A linguagem se faz a partir do gênio daqueles que a empregam. Suas funções correspondem a suas faculdades. Se há línguas mais formais que outras, isto se deve às qualidades diferentes das raças às quais essas línguas pertencem, ao seu grau de educação e de desenvolvimento, e de forma alguma ao seu ponto de partida ou à natureza dos elementos em jogo.

XII
Outras famílias de línguas: suas localidades, idade e estrutura

> Classificação por famílias. • Família citissa, ou uralo-altaica ou turaniana; membros duvidosos dessa família. • Família monossilábica: o chinês, a língua da Índia Oriental, etc. • O japonês, o malaio-polinésio; outras famílias insulares: o papua, o australiano; o dravidiano; as línguas do Caucásio. • Família semítica; questões de parentesco. O hamítico, o egípcio, etc., o sul africano ou banto. • Línguas do centro da África. • O basco. • Línguas da Índia Ocidental.

Atribuímos a um determinado conjunto de línguas o nome de família indo-europeia, empregando uma analogia com base em sua descendência comum. Admitimos, todavia, que os limites dessa família, que, de todas, é a mais conhecida, não poderiam ser traçados com uma precisão absoluta. Não é improvável que uma língua até então excluída da família venha um dia reclamar aí o seu lugar. Vimos também que, pela ação de uma causa escondida, nenhuma língua permanece completamente idêntica a si mesma numa sociedade, mas que ela constitui um grupo de dialetos vizinhos uns dos outros e mais ou menos numerosos. Assim, a primeira tarefa do estudo comparativo é dividir as línguas em famílias por meio de signos de parentesco que podem ser reconhecidos: é somente assim que podemos nos dar conta de seu caráter e de sua história, estudo pelo qual a ciência procura chegar a outros resultados. Essa classificação foi feita. Não é preciso dizer que ela é provisória e espera eventuais retificações. Acrescentaremos e excluiremos, conforme os fatos recentemente reconhecidos; pois não é raro que linhas que sob a escuridão quase absoluta pareciam definidas se apaguem ao nascer do dia, de modo que o linguista prudente conclui apenas com base nos fatos, deixando ao futuro o cuidado de decidir sobre o resto.

Até aqui, os linguistas agruparam em famílias somente as línguas que possuem uma mesma estrutura, o que significa dizer que é somente entre línguas cuja origem é comum que podemos identificar um parentesco evidente. Ninguém, é claro, tem o direito de afirmar *a priori* que línguas cujo desenvolvimento estrutural foi distinto não guardam traços semelhantes o bastante para que uma origem comum lhes seja assinalada. Os linguistas, com efeito, sondam e se esforçam para encontrar nas raízes de certas famílias a identificação dessa comunidade; mas até aqui nenhum resultado seguro foi obtido. Teremos a ocasião de mostrar, no próximo capítulo, as dificuldades desse estudo e as razões pelas quais é provável que ele possa não ser bem-sucedido num escala mais ampla.

A primeira família que abordaremos é aquela cujos ramos principais cobrem a maior parte da Europa, a família indo-europeia sendo posta de lado. Esses ramos são três. O primeiro, o fino-úgrico, ou fino-ungriano, é, sobretudo, europeu; ele compreende: o finlandês com o estoniano e o livoniano, que se aproximam, e o lapão, ao norte da Península Escandinava; o húngaro, dialeto isolado no sul e cercado por línguas indo-europeias cuja existência é explicada por uma migração proveniente do sul dos Montes Urais durante o período crítico; os dialetos dos quais o húngaro se separou, o ostiaco e o vogul, falados nos montes Urais e para além deles, e as línguas de outras tribos de mesma família na Rússia asiática, como os zirienos, os votiacos, os morduínios, etc. Os finlandeses e os húngaros são os únicos países civilizados do ramo; há fragmentos em língua húngara que datam do fim do século XII, mas a era literária começa apenas quatro séculos mais tarde e, ainda, é pouco fecunda, o latim tendo substituído não raras vezes a língua nacional. Os monumentos finlandeses mais antigos datam do século XVI. Essa língua possui um poema alegórico, o Kalevala, que foi recolhido nessa época da boca dos cancioneiros populares e que é notável por seu assunto e originalidade.

O segundo ramo, muito próximo deste, é o samoiedo, pertencente à raça hiperbórea que se estende do Mar do Norte ao Yenisei, seguindo esse rio até a cadeia central do continente, o Altai, ponto de partida provável dessas migrações. Ela é desprovida de cultura e não tem importância alguma.

O terceiro ramo, turco ou tártaro (mais propriamente tátaro) aproxima-se da fronteira da Europa do lado sul, ultrapassando-a um pouco. A raça que o fala, depois de um período de contínuas hostilidades com os iranianos em sua fronteira nordeste, terminou, quando a Pérsia passou a adotar o maometismo, por abrir um caminho a oeste; ela tomou Constantinopla no século XV e não foi detida em sua investida senão pelo esforço conjunto e duradouro de todas as potências da Europa central. Ela se estende hoje da Turquia europeia (que compreende uma parcela ínfima da população) abrangendo uma grande parte da Ásia central e mesmo, nos ramos dos iacutos, até a desembocadura do longínquo Rio de Lena. Os iacutos, os basquires, os quirguizes, os uigures, os usbeques, os turcomanos e os osmanlis das duas Turquias formam algumas das principais divisões da raça. Os uigures, que receberam seu alfabeto e civilização dos missionários nestorianos, foram os primeiros a ter uma espécie de literatura desde o século oitavo e século nono. As tribos meridionais possuem monumentos (chagatai) do século XIV ao século XVI. A literatura rica e variada, mas pouco original, dos osmanlis, data do tempo de suas conquistas na Europa; ela é abundante em elementos árabes e persas.

O parentesco desses três ramos não deixa dúvidas. Quanto à sua designação, ela pode variar. Utiliza-se mais comumente o nome de *turaniano*, mas há graves objeções quanto à origem e ao emprego dessa palavra, e enquanto ela não for definitivamente adotada, seu uso será pouco apropriado numa exposição científica. Os nomes de *uralo-altaico*, de *cítico*, de *tártaro*, são preferidos por certos autores. O primeiro tem suas vantagens, mas é pouco cômodo e implica um conhecimento mais completo das migrações da família, conhecimento que não possuímos realmente. Podemos utilizar provisoriamente *cítico* sem que nos coloquemos, todavia, como defensores do termo.

A língua citissa é um tipo das línguas que chamamos de *aglutinante*, para distingui-las das línguas *flexionais* indo-europeias. Com essa palavra queremos dizer que os elementos de origem diversa que compõem as palavras e as formas citissas são menos fundidos, não são tão estreitamente agregados, sendo mais independentes uns dos outros que nas línguas indo-europeias; as partes são mais distintas e mais facilmente identificadas. Todas as nossas formas começam, como vimos, pela aglutinação; e palavras como *tru-th-ful-ly* conservam ainda essa característica. Se todas as palavras parecessem com esta, não haveria nenhuma diferença nítida entre as duas famílias no essencial. Porque nem todos os elementos formativos na língua citissa revelam facilmente seu primeiro estado de palavras independentes, eles são, como os afixos indo-europeus, puros signos de relação e de modificação de sentido. Mas as formas do cítico não chegam à fusão da raiz com a terminação, nem mesmo à substituição da flexão interna pela flexão externa. De modo geral, a raiz permanece invariável em todo grupo de palavras flexionadas e derivadas e cada sufixo tem sua forma e sua aplicação invariável também. Disso resulta, de um lado, uma grande regularidade de formas e, de outro, uma grande complicação. Assim, em turco, por exemplo, *lar* (ou *ler*) é a forma do plural, sempre; acrescentamos a ela as mesmas terminações que formam o caso do singular e podemos até mesmo interpor, entre as duas, elementos pronominais indicadores de posse; exemplos: *ev, casa*; *ev-den, de uma casa*; *ev-üm-den*, da minha casa; *ev-ler-üm-den, das minhas casas*. Os casos indicados por essas terminações ou partículas-sufixo são numerosos e, em certos dialetos, vão até vinte. O verbo fornece um exemplo análogo e ainda mais surpreendente: existe em torno de meia-dúzia de elementos modificadores facilmente colocáveis, seja de modo isolado, seja por grupos combinados de forma diversa, entre a raiz e as terminações, para exprimir a passividade, reflexão, reciprocidade, causa, negação e impossibilidade. De modo que da raiz simples *sev*, por exemplo, podemos formar a palavra derivada tão complicada: *sev-ish-dir-il-emeneki* (literalmente, *não ser capaz ser feito se amar um ao outro*), o qual se conjuga em seguida como os verbos comuns, aplicando as flexões verbais não somente às raízes, mas a um número de palavras que é imenso se comparado àqueles dos verbos indo-europeus.

Mas a distinção dos verbos e dos nomes é muito menos original, fundamental e clara nessas línguas que nas nossas. As palavras empregadas como verbos quase não diferem dos nomes empregados como predicativos com sujeitos e pronomes possessivos juntos. Os tipos de formas verbais são, por exemplo, em turco, *dogur-um* (batendo eu), isto é, *eu bati*. A terceira pessoa não tem terminação: *dogdi, ele bateu, dogdi-ler, eles bateram*, literalmente, *batendo, batendos*. Isso não quer dizer que essas línguas não possuem verbos de fato, pois para que uma palavra seja um verbo basta que seja empregada especialmente como predicado; mas há inferioridade quanto ao grau de clareza que temessa distinção formal que é a mais útil de todas, nessas línguas comparadas às outras. Tempos e modos feitos como mostramos mais acima e também por meio de auxiliares, essas línguas têm em abundância e elas possuem igualmente meios variados para formar palavras, de modo que elas têm tudo o que é preciso para poder se transformar em instrumento do pensamento; e, com efeito, os mais cultivados desses dialetos se aproximam tanto da flexão que eles quase têm direito ao nome de flexionais.

O adjetivo cítico é tão desprovido de flexão quanto o adjetivo inglês, e há a mesma ausência de gêneros nos nomes e pronomes que há na língua persa. As palavras de relação e de conjunção são igualmente quase desconhecidas, e a combinação dos membros da frase se faz, antes, como é natural nas línguas em que o verbo é uma parte menos definida do discurso, por meio de declinações e nomes verbais. Essas construções nos parecem extremamente complicadas e mudam a ordem de disposição das palavras na frase com a qual estamos acostumados.

O traço mais marcante da estrutura fonética nessas línguas é o que chamamos de *harmonia das vogais*. Há duas classes de vogais, as vogais leves (*e, i, ü, ö*) e as vogais pesadas ou palatais (*a, o, u*) e a regra é que as vogais de terminações sejam da mesma classe que as das raízes ou da última sílaba da raiz – portanto marcando a dependência das terminações em sua relação com a raiz, de uma forma que, embora fosse sem dúvida eufônica no começo, se tornou muito útil para fins de distinção formal. Consequentemente, todo sufixo tem duas formas, uma leve, a outra pesada; temos *al-mak*, mas *sev-mek*; *ev-ler*, mas *agha-lar* e assim por diante. Em certos dialetos, esse processo de assimilação é admiravelmente complicado.

Essas línguas servem de matéria para uma gramática comparada do mais alto interesse e da maior importância; mas ninguém ainda se lançou a essa empreitada de forma séria e aprofundada. A filologia avançou o suficiente para perceber a enorme utilidade desse estudo, e esperamos que ele não tarde a ser feito. Um dos obstáculos que se apresenta é a ausência de monumentos de uma antiguidade comparável àquela da língua indo-europeia. Mas se as pretensões recentemente lançadas sobre esse assunto forem fundadas, esse obstáculo parece descartado. Há, com efeito, nos monumentos persas e mesopotâmios, uma terceira língua que se chama *acadiano*, cujo caráter e parentesco são objeto de muitas discussões e que foi, há algum tempo, declarada ugriana por uma parte dos filólogos. Segundo eles, trata-se aí de um antigo dialeto do *fino-úgrico*, e M. Lenormant escreveu sobre este uma gramática dessa língua; eis aí um ponto muito importante, mas, por enquanto, não podemos considerá-lo como estabelecido; não é certo que o método utilizado nesse estudo seja suficientemente preciso para que os resultados sejam definitivos. Um fato que faz aumentar o interesse pelo assunto é que a essa língua e ao povo que a falava pertence originalmente a escrita cuneiforme que foi emprestada aos semitas e aos indo-europeus; disso resultaria que a base da civilização nessa parte tão extensa da Ásia era citissa. Não se pode negá-lo. Por outro lado, esse dado é tão contrário ao que se sabe sobre a atividade da raça que nos é permitido acolher o fato com incredulidade até que ele seja demonstrado de forma mais completa.

Ao lado dos três ramos que acabamos de estudar, considera-se geralmente, como pertencente à mesma família, dois outros ramos, o ramo mongol e o ramo tungúsio, mas o direito de classificá-los como pertencentes à família citissa não é indiscutível e temos razões para permanecermos sob reserva. Essas línguas são muito inferiores em desenvolvimento e se aproximam da pobreza monossilábica; elas não possuem palavras que podem ser chamadas de verbos nem distinguem número e pessoa, mesmo nas palavras predicativas. Isso pode muito bem ser o resultado de um crescimento abortado; mas é difícil prová-lo e isso ainda não foi feito. Uma consideração importante que se opõe a uma tal conclusão é a natureza do tipo físico dessa raça (a raça mongólica) que a aproxima mais das raças da extrema Ásia do que das raças da Europa; há uma outra: ela possui um sistema *classificatório* para marcar as relações (Sr. L.H. Morgan) em oposição ao sistema analítico ou *descritivo* dos outros ramos. Não se trata, portanto, de ceticismo exagerado limitar até aqui a família citissa a esses três ramos bem conhecidos. Chegou-se, quanto a esse ponto, a um excesso de classificações grosseiras, de agrupamentos fantasiosos que um pouco de conservadorismo científico só poderia ter um efeito salutar.

O território mongol ocupa um vasto espaço no planalto inóspito da Ásia central; e como consequência do grande movimento que fez da raça mongólica no século XII e no século XIII os concorrentes e os devastadores de quase todo o mundo, fragmentos de sua língua se dispersaram ao oeste e existe um que ocupa um distrito importante situado de um lado e de outro do Volga, perto de sua desembocadura. Os mongóis se estendem ao leste, compreendendo uma grande parte da fronteira chinesa e são substituídos, mais ao leste, pelas tribos tungúsias que se situam mais ao norte e vão quase até o mar. Dessas tribos, a única importante é a tribo dos manchus, cujo grande feito e grande título às honras da história é sua conquista e sua dominação sobre a China durante os dois últimos séculos. Os mongóis e os manchus possuem alfabetos utilizados comumente e que lhes foram transmitidos pelos turcos uigures de língua siríaca. Suas literaturas são absolutamente modernas e refletem a literatura chinesa.

Se as línguas mongóis e manchus possuem poucas flexões, a língua chinesa não possui nenhuma. O chinês é uma língua composta de aproximadamente quinhentas palavras distintas, sendo cada uma composta de uma única sílaba. Mas nessa língua, a entonação serve para exprimir o pensamento e essas quinhentas palavras se tornam mil e quinhentas pela variedade das entonações. Essas palavras não são, como na língua inglesa, restos usados, contrações, formas antes flexionadas e que agora não são mais; ao contrário, é quase certo que elas são raízes que não se desenvolveram, raízes análogas às da língua indo-europeia, à diferença do uso que uma sociedade esclarecida fez delas por milhares de anos. Elas receberam uma série de significações diferentes e de empregos formais. Elas foram combinadas em frases feitas como as frases inglesas *I shall have gone* (eu morrerei), *by the way* (a propósito) e assim por diante. Há aquelas que se tornaram auxiliares; outras são signos de relação; outras servem em casos determinados e são análogas às nossas partes do discurso. Entretanto, nunca as reconhecemos como verdadeiras partes do discurso, nem reunidas num sistema de flexões. Se isso tivesse acontecido seus resultados seriam claramente percebidos. Haveria na língua uma variedade de palavras muito maior; elas formariam grupos; elas teriam significações mais distintas e seu emprego seria mais definido. Os chineses empregam as palavras indiferentemente, como partes do discurso não determinadas, porque, evidentemente, eles não distinguem essas partes.

A língua chinesa é, em relação a um aspecto fundamental, uma das línguas mais pobres e mais inferiores que existe no mundo; ela é também um exemplo notável do que se pode fazer com uma ferramenta pouco útil. Vê-se o quanto é certa essa verdade de que a língua não passa de um instrumento a serviço da mente; e que esta, que em todas as circunstâncias diz às palavras mais do que as palavras podem dizer, pode, através de signos muito pouco numerosos e bastante imperfeitos, realizar grandes coisas apenas combinando esses signos de maneiras diversas. Do chinês parco às línguas aglutinantes das Índias Ocidentais, que são sobrecarregadas de distinções, há apenas diferenças de graus. Alguns traços de carbono lançados sobre uma tábua podem ter muito mais significações do que um quadro cuidadosamente trabalhado por um artista medíocre.

A literatura rica e variada da China remonta a 2000 anos a.C., Antiguidade superada apenas por dois ou três países no mundo. Apesar de que uma língua tão simples em seus primeiros esboços pareça não comportar mudanças que possam deixá-la irreconhecível, o chinês desse tempo difere do chinês de hoje num grau que os estudiosos de nossos dias procuram precisar. O que pode servir para medir sua suscetibilidade à mudança é a diversidade dos seus dialetos, tão grande que a cada cem milhas ao longo da costa sul, encontramos novas maneiras de falar que são quase ininteligíveis para os habitantes dos distritos vizinhos. A língua literária escrita é uma só, mas a língua literária falada diverge, em alguma medida, nas diferentes partes do império. Diz-se que alguns dos dialetos da língua chinesa venceram a barreira que separa as línguas levemente aglutinantes das línguas absolutamente não flexionais.

As diferentes línguas do Extremo-oriente, como o anamita ou cochinchinês, o siamês, o birmanês e outras línguas pertencentes a muitas outras tribos ou raças menos importantes, diferem o suficiente do chinês para que algum parentesco possa ser estabelecido. Mas essas línguas se parecem todas no fato de que são línguas não flexionais, e esta é uma característica que pode justificar seu agrupamento numa mesma família. Não vemos, com efeito, por que uma raça mais que outra seria por natureza incapaz de desenvolvimento linguístico e, se encontramos línguas monossilábicas em diferentes partes do globo, não temos o direito de identificar aí uma relação de parentesco; mas que os dialetos de uma parte da Ásia mostram todos essa particularidade, isso só pode ser o resultado de uma fixação comum do tipo monossilábico. Assim, classificaremos todas essas línguas, provisoriamente, num mesmo grupo sob o nome de família sudeste-asiática ou de família monossilábica. As línguas da Indochina são inferiores à língua chinesa da mesma maneira e no mesmo grau que se pode esperar nos dialetos que pertencem a raças muito menos dotadas e menos civilizadas. Elas são abundantes em meios de definições tais como os auxiliares e as partículas indicativas.

A questão dos limites dessa família ainda é uma questão em aberto. Percorrendo o norte da Indochina em direção ao oeste, a fileira do grande planalto da Ásia, encontraremos uma massa de dialetos homogêneos que chamamos comumente de himalaicos; eles são inferiores em estrutura e ainda não os conhecemos suficientemente para que possamos considerá-los como pertencentes a uma família distinta da que acabamos de mencionar. Próximo destes, identificamos o tibetano, ainda que este tenha um alfabeto de origem indiana e uma literatura budista que data do século VII.

Entre todos esses povos, o chinês ocupa uma posição excepcional e notável, porque pertence a uma raça altamente civilizada e possui uma literatura. Ele é, nessa família, aquilo que foi o acadiano na família citissa – se considerarmos que ele faz parte dessa família. A China foi para todos os seus vizinhos um grande centro, como a Mesopotâmia; mas com a diferença marcada que, por uma constância que é um dos fatos mais extraordinários da história, ela conservou, em substância e sem alterações profundas, suas instituições políticas, religiosas e linguísticas, desde a aurora dos tempos históricos.

A nação que mais lucrou com o ensino chinês e que se mostrou a mais capaz de assimilar sua civilização, conservando seu caráter próprio, foi a nação japonesa. Seu tipo físico é aquele que chamamos de mongol e se procurou ligar sua língua à língua mongol e à língua manchu, mas essa tentativa fracassou, e o japonês permanece isolado. Ele não é monossilábico, mas, antes, aglutinante, com poucas distinções entre o verbo e o nome, uma estrutura simples, e sem flexões determinadas. A relação de casos, de números e de pessoas é indicada por meios analíticos, por partículas separadas ou por palavras auxiliares; o número se exprime algumas vezes pela reduplicação. Variações da ideia radical do verbo, semelhantes àquelas cujos exemplos tiramos da língua turca, são feitas por meio de agrupamentos de palavras. As combinações de raízes reunidas e formando, por contração e mutilação, palavras compostas, são frequentes em japonês; mas elas não tendem como em nossas línguas à distinção de palavras originalmente distintas em elementos radicais e em elementos formais ou formativos, senão de uma maneira muito vaga. As conjunções que indicam relação e subordinação não existem. A língua está de tal maneira sobrecarregada de nuanças indicativas dos graus de dignidade daquele que fala e daquele a quem se fala, que os pronomes pessoais foram quase totalmente suprimidos. O vocabulário chinês penetra massivamente na língua cultivada ou científica, sobretudo na escrita. A estrutura fonética do japonês é muito simples e muito eufônica. Os mais antigos monumentos literários datam do século VII e do século VIII.

As margens, as penínsulas e as ilhas da extremidade nordeste da Ásia são ocupadas por raças diversas pouco conhecidas para que suas línguas, que se conhecem ainda menos, mereçam entrar nesta exposição sumária.

Entretanto, percorrendo as ilhas que se encontram para além da parte meridional do continente e as ilhotas que se espalham pelo Oceano Pacífico, ao norte até Formosa, ao sul até Nova Zelândia, ao oeste até Madagascar nos confins da África, encontramos os membros dispersos de uma imensa família muito desenvolvida, a família malaiopolinésia. De onde partem as migrações dessas tribos e de seus dialetos, qual é o ponto central dessa aglomeração pouco compacta, não é possível dizer: a família é toda insular, pois a dominação dos malaios na Península de Malaca data apenas do século XII. Os malaios propriamente ditos abraçaram o maometismo e adotaram o alfabeto árabe. Eles possuem uma literatura bastante rica que remonta ao século XIV.

Algumas das tribos malaias menos importantes, como os bataks, os macasares, os bugis e os tagalos das Ilhas Filipinas têm alfabetos que, ao que parece, se originam da Índia, mas nada que possa ser chamado de literatura. Entretanto, em Java e em suas dependências, sobretudo em Bali, a introdução da escrita e da civilização indianas data do primeiro século de nossa era e encontramos aí uma literatura importante toda baseada no sânscrito. Em todo o resto da família, os registros não vão além do começo dos trabalhos dos missionários cristãos, de época bastante recente.

A família malaio-polinésia está dividida (Friedrich Müller) em três grandes ramos: 1º o malaio, que ocupa, de um lado, as grandes ilhas vizinhas da Ásia e, de outro, o grupo das Ilhas Filipinas e das Ilhas dos Ladrões; 2º o polinésio, que compreende, junto com a maior parte dos grupos secundários, a Nova Zelândia e Madagascar; 3º o melanésio das Ilhas Fiji e dos arquipélagos que se estendem ao nordeste da Austrália. Os diversos dialetos polinésios estão estreitamente e claramente ligados; o melanésio é o ponto extremo da divisão dialetal e tem particularidades que, junto com a cor mais escura dos povos que o falam e com as outras diferenças que eles apresentam em relação aos polinésios, fizeram pensar que ele se formou por uma mistura da língua polinésia com a língua de uma população papua. Os dialetos malaios são mais desenvolvidos e se aproximam mais que os outros das línguas flexionais. Pois, em geral, as línguas da família são tão desprovidas de combinações derivativas ou flexionais quanto o próprio chinês. As relações gramaticais são indicadas por meio de pronomes e de partículas que, no grupo malaio somente e nas palavras derivadas mais que nas palavras flexionadas, tomam o aspecto de afixos: não há gêneros, números, caso, modos, tempos, nem pessoas; não há tampouco distinção entre o nome e o verbo; o verbo é um substantivo ou um adjetivo que se emprega no sentido predicativo e sem cópula. As raízes, se podemos assim chamá-las, ao menos os últimos elementos que a análise nos mostra, são mais frequentemente dissilábicos; e sua reduplicação, completa ou breve, é um meio muito empregado para variar seu uso e seu sentido. Somente os pronomes têm o número claramente marcado, e a primeira pessoa pode levar o duplo plural, inclusivo e exclusivo, em relação às pessoas que falam ou a quem se fala, particularidade que já mencionamos (p. 202). As partículas determinantes são mais frequentemente prefixos que sufixos.

As línguas malaio-polinésias são mais simples em sua estrutura fonética que qualquer outra língua do mundo. Nenhuma delas possui mais do que dez consoantes; muitas possuem apenas sete, e uma sílaba nunca termina com uma consoante, nem começa com muitas.

A população das Ilhas do Pacífico não pertence completamente a essa família. A maior parte das ilhas de Bornéu e da Nova Guiné, junto com a parte menos acessível das Filipinas e de outras ilhas, é habitada por uma raça de cabelos negros e crespos, os papuas ou negritos, que se parecem com os negros da África, muito embora não possuam laços de parentesco com eles, e que são completamente distintos dos malaio-polinésios, cujas incursões sucessivas os exterminaram ou expulsaram de uma parte de suas antigas posses. Suas línguas são quase completamente desconhecidas.

A Austrália e a Tasmânia, que são vizinhas, eram habitadas, na época de sua descoberta, por uma terceira raça insular de pele negra, mas de cabelos lisos, e inferior sob todos os aspectos, físicos e morais. Os dialetos bastante variáveis dessa raça são polissilábicos e aglutinantes; seu caráter fonético é muito simples e eles diferem do polinésio, em especial, quanto ao fato de que as partículas são usadas antes como sufixos do que como prefixos.

Analisando mais de perto o ramo indiano da família indo-europeia, vemos que as tribos de nossa raça abriram caminho pelo noroeste, perseguindo ou dominando populações indígenas. Essa raça mais primitiva ocupa ainda a maior parte da grande Península Meridional da Ásia, para além da cadeia de montanhas e de planaltos desertos que a separa dos grandes vales do Hindustão propriamente dito. Os dravidianos (é o nome dessa raça) são ao todo trinta ou quarenta milhões. Suas línguas principais são o tâmil, o télugo, o cânada, o malaiala ou malabar, entre tantas outras menos difundidas; acredita-se que o brahui do Beluchistão, na fronteira da Índia, pertença a esse grupo. As línguas dravidianas possuem alguns elementos fonéticos particulares; elas são fortemente polissilábicas; são aglutinantes nas formas estruturais, não possuem senão prefixos e são consideradas bastante melodiosas e harmoniosas. Seu tipo, como língua aglutinante, é um tipo muito elevado, como o finlandês e o húngaro, e o autor do presente livro ouviu de um americano nascido na Índia meridional que aprendeu essa língua na infância como ele aprendeu o inglês e que falava ambas as línguas igualmente, um homem extremamente distinto como orador e como escritor, que o tâmil é a mais bela língua na qual se pode pensar e falar.

Excetuado o fato de que elas não mostram nenhum traço da harmonia vocálica, as línguas dravidianas não são em sua estrutura tão diferentes das línguas citissas e, se encontrássemos entre os dois grupos correspondências materiais suficientes, poderíamos ver aí uma só família. E há linguistas que declararam essas línguas como pertencendo à mesma família, embora as razões ainda não tenham sido suficientemente estabelecidas. A gramática comparada das línguas citissas ainda não foi traçada de maneira clara para que possamos assinalar limites precisos para essa família, nem ao oeste nem ao sul.

Entre as línguas pouco conhecidas da Ásia, observaremos o grupo problemático e complicado que chamamos de caucasiano. Como seu nome o indica, o país que ele ocupa se estende entre o Mar Negro e o

Mar Cáspio e compreende às montanhas do Caucásio com seus contrafortes. Os principais dialetos na vertente sul são o georgiano, o svane, o mingreliano, o laze, todos vizinhos, o primeiro possuindo um alfabeto emprestado da Armênia, ao mesmo tempo que sua religião, bem como sua literatura, bastante antiga. Os grupos mais importantes ao norte são os circassianos, os *mitjeguiano*, o *lezguiano*, o primeiro situado na costa do Mar Negro, o segundo, na costa do Mar Cáspio. A variedade de subdialetos, em particular do dialeto *lezguiano*, é enorme. Não existe afinidade demonstrada entre a divisão do norte e a divisão do sul, não mais que entre os membros da divisão do norte. Não se sabe ainda quantos grupos independentes existem aí, tampouco se eles possuem laços de estrutura suficientes para formar uma mesma família, ou se eles são relíquias de famílias separadas, deixadas para trás nas montanhas e por elas protegidas e também pelos grandes mares que as cercam contra as migrações dos povos que, em outras partes, exterminaram as populações indígenas.

Por fim chegamos, em nosso exame das línguas asiáticas, à família semítica, assim chamada porque, segundo a Gênese, os povos aos quais ela pertence são os descendentes de *Sem*. Essa família ocupa a península vasta, mas pouco populosa da Arábia com a Mesopotâmia, a Síria, a Palestina ao norte e, ao oeste, uma porção da Abissínia. Os diversos dialetos árabes e os dialetos falados na África na fronteira da Arábia formam um ramo dessa família; os dialetos cananeus, entre os quais figuram o hebreu, o fenício, o siríaco e o aramaico, compõem seu segundo ramo; o assírio e o babilônio formam o terceiro. Esse é o seu antigo território: o fenício foi levado às colônias e teria provavelmente se tornado, como o cartaginês, a língua dos povos civilizados do Mediterrâneo, se a luta demorada entre Roma e Cartago não tivesse terminado com a destruição desta última. O hebreu, substituído no uso vernacular, mesmo na Palestina, pelo siríaco (caldeus, aramaico) quatro séculos a.C. teve, desde então, a existência artificial de uma língua de civilização conservada nas nações cultas. O árabe, sendo a língua sagrada de um povo e de uma religião que fizeram imensas conquistas, cobriu, desde o século VII até o século XI, toda uma parte do mundo comparável com aquela que o latim chegou a ocupar. É a língua de todo o norte da África; ela expulsou os outros ramos semíticos e povoou com palavras tiradas de seu vocabulário o persa, o turco, o híndi e, em menor grau, o malaio e o espanhol. Todavia, ela não deu origem a nenhum outro grupo de línguas independentes, como foi o caso da língua latina.

A literatura hebraica, que nos é a mais familiar, pois ela contém nossa Bíblia, remonta a aproximadamente 2000 anos a.C. O fenício não deixou uma literatura, seu principal monumento sendo a inscrição tumular de um rei de Sídon que data provavelmente de quinhentos anos a.C. A descoberta recente de uma tábua moabita que pertence ao século X a.C. mostra o representante de um outro dialeto cananeu quase idêntico ao hebreu. O aramaico tem uma literatura greco-cristã, datando do século II, além da sua parte nos escritos talmúdicos. O assírio tem uma literatura fragmentária nas inscrições e nas tábuas encontradas na Babilônia e em Nínive, e que é mais antiga que o mais antigo dos monumentos hebreus. Os monumentos da língua árabe começam com o Islã e desde então a literatura árabe foi uma das mais ricas do mundo. No sul da Arábia, havia um corpo de dialetos muito diferentes da língua árabe e que chamamos comumente de língua himiarítica, que não é mais conservada senão nos registros, cuidadosamente guardados, de uma civilização primitiva. O grupo abissínio é bastante próximo do grupo himiarítico e, em seus dois principais dialetos literários, o antigo gueês ou etíope e o novo amárico, possui uma literatura importante que se inicia no século IV.

A família das línguas e das raças semíticas é, depois da família indo-europeia, a mais importante na história do mundo. À exceção dos semitas, ninguém, desde o começo dos tempos históricos, disputou seriamente com os indo-europeus o império intelectual e a direção da humanidade. Das três grandes religiões concorrentes, duas, o cristianismo e o maometismo, nasceram nos povos semitas, embora a primeira tenha se desenvolvido somente depois de ter passado para as mãos dos indo-europeus gregos e romanos. Se nós estendemos nosso exame das línguas semíticas até aqui é porque elas possuem um caráter excepcional e atípico. A família semítica é, mais do que qualquer outra no mundo, uma família isolada, mesmo se comparada com o chinês, tão pobre e tão nu, e em relação ao americano, indefinidamente sintético. Pois no que diz respeito a todas as outras línguas, a base das raízes e o princípio das combinações estando postos, fica muito fácil, em teoria, explicar suas diferentes estruturas por um mesmo processo de desenvolvimento; mas, quando se trata das línguas semíticas, não se pode fazer o mesmo, ao menos até o presente. Estas contêm duas características particulares: a triliteralidade das raízes e sua flexão por modificação interna e mudanças de vogal.

Assim, isso que chamamos de raiz semítica é (à exceção dos pronomes e de um número muito pequeno de outros casos) uma aglomeração de três consoantes, nem mais, nem menos: por exemplo, *q-t-l* representam a ideia de *matar*, *k-t-b*, a ideia de *escrever*. Não acreditamos que essas aglomerações sejam, como as raízes indo-europeias, os germes históricos de um corpo de palavras derivadas. Mas, assim como fazemos a separação, nas línguas indo-europeias, dos elementos formativos das palavras para encontrar o elemento radical, quando separamos nas palavras semíticas os elementos formativos agregados, restam essas aglomerações. Assim, em árabe (o dialeto mais bem conservado e o mais transparente em sua estrutura), *qatala* é um verbo na terceira pessoa do singular, *ele matara*, e é como a base de um sistema de formas pessoais feita como as nossas, por terminações pronominais:

qataltu, eu matara; qatalat, ela matara; qataltumâ, vocês mataram; qatalnâ, nós matáramos. Uma mudança de vogal, *qutila*, forma a voz passiva, *ele fora morto* e daí se segue toda a série: *qutiltu, qutilat, qutiltumâ, qutilnâ*, etc. Outra variante da mesma palavra, *aqtala* significa *ele fez matar* e algo do mesmo tipo dá lugar a sequências de pessoas nos outros tempos, indicadas por prefixos e sufixos, como: *yaqtulu, ele mata; taqtulu, ela mata; yaqtulûna, eles matam; naqtulu, nós matamos*. O particípio presente forma *qâtil*, e o infinitivo, *qatl; iqtâl* significa *que faz matar*, empregado como nome e *muqtil* significa a mesma coisa empregado como adjetivo. *Qitl, inimigo*, e *qutl, assassino*, são exemplos de nomes e de adjetivos derivados. Essas formas lembram o *sing*, o *sang*, o *sung* do inglês (*cantar, cantara, cantado* ou *canto*) muitas vezes citado aqui como exemplo. Entretanto, há diferenças enormes entre os dois casos. Os fenômenos semíticos são infinitamente mais complicados e mais variados, e, sobretudo, esses casos formam o fundo e a vida dessa língua, e eles não são, como nos outros, formas particulares provenientes da forma geral através de um processo *inorgânico*. Se pudéssemos supor que num dado momento toda a língua germânica, por uma extensão analógica de *sing, sang*, etc. tivesse evoluído, pela direção plástica do gosto popular, a esses tipos de variações de vogais, veríamos hoje essa língua se parecer muito com as línguas semíticas.

As outras particularidades dessa língua são leves, se comparadas a esta, e não diferem muito, quanto à natureza e ao grau, daquelas que encontramos em muitas outras línguas. A estrutura do verbo não se parece com a estrutura do inglês, e o elemento do tempo não aparece muito claramente. Os únicos dois tempos do verbo semítico indicam a ação passada perfeitamente e a ação passada imperfeitamente, e as nuanças são todas fundidas numa só. Essas línguas são igualmente muito pobres em formas análogas aos nossos modos. Mas, como vimos em outras línguas, há tendência em se tirar de uma só raiz inúmeras conjugações e apresentar a ideia radical sob diversos aspectos: causativo, reflexivo, aumentativo, memorativo e assim por diante. Em árabe, essas mudanças são mais completas, havendo até quinze conjugações diversas para um mesmo verbo e aproximadamente uma dúzia, acompanhadas cada uma de sua passiva, são muito usadas. O tempo que indica a ação incompleta, o imperfeito (*yaqtulu*, etc.), parece ser de origem mais recente que o outro, e se aproxima do nome, pois as terminações ligadas ao número coincidem com as do nome flexionado comum, e indica a pessoa por meio de prefixos, enquanto o outro (*qatala*, etc.) indica a pessoa e o número, tudo junto por meio de terminações adjuntas, que são evidentemente de origem pronominal. Os dois tempos distinguem o masculino e o feminino no sujeito, à exceção da primeira pessoa. Vemos a distinção do gênero (masculino e feminino apenas) reaparecer nessa língua, pela primeira vez desde que deixamos a família indo-europeia. Os nomes possuem os três números como os verbos, mas poucas distinções de caso. Nomes derivados são formados com a ajuda de flexões internas e de adições externas, de prefixos e de sufixos, mas procedendo diretamente da raiz. Os derivados sucessivos que se formam pela adjunção de uma terminação, abundantes na língua indo-europeia (como *true*, verdadeiro; *tru-th*, verdade; *truth-ful*, verídico; *untruthfully*, inveridicamente) são completamente desconhecidos. Não existem tampouco palavras compostas senão em casos muito excepcionais. Enfim, as partículas conectivas que servem para ligar membros de frases estão quase inteiramente ausentes: o estilo semítico é simples e nu, avançando de asserção em asserção. Uma outra particularidade é a persistência do sentido da raiz nas palavras derivadas ou empregadas no figurado: o sentido metafórico ou outras acepções pelas quais se mutilam as palavras não apaga, como nas línguas europeias, seu sentido etimológico, que continua a perfeitamente presente na mente daquele que fala. Daí resulta que a língua semítica tem como principais características seu aspecto pitoresco e sua vivacidade.

A escala de diferenças dialetais é muito menos extensa na família semítica do que na família indo-europeia; todos os grandes ramos são bastante vizinhos uns dos outros; isso não se deve necessariamente ao fato de que sua separação data de uma época mais recente que a separação dos ramos da nossa família. Sem dúvidas, o fundamento dessa diferença repousa, em parte, no caráter dos povos e também no caráter da própria língua com seu quadro rígido de raízes com três consoantes, encontrado em todos os derivados formados por meio da variação da vogal, arranjo que não permite novas combinações. Seu desenvolvimento primitivo, se é que houve um desenvolvimento, deu origem a um tipo tão claramente definido que, desde então, ele foi comparativamente isento de mudanças.

Há duas maneiras de considerar as particularidades da estrutura semítica. Uma delas, de longe a mais simples e a mais cômoda, é declarar que elas são originais, inexplicáveis e fazem eternamente parte da mente semítica, que é preciso encará-las como elas são, sem se perguntar sua razão de ser; isso significa excluir um tema do domínio da ciência; significa renunciar ao direito que tem o linguista de se perguntar o porquê de todos os fatos de linguagem. A outra maneira é formular a questão e sair em busca de uma solução, sem se deixar abater pelas dificuldades. Se todas as outras línguas se desenvolveram até chegar a sua forma atual, o mesmo provavelmente aconteceu com a língua semítica; se todas partiram de raízes articuláveis formadas de uma vogal e de uma consoante, não devemos acreditar em hipótese alguma que o sistema semítico seja uma exceção; e sob as raízes com consoante tripla e a flexão interna das palavras nessa língua deve se esconder algo parecido com aquilo que serviu alhures de ponto de partida às línguas; ela deve ter sua história, cujos traços podemos reencontrar ou não. A maior parte dos linguistas pensa assim e procura fazer remontar as raízes semíticas a uma forma mais primitiva, mas ainda não se chegou a um resultado mais preciso e sólido. A conjectura mais plausível é que a universalidade das raízes com três consoantes se deve (como no caso hipotético que mencionamos mais acima) à extensão inorgânica de uma analogia que, de uma maneira ou de outra, se tornou dominante; e que há um período de nomes derivados dissilábicos ou trissilábicos, entre a forma primitiva das raízes e sua forma atual. Mas apresentar uma conjectura plausível ou ainda demonstrar seu valor são fatos bastante diferentes, e até que se chegue a algum evento que se aproxime de uma demonstração verdadeira (o que, talvez, nunca acontecerá), haverá linguistas que continuarão dizendo que a triliteralidade e a flexão interna que caracterizam as línguas semíticas são fatos primitivos não somente inexplicados, mas inexplicáveis.

Entretanto, é preciso reconhecer que negar a existência de uma história das raízes semíticas significa excluir qualquer possibilidade de unir essa língua às outras línguas humanas. Enquanto supormos que a flexão e as raízes semíticas foram sempre o que elas são, não poderemos encontrar nada semelhante em nenhuma outra língua. Os linguistas têm feito esforços desde o começo de sua ciência para aproximar os germes da língua semítica primitiva aos germes indo-europeus e provar que as duas famílias de línguas pertenciam a duas famílias de povos de origem comum. Há muitos fatos que induzem a essa conclusão: os dois povos são, no começo de sua civilização, vizinhos e cooperadores; eles representam as duas grandes raças brancas, civilizadoras e conquistadoras que trocaram influência e instituições durante séculos: quão natural não é supor haver entre elas um laço particular e mais estreito que o laço geral da humanidade! Ora, não representamos Sem e Jafé como filhos de um mesmo pai? Mas ainda assim uma coisa é uma teoria plausível, outra, uma demonstração científica. Se os exemplos de palavras análogas ou parecidas que eminentes filólogos puderam encontrar nas línguas semíticas e nas línguas indo-europeias tivessem sido descobertas entre as línguas indo-europeias, e o zulu ou o papua, não os teríamos levado em conta e, de fato, eles são sem valor científico. Nunca é demais repetir: enquanto as anomalias da família semítica não forem explicadas, será demasiado cedo para afirmar algo sobre suas relações com as outras famílias.

A mesma regra se aplica à opinião corrente de que a família semítica tem parentesco com o grupo que chamamos de *camítico*. Nessa família, o egípcio ocupa a mesma posição preeminente que ocupa o chinês nas línguas monossilábicas da extrema Ásia. O Egito é o teatro da mais antiga civilização de que temos registro. O problema da cronologia em relação aos seus primeiros documentos não foi certamente resolvido; mas a crítica científica moderna tende a situar o reino do primeiro rei histórico egípcio por volta dos anos 4000 a.C. e, já nessa época, essa raça devia ser poderosa e altamente civilizada. A chave da língua egípcia foi reencontrada em nosso século [= século XIX] depois de ter sido inteiramente perdida durante cerca de dois mil anos e continuamos a descobrir monumentos egípcios e penetrar mais nos segredos da ciência egípcia, de modo que várias das questões de cronologia, objeto de debates serão decididas pela geração seguinte.

A chave do egípcio foi reencontrada por meio da língua copta que descende da antiga língua egípcia. Os monumentos escritos dos coptas datam apenas da Era Cristã e seu alfabeto foi emprestado do grego por volta do começo dessa era. Mas a língua copta foi substituída no uso comum pela língua árabe há três ou quatro séculos. Podemos encontrar nos fragmentos literários que nos restam o traço de muitos dialetos levemente diferentes.

A língua egípcia, antiga e recente, era da mais simples estrutura. Ela quase não conhecia a distinção das palavras e das raízes. Os elementos fundamentais da linguagem (que nem sempre eram monossilábicos) eram justapostos nas frases sem distinções formais e sem separação clara das partes do discurso. A flexão também não conhece distinções claras. Os nomes e os verbos são separados somente por uma ligação: *ran-i*, por exemplo, significa literalmente *nomeando-meu* e se emprega indiferentemente para *eu nomeio ou chamo*. A flexão pessoal do verbo se faz por meio de pronomes afixados e levemente aglutinados, e podemos omiti-la na terceira pessoa quando o nome é expresso. Os modos e os tempos são muito pouco numerosos e são marcados por prefixos auxiliares. O nome não sofre declinação, as relações de caso são indicadas por conectivos; o emprego de uma palavra como substantivo é geralmente marcado por um artigo prefixado; e nesse artigo, como nas palavras pronominais em geral, existe no singular uma distinção entre o gênero feminino e o gênero masculino, particularidade que aproxima o egípcio, nesse aspecto, das línguas semíticas e indo-europeias; entretanto, temos o costume de exagerar sua importância e penetração. O caráter geral dessa língua difere bastante do caráter geral das outras, e ela não é mais rica nem mais desenvolvida do que as línguas mais inferiores das raças da extrema Ásia.

Vê-se, a partir dessa descrição da língua egípcia, o quanto é arriscada a afirmação de seu parentesco com a família semítica. Existem, certamente, semelhanças notáveis entre os pronomes de ambas as línguas, mas isso não é suficiente para se estabelecer um parentesco entre elas. Em muitas línguas há palavras que se parecem, sobretudo os pronomes; ora, não se pode jamais pretender provar o parentesco de duas línguas tendo como base semelhanças que concernem apenas aos pronomes, ou principalmente aos pronomes. A questão é se pronomes poderiam ter permanecido idênticos enquanto o resto da língua passava por uma revolução de uma importância tão imensa a ponto de a pobreza se transformar em riqueza, e a ausência de flexões, a simples sucessão de raízes, em um sistema de flexões internas tão rico e tão definido quanto o sistema semítico. Provisoriamente, é preciso responder negativamente. Não precisamos negar o parentesco da família semítica com a família camítica mais do que com a família indo-europeia;

devemos apenas nos lembrar de que não temos provas e que provavelmente não as teremos até que o enigma da estrutura fonética da língua semítica seja solucionado.

Os linguistas que estudam as línguas da África encontram em muitas delas semelhanças com a língua egípcia e compõem com esta a família camítica. Há o líbio ou berbere do norte africano e um grupo considerável de outras línguas do sul do Egito, entre as quais o gala, e que chamamos de etíope.

A Península Meridional da África é ocupada pelos diversos ramos de uma só família distinta que chamamos de sul-africana (também conhecida como banto, chuana, zinguiano). Ela não tem nem cultura nem literatura salvo aquela transmitida pelos missionários cristãos nos últimos tempos. Ela se caracteriza pelo uso bastante amplo dos prefixos, sendo uma palavra sem prefixo formativo quase tão desconhecida quanto, no período sintético indo-europeu, uma palavra sem sufixo formativo. Diversos prefixos distinguem diversas classes de nomes e o número nessas classes; assim, por exemplo, em zulu *um-fana* significa *garoto*; *aba-fana, garotos*; *in-komo, vaca*; *izin-komo, vacas*; *ili-zwe é país, ama-zwe, países*. Depois, nos membros das frases nos quais essas palavras entram como elemento principal, e nos quais as outras palavras têm valor de adjetivos, de possessivos, de verbos, eles levam partes desses prefixos em sua estrutura, como em: *aba-fana b-ami aba-kulu ba tanda, meus garotos grandes, eles amam*; mas, *izin-komo z-ami izin-kulu, zi tanda, minhas vacas grandes, eles amam*. É como o grego e o latim invertidos; é uma relação de aliteração no lugar de uma relação de concordância. Os modos e os tempos dos verbos são indicados em parte por sufixos, bem como distinções de conjugações análogas àquelas encontradas nas línguas citissas e semíticas. Assim, de *bona, ver*, provém *bonisa, mostrar; bonana, se ver um ao outro; bonisana, se mostrar um ao outro*, e assim por diante. As relações de casos são marcadas por preposições prefixadas. A língua sul-africana não está, portanto, desprovida de modos de fazer distinções formais suficientemente variadas. Os dialetos vizinhos dos dialetos hotentotes têm em seus alfabetos sons particulares chamados *cliques*, formados pela brusca separação da língua e do palato com sucção.

Os cliques são um traço marcado dos hotentotes e parece que eles foram introduzidos por eles na língua sul-africana, provavelmente com a mistura do sangue. Não há nenhum parentesco entre as duas famílias, não mais, provavelmente, que entre o hotentote e o boxímane. A língua deste último é objeto de uma investigação científica que se inicia (Bleek); a outra, aquela dos hotentotes, é supostamente, em função da distinção de gênero que ela faz, um ramo da família camítica que se desgarrou em direção ao sul e que se degradou consideravelmente. Mas esse parentesco não é, em geral, aceito.

Entre o sul da África e o território camítico se estende, numa vasta zona do continente africano, uma porção de dialetos heterogêneos cuja classificação é tarefa bastante difícil e objeto de debates entre estudiosos. Eles são muito pouco conhecidos e também muito pouco importantes para que nos debrucemos sobre eles. A região é aquela do típico negro; entretanto, encontramos raças de cor menos escura. A variedade de tipos físicos entre as raças da África central, que, por ignorância, temos o costume de considerar como uma só, é imensa.

Antes de deixar o Continente Oriental, é preciso voltar à Europa para dizer algo sobre uma língua que não tivemos ainda a oportunidade de mencionar, a saber, o basco. Ele é falado em três dialetos principais e em muitos outros menos importantes numa região montanhosa ao longo da Baía de Biscaia, situada de um lado e de outro da fronteira da França com a Espanha, mas, sobretudo, do lado desta última. Acredita-se que ele representa o antigo ibero e que ele pertença à velha população da península, que precedeu a invasão dos celtas indo-europeus.

Indicações tiradas da nomenclatura local mostram que essa população se localizava numa parte do sul da França. Portanto, o basco é, talvez, o último testemunho de uma civilização do oeste da Europa, destruída pelas tribos invasoras da família indo-europeia. Ele está completamente isolado, nenhum análogo dessa língua tendo sido encontrado em alguma outra parte do mundo. Trata-se de um tipo de língua exageradamente aglutinativo, e os verbos contêm, em signos que são a ele incorporados, muitas relações gramaticais que as outras línguas exprimem por meio de palavras independentes.

O basco serve como um bom ponto de partida para o domínio linguístico do Novo Mundo, pois não há dialeto no Velho Mundo que, do ponto de vista da estrutura, se pareça com ele como se parecem as línguas americanas. Não que estas últimas tenham todas a mesma forma, ainda que os filólogos as considerem como pertencentes a uma mesma família; essa classificação se deve à imperfeição do nosso saber e não devemos admiti-la senão provisoriamente; no que concerne aos elementos da linguagem, reconhecemos que eles diferem muito nas diversas regiões. Há um número considerável de grupos cujas palavras são tão parecidas quanto são as palavras do inglês e do húngaro ou malaio; isto é, as raras semelhanças encontradas aí são puramente fortuitas. Assim, por exemplo, as línguas vizinhas dos grupos algonquinos, iroqueses, e dacotas cujos falantes, acreditamos, são do mesmo sangue, tendo em vista as semelhanças relativas ao tipo físico, ao pensamento e às instituições, não têm nada de comum entre elas do ponto de vista dos elementos, excetuando aquilo que é obra do acaso. Isto está quase provado. Mas, ao passo que os elementos dessas línguas mudaram de tal forma que não se pode saber mais se eles são originalmente idênticos (traço da história linguística que poderemos explicar melhor quando as leis especiais do desenvolvimento dessas línguas forem mais bem conhecidas), ainda restam, quanto à maneira de combinar as palavras e de estabelecer relações gramaticais, traços de semelhança. Este é um daqueles casos em que a parte estrutural de uma língua é mais permanente que sua parte elementar e que essa permanência constitui, sozinha, uma prova suficiente de parentesco.

Esse modo comum de estrutura, que, com suas variedades e seus graus, característica das línguas americanas, constitui aquilo que chamamos a família polissintética ou incorporante. Sua característica é a absorção das partes do discurso no verbo. Não é como no indo-europeu em que o sujeito apenas entra em combinação com a raiz para a expressão predicativa; pode-se também fazer entrar aí toda espécie de relações, signos de tempo, de lugar, de modo, de grau e toda uma série de circunstâncias modificadoras da ação do verbo, característica desconhecida nos demais sistemas gramaticais com os quais estamos familiarizados. Um estudioso versado no estudo dos principais dialetos algonquinos (Rev. P. Hurlbut) contou 17.000.000 de formas verbais, provenientes de uma só raiz algonquina; e mesmo que acreditássemos apenas na milésima parte desse fato, isso seria o bastante para se ter uma ideia da estrutura característica dessas línguas. Tudo se reduz ao verbo: nomes, adjetivos, advérbios, preposições se conjugam regularmente. Os nomes são, em grande parte, verbos; assim, a palavra empregada para designar *casa* significa literalmente *ele vivem aí*; ou *lugar onde eles vivem*. Ora, para nós é impossível analisar essas línguas; nossa terminologia gramatical não teria utilidade alguma; cairíamos nas contradições e nos absurdos. Não é preciso dizer que a tendência dessas línguas é formar palavras de comprimento indeterminado e de estrutura complicada na qual tem lugar toda uma série de coisas que as nossas deixam subentendidas. Entretanto, a maior palavra que encontramos na Bíblia do Massachussets de Eliot tem apenas onze sílabas: *wut-appesituqussun-nooweht-unk-quoh* que significa: *ajoelhar-se diante dele*, mas que traduzido literalmente seria: *ele veio a um estado de repouso sobre seus joelhos dobrados fazendo reverência a ele* (J. H. Trum bull). Cada parte dessa combinação deve ser reconhecida em sua forma separada. A palavra deve ser, em cada um de seus elementos, significativa e clara, e esses elementos não são, como se diz frequentemente, palavras reduzidas e contraídas visando à comodidade daquele que fala. São antes raízes conglomeradas. Sem dúvida, há recursos infinitos de expressão em línguas parecidas; e se uma nação como a nação grega aparecesse e dominasse essas raças americanas, a língua grega encheria estas línguas de vivacidade e de pensamento lhes concederia uma literatura e elas seriam admiradas, talvez, mais do que qualquer outra no mundo. Dessa forma, no que concerne aos meios de expressão, elas são tão superabundantes quanto o chinês é escasso; elas estão saturadas e fazem perder tempo dado seu imenso polissilabismo. São línguas que consideramos como sendo extremamente pobres em termos abstratos simples, o que se deve, em parte, à multiplicidade de detalhes acessórios. Assim, elas têm, por exemplo, raízes diferentes para expressar a ação de lavar todos os objetos diferentes e todas as maneiras possíveis de lavá-los, mas carecem de uma para expressar pura e simplesmente a ação de *lavar*. Existe aí, contudo, certo preconceito de nossa parte. É assim que um chinês ou um inglês poderia criticar a língua latina dizendo: "o latim carece do poder de abstração, porque *magnus*, por exemplo, não significa simplesmente *ta, grande*, mas a qualidade de grandeza num objeto dado (e um objeto que, por uma razão que na maior parte das vezes seria inexplicável, é visto como masculino e não pode ser senão o sujeito de um verbo); *magnas* indica a mesma qualidade num objeto dado do gênero feminino; mas a ideia simples de *ta, grande*, não pode ser expressa em latim".

Há outros traços característicos das línguas americanas que são universalmente ou geralmente manifestadas, como a distinção entre os dois gêneros formados pelas coisas animadas e pelas coisas inanimadas (que pareceria ser tão significante e tão capaz de ser aplicada a usos formativos mais elevados quanto é nossa própria distinção de gênero sexual); como a posse das duas primeiras pessoas do plural, uma inclusiva, outra exclusiva; como o sistema classificatório da designação dos graus de parentesco e assim por diante: mas os gêneros são de uma importância secundária se comparados ao estilo geral da estrutura dessas línguas.

A estrutura polissintética não pertence a todas as línguas americanas num mesmo grau. Há aquelas em que, ao contrário, esse modo de estrutura se encontra destruído ou é originalmente inexistente. Assim, por exemplo, descobriu-se o caráter monossilábico e a ausência de flexões no otomi do México e dois ou três outros dialetos da América do Sul; recusou-se todo caráter polissintético à grande família tupi-guarani (F. Hartt) no lado oriental do Continente Sul-americano; falta determinar até que ponto essas exceções são reais e até que ponto elas são aparentes, mas os traços comuns são tão evidentes, desde o país dos esquimós próximo do Polo Ártico até o Polo Antártico, que os linguistas acreditam piamente que todos pertencem à mesma família e descendem de uma linhagem cuja idade, localização e proveniência são desconhecidas. Tentou-se colocar essas línguas junto de algumas línguas do velho mundo, mas evidentemente sem sucesso. Se não encontramos entre o algonquino, o iroquês e o dacota semelhanças de palavra suficientes para supor aí uma origem comum, não podemos, com razão, identificá-las a línguas das quais elas se separaram há tanto tempo que sua estrutura mudou inteiramente de caráter. Não convém, talvez, assinalar limites para as descobertas futuras da ciência: mas parece completamente improvável que, mesmo supondo que as línguas da América possam ter saído do velho mundo, seja possível estabelecer sua filiação.

Uma classificação completa das línguas americanas é até este momento impossível e, para mostrar aqui o que conhecemos a propósito disso, seria necessário mais espaço do que dispomos. Existem muitos grandes grupos e uma quantidade de pequenos que permanecem isolados e não classificados. O esquimó se estende por toda a costa norte e a costa nordeste até a Terre-Neuve. O atapasca, ou o *tinné*, ocupa uma grande região ao noroeste (os montes Apache e Navajo, no sul, lhe pertencem também) e tem como vizinhos ao oeste o *selish* e outros grupos menores. O algonquino possuía o nordeste e a região média dos Estados Unidos e se estendia ao oeste das Montanhas-Rochosas, compreendendo o território dos iroqueses. O dacota ou sioux, e a maior das famílias que ocupam as vastas pradarias e os planos do Far-West. O grupo *muskogee* ocupava os estados do sudeste. No Colorado e em Utah, índios relativamente civilizados começam a se formar, índios cuja cultura, mais avançada no México, atingiu seu ponto culminante nos maias da América Central, continuando no império dos incas do Peru. A língua quéchua, que, ao lado da língua aimará, pertence a este último, é ainda o dialeto dos índios de uma grande parte da América do Sul, bem como o tupi-guarani, já citado, e que é falada ao leste nos vales do Rio Amazonas e afluentes.

A condição das línguas na América é, portanto, um epítome da condição do homem em todo o mundo. Grandes famílias espalhadas ao longo de vastos territórios, grupos limitados, isolados, dialetos que se acabam, se tocam e se misturam uns aos outros. Nas vicissitudes das coisas do mundo a história das raças e a história das línguas devem se confundir. O que foram as famílias que depois de cobrir vastos territórios desapareceram sem deixar traços; o que foram aquelas cujos fragmentos apenas sobreviveram, e por um desenvolvimento próspero ou por um cruzamento feliz se tornaram preeminentes, eis aí o que nunca saberemos com exatidão. Não devemos supor que, depois de ter classificado todas as línguas conhecidas e ter estabelecido suas relações, teremos finalmente traçado a história da linguagem: nas sombras do passado há, talvez, fatos de cuja existência sequer podemos suspeitar.

Algumas das questões que se relacionam com o assunto que acabamos de abordar serão tratadas no próximo capítulo.

XIII
As línguas e as raças

Limites da ciência linguística: os elementos do discurso não são completamente analisáveis; eles podem ter sido criados, destruídos e modificados; as provas de parentesco são, por natureza, múltiplas. • Relação da língua com a raça somente como instituição transmitida; o intercâmbio das línguas acompanha a mistura do sangue. • O problema etnológico é insolúvel. • Contribuições da arqueologia e da linguística para o problema; valor desta última; importância do testemunho das línguas para a etnologia. • Reconciliação da diversidade desses testemunhos. • Inferioridade das classificações que não são fundadas no gênero.

A classificação das línguas apresentada no capítulo anterior representa apenas os fatos conhecidos e está sujeita a uma revisão com o progresso da ciência. Todavia, é provável que o essencial não mude e que as grandes famílias permaneçam sempre distintas. Algumas podem, é verdade, se fundirem; mas não há razões para acreditarmos que elas serão todas uma só. Ao dizer isso, queremos menos estabelecer limites aos progressos da ciência linguística do que reconhecer aqueles que lhe impõe a natureza das coisas. Uma curta exposição mostrará isso.

Não poderíamos deixar de observar, primeiramente, que há uma diferença essencial entre as ciências físicas e a nossa; que lidamos com o uso, e o uso é algo que faz intervir esse elemento indefinido que chamamos de vontade humana, determinada pelas circunstâncias, pelo hábito e pelo caráter individual, elemento que se recusa a uma análise definitiva. Não há substância que o químico não possa esperar analisar; seja lá qual for a forma e a proporção que um elemento venha adquirir numa combinação qualquer, ele possui meios de detectar sua presença. Na matéria, nada se cria e nada se destrói; tudo muda, mas tudo subsiste. O mesmo não acontece com a linguagem; uma palavra, toda uma família de palavras, perece por desuso e desaparece como se nunca tivesse existido, a menos que a civilização tenha produzido monumentos. Uma língua, uma família inteira de línguas, se reduz a nada quando da destruição da sociedade à qual ela pertencia, ou quando da adoção de uma outra língua. Quando os gauleses tiveram que aprender o latim, nada restou, além dos testemunhos externos, que pudesse dizer o que sua língua havia sido; quando os etruscos foram latinizados, não fossem as palavras que eles escreveram e que se disseminaram, sua língua teria sido para sempre apagada da memória dos homens, e mais de uma língua, sem dúvida, desapareceu dessa maneira, e sem deixar, como esta, qualquer registro. A criação de palavras é, como vimos, um fato de linguagem raro; entretanto, nada se opõe a ele, salvo a preferência dos homens. E a criação de uma palavra é, na realidade, uma mudança de forma e de sentido tão completa, que o laço entre o velho e o novo só pode ser recuperado por meio de provas externas e históricas. As línguas apresentam inúmeros casos parecidos. Um elemento formativo é aniquilado quando é eliminado de todas as formas que ele outrora havia constituído; outro é criado quando derivados são produzidos. Nenhum procedimento de análise, exceto o testemunho histórico, permitiria recuperar na primeira pessoa do plural da língua inglesa a palavra *masi*, nem identificar em *loved* (amado) a presença de *did*. Sem o auxílio da história, muitos fatos permaneceriam inexplicáveis.

As mudanças linguísticas separam de forma constante aquilo que se encontra reunido. *Bishop* e *évêque* são, na origem, a mesma palavra; o mesmo acontece com *eye* e *auge*; *I* e *je*; com *ik* e ἐγών e *aham*, ainda que, em relação à escuta, essas palavras não tenham absolutamente nada de semelhante. As mesmas mudanças reúnem também aquilo que estava separado. O latim *lócus*, o sânscrito *lokas*, que significa *lugar*, não têm nada a ver, embora sejam quase idênticos e pertençam a línguas de parentesco estreito. O grego ὅλος e o inglês *whole* (inteiro) são igualmente estranhas uma em relação à outra. Se compararmos o vocabulário da língua inglesa (como muitos o fazem) com o vocabulário de uma língua que não tem nenhuma relação com ela, encontraremos uma longa lista de analogias aparentes; uma análise não muito demorada, porém, mostrará que essas analogias são falsas. Eis aí o fato principal que se opõe a uma comparação aprofundada das línguas. Se não houvesse outras semelhanças, seja nos elementos, seja na estrutura da linguagem, senão aquelas que possuem uma base histórica, poderíamos, então, deixá-las desaparecer à vontade; os registros da história bastariam para que o parentesco original fosse estabelecido; mas há outras, e a maneira de prová-las não é direta nem absoluta, mas cumulativa; o resultado é dado por um número suficiente de casos que, tomados isoladamente, não provam nada; dois dialetos podem diferir do original comum de tal forma que não reste mais entre eles nenhum traço de parentesco. Eles podem ter em abundância elementos provenientes das mesmas raízes; mas se eles chegaram a fazer de uma mesma palavra *bishop* e *évêque*, o linguista não pode aproveitá-las. Correspondências acidentais podem algumas vezes acontecer; mas se tudo em duas línguas difere como nesse exemplo, nada se pode esperar de um trabalho de comparação.

O caráter cumulativo dos signos de parentesco, o valor problemático dos exemplos isolados e a necessidade de se ter testemunhos históricos como apoio impõem limites às certezas das investigações linguísticas. Até agora as famílias que foram reconhecidas como tais são aquelas que tiveram um desenvolvimento comum. Há até mesmo aquelas entre as quais o único laço existente é um mesmo tipo de estrutura. Se a comunidade de línguas da América só pode ser provada por seu polissintetismo, e aquela das línguas da Ásia Oriental, por seu monossilabismo, é visivelmente impossível provar por uma similitude de raízes a comunidade original entre o americano e o chinês. No estado atual da ciência linguística, a comparação dos elementos radicais entre as diversas línguas é cercada de muitas incertezas e de perigos para que tenham algum valor. Tudo o que foi feito nesse sentido até agora é inútil. O futuro dirá se algo melhor poderá ser feito. Pode-se esperar muito de uma ciência como a ciência da linguagem, desde que não caminhemos na contramão do que já foi feito e que não tomemos por invenções plausíveis fatos estabelecidos. Aquele que tem consciência do quão difícil é remontar às raízes, mesmo nas línguas conhecidas como as línguas da família indo-europeia, e isso apesar da conservação excepcional de seus mais antigos dialetos, não correrá o risco de basear suas esperanças na comparação das raízes.

A ciência linguística não provará, portanto, jamais, pelos primeiros germes da linguagem, que a raça humana formava na origem uma só e mesma sociedade. Mesmo quando o número de famílias diminuir em função das pesquisas futuras, essas famílias não serão jamais reduzidas a uma só.

Mas o que é ainda mais demonstrável é que a ciência linguística não provará jamais a variedade das raças e das origens humanas. Como vimos repetidas vezes, não há limites para a diversidade que resulta de diferentes desenvolvimentos entre as línguas que eram, na origem, uma só. Tendo em vista um ângulo divergente (p. 157), a distância entre as duas extremidades pode chegar a ultrapassar as quantidades exprimíveis. Em linguística também, a distância entre duas linhas divergentes pode se tornar infinita, ao menos em relação ao objetivo prático. O conhecimento que adquirimos do modo de desenvolvimento e da mudança linguística tirou do filólogo toda possibilidade de estabelecer de forma dogmática a diversidade de origens das línguas humanas. Se cada língua já possuísse, inicialmente, sua estrutura completa e todos os seus elementos, a história da linguagem seria a história de várias correntes paralelas sem nenhum sinal de convergência; mas as diferenças do inglês, do alemão e do dinamarquês provêm de um desenvolvimento diferente que partiu, todavia, de um mesmo centro; as diferenças do inglês, do russo, do armênio e do persa provêm igualmente de uma divergência que parte de um centro mais remoto; e não podemos dizer se as diferenças do inglês, do turco, do circassiano e do japonês não se devem ao mesmo fato. O ponto de partida é, para todas as famílias de línguas, as raízes simples sem modificações formais, e não se pode nem mesmo dizer, na maior parte das famílias, o que essas raízes foram no início; como poderíamos, então, negar sua identidade? Podemos estabelecer probabilidades se quisermos; não podemos fornecer prova alguma contra a unidade original da linguagem.

Isso significa dizer que a ciência da linguagem não pode responder à questão relativa à diversidade das raças humanas. Mas é preciso observar ainda uma outra dificuldade que se opõe aqui a toda prova. Se admitirmos, hipoteticamente, que os homens criaram os primeiros elementos da linguagem, assim como eles realizaram todos os desenvolvimentos subsequentes, seremos obrigados a reconhecer que um período de tempo um tanto longo provavelmente se passou antes que se pudesse formar uma soma de elementos; e durante esse tempo a raça, supondo que ela fosse uma só, pôde se espalhar e se dividir de modo que esses germes primitivos de cada língua se produziram independentemente em umas e em outras. Conclusão geral: a incapacidade da ciência linguística de se decidir pela unidade ou pela diversidade das raças humanas parece completa e definitivamente demonstrada.

Uma outra questão antropológica muito importante e ligada a nossa classificação das línguas é a questão da relação dessa mesma classificação com aquela que a ciência etnológica nos fornece das raças humanas. E aqui devemos começar admitindo, sem reservas, que as duas não coincidem: línguas completamente diferentes são faladas por povos que a etnologia não separa, e línguas da mesma família são faladas por povos completamente estranhos uns aos outros. Nossa doutrina relativa à natureza da linguagem está em perfeita sintonia com esse fato. Vimos que um laço necessário entre raça e língua não existe e que todo homem, independentemente de sua origem, fala indiferentemente a língua que lhe foi ensinada em sua infância. Ora, do mesmo modo que um indivíduo pode falar uma língua diferente daquela de seus pais ou ancestrais, uma sociedade (que não é senão uma aglomeração de indivíduos) pode adquirir uma língua estrangeira e não guardar o menor registro de sua língua original. O mundo antigo e o mundo moderno estão cheios de exemplos desse tipo e alguns deles foram aqui destacados *en passant*, como, por exemplo, as populações heterogêneas dos Estados Unidos que falam agora o inglês, os celtas da Gália, os normandos da França, os celtas da Irlanda e da Cornualha, os etruscos da Itália e tantos outros povos, cujos idiomas foram destruídos e substituídos pelo latim, inglês, árabe. Há línguas conquistadoras que ganham constantemente terreno, como há outras que perdem.

A língua não pode, portanto, dar testemunho da raça e não guarda suas características; ela tem unicamente o valor de uma instituição transmitida, que pode ser abandonada pelos que pertenciam a ela e adotada por povos de outro sangue. São as circunstâncias exteriores que decidem e não outra coisa. A soberania política, a superioridade social, um grau mais elevado de civilização, tais são as causas principais que produzem esse resultado. Ou antes, são essas circunstâncias acessórias, que, quando duas sociedades se misturam, decidem qual das duas dará principalmente ou completamente sua língua à outra. Se não existisse a mistura do sangue, haveria poucas mudanças linguísticas. Haveria empréstimos, não substituições.

É a mistura dos povos que torna tão complicado o problema etnológico, tanto no que concerne à língua quanto no que concerne ao caráter físico, e que faz com que ele seja um problema sem solução, ou cuja solução seja apenas aproximada; isso torna a contribuição do fisiologista tão útil ao linguista quanto a do linguista ao fisiologista. O etnologista deve admitir, assim como o linguista, as possibilidades que estabelecemos no fim do capítulo anterior. Durante o longo período do passado, houve invasões indefinidas, misturas, deslocamento, destruições de raças humanas (ou ramos da raça humana), assim como houve invasões, misturas, deslocamento, destruições de línguas (ou ramos da língua unitária). É improvável que a história linguística, ou a história etnológica, chegue um dia a ser completa, sobretudo depois que se reconheceu que a antiguidade do homem na terra é enorme. Ainda não há um consenso sobre esse assunto; mas a incredulidade de alguns não persistirá se for provado que a existência do homem na terra remonta a milhões de anos. Essa questão é de grande interesse para o etnologista, mas um fato como esse lhe tira a esperança de penetrar nas profundezas de seu domínio; cabe, na realidade, ao antropólogo contar a história do desenvolvimento humano, seja como raça única, seja como coleção de raças indistintas e não diferentes o suficiente para que se possa separá-las umas das outras; enfim, pertence ao zoologista a tarefa de mostrar sua origem.

Os monumentos do primeiro período da atividade humana são de dois tipos: os produtos da arte e da indústria provenientes das mãos do homem; os elementos primitivos da linguagem provenientes de sua mente; o primeiro tipo lhe serve de meios de subsistência e defesa, o segundo, de instrumentos de sociabilidade, ambos implicando germes de educação e instrumentação que respondiam às faculdades superiores da espécie e deviam conduzi-la à posse de si mesma, à dominação da matéria e à civilização. Essas duas espécies de monumentos são avidamente investigadas e curiosamente examinadas pelo historiador como testemunhos históricos bem diferentes dos monumentos escritos e das tradições lendárias. Mas os testemunhos linguísticos são de longe os mais importantes e mais instrutivos, e são praticamente estes apenas que podem servir ao etnologista, pois os outros se relacionam antes com um certo período de desenvolvimento do que aos hábitos especiais e às disposições congênitas de uma raça. O testemunho linguístico leva vantagem sobre o testemunho físico, porque ele é mais abundante e mais variado e, portanto, manejável. A soma das diferenças que envolvem o domínio da linguagem não pode ser comparada com aquela que existe entre uma espécie animal e uma outra espécie qualquer; ela equivale antes à soma de diferenças no interior de todo o reino animal. A linguística é como uma imagem microscópica lançada sobre um muro por meios ópticos e no qual os mais ignorantes podem estudar e medir todas as partes de um vasto quadro. A etnologia, baseada nos caracteres físicos, não pode se tornar uma ciência fecunda e segura senão com o auxílio de raras fortunas, de grandes talentos, de longos estudos. Embora as línguas sejam instituições tradicionais, elas podem servir às investigações etnológicas muito mais do que qualquer outra indicação, porque elas podem ser consideradas objetivamente, e são, ainda, infinitamente mais persistentes que as outras instituições.

Admitir o intercâmbio das línguas pelos povos não significa, portanto, negar seu valor como monumentos capazes de servir à história e mesmo à história da raça; significa apenas fundar esse valor numa base justa, confessar que há limites que não podemos ultrapassar e reconhecê-los, se quisermos nos servir de forma proveitosa do testemunho linguístico. Não é menos verdade, de modo geral, que a língua e a raça formam um todo, pois todo ser humano aprende comumente a língua com seus pais ou aqueles que são do mesmo sangue que ele e que as exceções a essa regra acontecem sob a mais completa luz da história. A civilização facilita a mistura das raças, como facilita as comunicações. Não são as raças desconhecidas e bárbaras que misturaram seu sangue e suas línguas, mas antes as raças cultivadas. Se uma tribo bárbara é vitoriosa em relação a uma outra tribo, a não ser que o vencedor absorva o vencido, as duas línguas continuam a subsistir; mas nações como os romanos e os árabes, que se apresentam com uma superioridade adquirida em civilização e em literatura, impõem seu idioma aos povos conquistados. Assim, lá onde os testemunhos históricos faltam e onde temos mais necessidade dos testemunhos da linguagem, ocorre que estes últimos conservaram melhor seu valor.

Portanto, quando queremos estabelecer as relações etnológicas de uma nação ou de um grupo de nações, começamos estudando as afinidades de suas línguas. Essas afinidades não são decisivas; o testemunho linguístico pode ser contradito por outro; mas não poderíamos dispensá-lo e ele serve de base para a discussão.

Não há necessidade de citar mais do que um ou dois exemplos. Os bascos são uma raça branca ou caucasiana; nada em suas características etnológicas nos impede de incluí-los em uma ou em outra das divisões dessa raça; mas sua língua os separa de qualquer outra e nós nos rendemos a essa prova. De quais misturas de raça provêm os ibéricos, não sabemos; não podemos dizer tampouco que os bascos não tomaram emprestado seu dialeto euscaro como os franceses, seu dialeto romano. As possibilidades são infinitas; mas a língua nos diz muito e provavelmente tudo o que não poderemos saber jamais. Os etruscos nos deixaram monumentos; desenhos, pinturas, caracteres escritos, produtos da arte e da indústria; mas quando se trata de estabelecer o parentesco desse povo, os etnologistas consensualmente fazem apelo aos restos quase inexistentes de sua língua: uma página de texto etrusco, cujo sentido apenas entrevemos, resolveria rapidamente a questão de saber se a raça à qual ela pertence fazia parte de uma família ou se ela não formava, como o basco, senão um fragmento isolado. As raças americanas nos apresentam um problema vasto e complicado e aí ainda não temos outro meio de resolvê-lo senão pelo estudo da linguagem. A etnologia americana depende, primeiramente, e antes de tudo, da classificação e das relações dos dialetos; tudo permanecerá incerto até que esse fundamento seja posto, ainda que haja pontos cuja obscuridade resistirá mesmo a esse meio de elucidação.

Não devemos esperar que os resultados desses dois grandes ramos de estudos etnológicos entrem em acordo até que os métodos seguidos por um e por outro estejam mais bem estabelecidos. É inútil se precipitar ou tentar uma combinação artificial e prematura. Tudo virá a seu tempo, se soubermos esperar. A linguística e a etnologia, fundadas em outras ordens de pesquisa, são ambas soberanas em seu domínio. As classificações e as relações das línguas são o que são, e não tratam de questões de raça; muito embora essas questões não possam ser desdenhadas ou ignoradas pelo linguista: seu estudo é demasiado histórico, ele tem muito a ver com as raças, sobretudo no que concerne às épocas recentes, para que esse elemento seja negligenciado. Como ramo importante da história, e como ciência que tem a pretensão de lançar um raio de luz nas sombras do passado, a linguística deve submeter seus resultados à crítica da etnologia. Seria inútil e prejudicial superestimar seus direitos e fazê-los repousar numa base falsa. Para aquele que se sentir incomodado na ciência da linguagem, fechada como ela está nos limites estritos que uma crítica sã e imparcial lhe confere, há outras ciências que lhe receberão de portas abertas.

Há ainda algo que deve ser observado quanto à nossa classificação de todas as línguas do mundo; esta classificação se baseia no gênero, e cada família abarca as línguas que se podem conduzir, por meio de índices suficientes, a um tipo comum. Para o linguista-historiador, profundamente preocupado em determinar as relações e a traçar o curso do desenvolvimento estrutural das línguas, esse ponto de vista é de longe o mais importante; todos os outros são, para ele, secundários. A distinção sumária das línguas em monossilábicas, aglutinantes e flexionais, distinção que se tornou corrente e familiar, apresenta um meio cômodo, mas pouco exato, de dar conta das características da estrutura linguística. Os três graus são subsequentes, mas se misturam. Tomar essas características como base de uma classificação das línguas é como se fizéssemos da cor dos cabelos ou da pele a base de uma classificação etnológica, ou do número de pétalas e dos estames, a base de uma classificação botânica; é ignorar ou negligenciar outras características de uma importância muito maior. Se o naturalista tivesse a mesma certeza que tem o linguista da origem comum de várias espécies de um mesmo gênero, ele não se daria o trabalho de procurar outros meios de classificação, mas se aplicaria inteiramente a aperfeiçoar o emprego desta. Existe aí, para o linguista, uma tarefa suficiente e, enquanto ela não for realizada, o resto será para ele secundário.

XIV
Natureza e origem da linguagem.

A linguagem é adquirida e faz parte da cultura do homem. • Sua universalidade na raça humana. • Ela pertence exclusivamente ao homem. • A necessidade de comunicar seu pensamento é a causa direta que produz a linguagem. • Os gritos naturais são o ponto de partida das línguas: questão que toca sua natureza e sua importância; não é preciso admitir que a linguagem articulada seja instintiva no homem. • Uso da voz como melhor meio de expressão. • A imitação no começo da linguagem. • Limites e importância da onomatopeia. • A doutrina das raízes. • O que foi dito é suficiente para explicar a origem da linguagem; teoria do milagre que se opõe a essa explicação. • Capacidade que supõe a faculdade de criar a linguagem. • Diferença nesse aspecto entre o homem e os outros animais. • Relação da linguagem com o desenvolvimento do homem. • Medida e processos de seu desenvolvimento.

O exame que fizemos da história da linguagem, de seu modo de transmissão, de sua conservação, de sua mudança, mostrou claramente o que pensamos de sua natureza. Não é uma capacidade, uma faculdade; não é o exercício imediato do pensamento; é um produto imediato desse pensamento, é um instrumento. Para muitas pessoas que estudam superficialmente ou com preconceitos, trata-se aí de um ponto de vista pouco satisfatório e mesmo pouco elevado; mas isso porque elas confundem dois sentidos muito diferentes da palavra *linguagem*. O homem possui, como uma de suas características distintivas mais marcantes, a faculdade do discurso; ou, mais exatamente, várias faculdades que conduzem necessariamente à produção do discurso; mas as faculdades são uma coisa e seus produtos elaborados, outra. Assim, o homem tem uma capacidade natural para a plástica, para a invenção de instrumentos, para as matemáticas e muitas outras coisas nobres e grandiosas; mas nenhum homem já nasce artista, engenheiro, matemático, não mais do que falante. Nossa condição é a mesma quanto aos diversos exercícios de nossa atividade. Tanto em uns como em outros, a raça, desde o começo, desenvolveu suas faculdades pouco a pouco e cada progresso tomou corpo num produto. O desenvolvimento da arte supõe um período de prática rudimentar e uma série de tentativas, cada uma representando um progresso em relação à tentativa anterior. A mecânica, de forma ainda mais clara, tem a mesma história; é pelo uso de instrumentos rudimentares e pela destreza adquirida através desse mesmo uso que os homens encontraram aperfeiçoamentos sucessivos, que lhes conduziram até a locomotiva e às máquinas motrizes. As matemáticas começaram pela ideia que um mais um são dois e seu desenvolvimento seguiu a mesma via que o desenvolvimento das outras ciências. Cada indivíduo recomeça por conta própria o caminho que fez toda a raça. Diríamos apenas que ele caminha na velocidade da luz se o compararmos com a humanidade, porque ele é conduzido por outros num terreno plano e batido. A criança é frequentemente hoje um mecânico ou matemático mais avançado que o mais sábio dos antigos gregos; não porque seus dons naturais são superiores aos seus, mas porque tem apenas que receber e assimilar o fruto do trabalho dos outros. Mesmo sendo dotado como Homero e Demóstenes, nenhum homem pode falar se ele não aprendeu a falar, tão verdadeiramente quanto aprendeu a tabela de multiplicação ou as demonstrações de Euclides.

Ora, esses produtos acumulados das faculdades humanas que se exercem e se desenvolvem, crescem e mudam a cada dia são o que chamamos de instituições, os elementos da civilização. Cada divisão da humanidade as possui em alguma medida. Não há membro de uma comunidade, por mais bárbara que seja, que não esteja num estado muito mais elevado do que aquele que teria de aprender tudo sozinho; e isso se deve à transmissão que lhe é feita dos rudimentos de saberes, da arte e da linguagem, que existem na sociedade à qual ele pertence. Certamente essa sociedade, por mais inferior que seja, saberá sempre mais que o indivíduo mais bem dotado poderia saber, sozinho, estudando durante todo o curso de sua vida, e ninguém duvida que isso se aplique à linguagem. Cada um adquire aquilo que o acidente do lugar de seu nascimento colocou em se caminho e faz dele o ponto de partida do exercício de suas faculdades próprias, sofrendo as imposições do meio ao mesmo tempo em que é fortalecido por essas mesmas imposições desse mesmo meio que o próprio indivíduo, aliás, está destinado a desenvolver. Isso se aplica, inclusive, mais à linguagem do que a qualquer outra coisa. A linguagem não pode ser separada das outras aquisições humanas; ela não se parece com as outras ciências, mas essas outras ciências não se parecem, tampouco, entre si. Se a linguagem é aquilo que há no homem de mais fundamentalmente importante, de mais característico, aquilo que é mais visivelmente o produto e a expressão da razão, trata-se aí apenas de uma diferença de gradação.

Consideramos, portanto, cada língua como uma instituição e uma daquelas que, em cada sociedade, constituem a civilização. Como todos os outros elementos da cultura, ela varia em cada povo e mesmo em cada indivíduo. Há sociedades nas quais a língua está circunscrita nos limites da raça; há outras nas quais ela foi parcialmente ou inteiramente emprestada das raças estrangeiras; pois a língua pode, como qualquer outra coisa, ser trocada ou transferida. Os caracteres físicos da raça não podem se transmitir senão pelo sangue; mas as aquisições da raça – língua, religião, ciência – podem ser emprestadas.

Pode-se dizer *en passant* que a universalidade da linguagem não se deve, assim, a nada mais profundo e mais misterioso que este fato: a humanidade viveu o suficiente para que cada divisão da raça tivesse tido o tempo de produzir um resultado qualquer com o trabalho de suas faculdades linguísticas. Do mesmo modo, há em toda parte um conjunto de meios que alcançou certo grau de aprimoramento e que o homem criou para suprir suas necessidades. Essa universalidade não prova de forma alguma que se nós assistíssemos ao aparecimento de uma nova raça, seja lá de que forma ela pudesse ter surgido repentinamente, veríamos essa mesma raça em posse de um conjunto de instrumentos ou de uma linguagem pertencente a um período qualquer da humanidade.

Mas, nessas condições, toda sociedade humana possui uma língua; isso não acontece com nenhum animal inferior, cujos meios de comunicação, tão estranhos aos nossos, nem sequer merecem o direito ao nome de linguagem. Não cabe ao linguista explicar o porquê dessa diferença, não mais que ao historiador da arte e da mecânica, dizer por que os animais inferiores não são artistas ou mecânicos. Basta a ele ter mostrado que os dons naturais do homem, sendo o que são, produziram invariavelmente os elementos desse ou daquele ramo da cultura, ao passo que nenhuma das raças dos animais inferiores se mostrou capaz de produzir os germes de uma civilização, seja pela fala ou por qualquer outro meio, a mais alta faculdade dessas raças consistindo em poder receber a educação das raças superiores e, assim, chegar a executar diversas novas ações, em parte mecanicamente, em parte com um grau de inteligência que é difícil precisar. Mas esse assunto é um daqueles em que pontos de vista errôneos persistem de modo que não podemos deixar de lhe dedicar alguma atenção.

A diferença essencial que separa os meios de comunicação dos homens dos meios de comunicação dos animais é que nestes últimos eles são instintivos, ao passo que nos primeiros, eles são inteiramente arbitrários e convencionais. Nossa exposição do assunto estabeleceu suficientemente a verdade deste último ponto. Isto está suficientemente provado pelo simples fato segundo o qual para cada objeto, ato, qualidade, há tantos nomes quanto há línguas no mundo e que todos os nomes têm o mesmo valor e podem ser substituídos indiferentemente uns pelos outros. Não há em nenhuma língua conhecida uma só palavra que se possa dizer existir φύσει, por natureza, cada uma sendo empregada θέσει, por atribuição, e em virtude das circunstâncias, dos hábitos, das preferências e da vontade dos homens. Mesmo lá onde se mostra mais o elemento imitativo, a onomatopeia, como em *cukoo* (*cuco*), *crack* (*estalar*) e *whiz* (*zunir*) não há entre o nome e a coisa um laço necessário, mas um laço convencional. Se houvesse necessidade, essas analogias de sons se estenderiam aos outros nomes de animais e aos outros sons, e isso em todas as línguas; enquanto, na verdade, essas mesmas ideias são representadas em outros lugares por palavras diferentes. Nenhuma pessoa pode se considerar possuidora de uma língua se ela não a adquiriu; ora, nenhum animal (de que se tem conhecimento) não possui outro meio de comunicação que aquele recebido pela natureza. Nesse aspecto, somos tratados com a mesma generosidade que os animais; temos também nossos modos naturais de expressão no gesto, na pantomima, na entonação e nos servimos deles, de um lado, como meios de comunicação quando os meios comuns faltam, como acontece entre homens que não falam a mesma língua ou com os surdos; e, de outro, por dar mais força, mais graça ou mais clareza à linguagem comum. Esses modos de expressão acessórios são de um valor tal que o linguista não poderia negligenciar. No domínio do sentimento e da persuasão, e quando se trata de passar a impressão pessoal daquele que fala àquele que escuta, eles são de suma importância. Dizemos, e isso é perfeitamente verdadeiro, que um olhar, uma entonação, um gesto, é frequentemente mais eloquente que um longo discurso. O que prejudica a força da linguagem é que ela é demasiado convencional. Palavras de simpatia, de afeição são repetidas, como por papagaios, num tom que lhes tira toda significação. Um discurso pronunciado por uma máquina falante não persuade. E isso nos mostra qual é a verdadeira esfera da expressão natural. A expressão natural não indica outra coisa que o sentimento. Desde o grito, o gemido, a risada, o sorriso até as mais leves inflexões da voz, até os mais sutis movimentos dos músculos do rosto que o hábil orador emprega, a linguagem é completamente emocional e subjetiva. Jamais se teve a menor evidência da suposição de que existe uma expressão natural para um conceito, para um juízo, para uma noção. A história da linguagem começa quando a expressão deixa de se restringir à emoção, que é sua base natural, e passa a servir ao intelecto.

A causa que produz essa mudança e que contém em germe toda a história da linguagem é a vontade de se comunicar. Eis aí o que transforma o instinto em intenção. Na medida em que essa intenção se torna mais distinta e adquire a consciência de si mesma, ela conduz toda expressão para além de sua base natural e a converte num instrumento capaz, como tal, de extensão e aperfeiçoamento indefinido. Aquele que não se atenta para essa força (como muitos o fazem) não pode senão se desgarrar na filosofia da linguagem. Lá onde falta a vontade de se comunicar, não há produção de linguagem. E aqui ainda o paralelismo entre a linguagem e os outros ramos da cultura humana é estreito e instrutivo. O homem que crescesse na solidão não daria sequer um passo na via de seu desenvolvimento. Ele não chegaria jamais a um conhecimento superior, ainda que possuísse a capacidade de fazê-lo. Esse fato é característico de toda sua história; ele não tem apenas necessidade da potencialidade, ele precisa também da ocasião. Raças e gerações viveram na barbárie e ignorância, que eram tão capazes de cultura quanto à massa das nações atualmente cultivadas; há, ao nosso redor, aquelas que experimentam ainda esse estado. Não é para negar a superioridade nata do homem que nós atribuímos a aquisição da linguagem a influências exteriores. Vejamos uma comparação. Uma pedra permanece imóvel durante séculos na beira de um precipício; ela poderia permanecer lá por vários séculos; toda a força cósmica da gravidade não a tiraria de sua imobilidade; eis que alguém passa e a faz cair no abismo. A que atribuiremos essa queda? À atração ou ao choque? Aos dois, agindo cada um ao seu modo. A grande força não teria realizado essa ação sem o auxílio da outra, insignificante, e, reconhecendo esse fato, não diminuímos a importância da lei da gravidade. O mesmo se aplica à linguagem. As grandes e maravilhosas forças da alma humana não teriam agido nessa direção particular se elas não tivessem sido incitadas pelo choque da vontade da comunicação; quando essa vontade abre caminho, todos os efeitos se seguem e se encadeiam.

Ao reconhecer que a vontade de se comunicar é a força que impulsiona o desenvolvimento da linguagem, não pretendemos com isso afirmar que a comunicação seja o seu único fim. Vimos suficientemente no segundo capítulo que a linguagem contribui de forma considerável nas operações da mente e da alma, e que ela possui um valor fundamental como elemento do progresso da raça. Mas isso também se aplica a tudo; os homens procuram aquilo que está mais próximo e encontram muito mais do que o esperado. Quando eles talharam seus primeiros instrumentos, eles não visavam senão àquilo que podemos chamar de usos básicos desses instrumentos: a comodidade, a segurança, a satisfação das necessidades naturais; mas o resultado desse trabalho fez com que as faculdades mais elevadas do homem pudessem surgir, ele conduziu o homem à dominação e libertação em relação à natureza, de modo que ele pôde se livrar a grandes investigações e, finalmente, descobrir tantas e tantas verdades físicas e morais, causando-lhe estupefação. Um paralelo ainda mais estreito é fornecido por uma arte vizinha à linguagem, a da escritura, que multiplica e faz crescer todas as vantagens da fala, tornando-se tão indispensável à civilização avançada quanto a linguagem o é para a civilização primitiva. Como o discurso, ela nasce da vontade de comunicação; todos os usos elevados aos quais ela se aplica ocorreram sem que pudéssemos prevê-los. Muitos ainda os ignoram ao mesmo tempo em que os utilizam. E isso também é válido, em outro grau, para a linguagem falada. Não há uma pessoa em cem, em mil, que se dê conta do uso que ela faz da linguagem; ela sabe que ela fala e basta: isso quer dizer que a linguagem é compreendida de modo geral como um meio de dar e receber; mas somente um número pequeno de pessoas é capaz de compreender o que a linguagem representa para o indivíduo, para a raça. Com mais forte razão, o homem primitivo tinha dúvidas: ele precisava de um fim imediato, visível, cuja impulsão ele recebe de instante em instante. A vontade de se comunicar com seus semelhantes é esse motivo único e suficiente. Ele não possui pensamentos em sua alma pedindo para ser expressos. Ele não tem o pressentimento das faculdades elevadas às quais basta a cultura para que elas o coloquem quase junto dos anjos. Ele apenas sente as necessidades mais materiais e urgentes. Se a linguagem se manifestasse de uma vez, como se fosse expulsa pelas necessidades da alma, esse fenômeno se produziria, sobretudo, no homem solitário, pois, privado de qualquer outro meio de desenvolvimento, lhe sobraria esse recurso apenas; ora, o homem solitário é tão mudo quanto os animais inferiores.

Poderíamos duvidar do valor decisivo do impulso à comunicação no início da história da linguagem se o que veio depois apontasse para uma independência em relação a ela. Ora, não se pode aceitar, numa explicação científica, um *Deus ex machina* que intervém num momento e que, em outro, se retira. Mas o fato é que a necessidade de comunicação é sempre a principal força determinante que faz com que o homem fale. É para que nos sejam transmitidos os conhecimento que aprendemos nossa língua, e é por meio da comunicação que a aprendemos. É ainda por meio da comunicação que nós renovamos as nossas ideias. É a necessidade de conservar esse meio que freia a mudança dialetal e é ela que, intencionalmente ou não, cada um reconhece como regra. Falamos o quanto possível para sermos compreendidos e não nos servimos de frases e de palavras que seriam inteligíveis apenas por nós mesmos.

Sendo assim, resolvemos virtualmente, na medida do possível, o problema da origem da linguagem. Descobrimos seus fundamentos e vimos a natureza de seu desenvolvimento. O ponto de partida foi o grito natural pelo qual os homens exprimem seus sentimentos e se entendem mutuamente; isto é, o ponto de partida da linguagem audível; pois não podemos afirmar que esse foi o único ou mesmo o principal meio de expressão primitivo dos homens. O gesto e a pantomima são tão naturais e tão inteligíveis quanto o grito e, no estado primitivo da linguagem, os meios visíveis podem ter prevalecido sobre os meios audíveis para a expressão da paixão durante muito tempo. Mas não é possível que a natureza, que deu a voz ao homem, não lhe tenha incitado a se servir dela.

Aqui, entretanto, se apresenta uma questão sobre a qual as opiniões mais recentes e mesmo aquelas que concordam com a nossa quanto à natureza da linguagem estão divididas. Qual foi positivamente a amplitude dessa base? E qual foi sua natureza? Teriam sido sons articulados, distintamente ligados a certas ideias? Teria existido um vocabulário natural restrito a um pequeno número de verdadeiras palavras ou raízes de mesma natureza que a linguagem em sua forma atual e que precisava apenas ser desenvolvida para formar essa linguagem? Há pessoas que respondem no sentido afirmativo e que defendem que a maneira correta de estudar concretamente o problema da origem da linguagem é estudar os gritos dos animais, sobretudo daqueles cuja organização se aproxima mais do homem, e procurar aí analogias com as raízes das línguas. Mas essa opinião vem da ideia de que não podemos nos desfazer da suposição de que existe um laço interno entre uma parte de nossas palavras e as ideias que elas representam e que poderíamos, talvez, descobri-lo. Se reconhecêssemos a verdade de que toda linguagem humana é, em cada um de seus elementos constituintes, puramente convencional, e que sempre o fora, até onde possamos remontar ao passado, que não se pode jamais provar que uma palavra tenha nascido em virtude de uma afinidade intrínseca com a ideia da qual ela é signo, seríamos levados a desconfiar de uma afirmação como essa. Incontestavelmente, essa hipótese não é necessária: as entonações que expressam os sentimentos, entonações cuja existência ninguém pode negar, porque elas são ainda, por um lado, importantes em nossos meios de expressão, podem perfeitamente ter servido de ponto de partida para a linguagem. A linguagem audível começou, diríamos, quando um grito de dor, movido pelo sofrimento, compreendido e sentido pela simpatia, foi repetido por imitação, não mais indistintamente, mas intencionalmente para significar *eu sofro*, *eu sofri* ou *eu sofrerei*; quando um grito de cólera, produzido, na origem, diretamente pela paixão, foi reproduzido, para significar reprovação ou ameaça; e assim por diante. Ao edifício que estava por vir, essa base era suficiente.

É preciso em seguida considerar, examinando esse ponto, que à medida que nos aproximamos da espécie humana a capacidade geral aumenta, mas os instintos específicos diminuem. É nos insetos que

encontramos essas artes maravilhosas que parecem os produtos aperfei-
çoados de uma inteligência limitada, mas cultivada; é nos pássaros que
vemos modos específicos de construção de ninhos e cantos quase artís-
ticos. O homem é capaz de aprender tudo, mas ele começa com quase
nada. Excetuando o ato de mamar, não vemos que ele nasça com algum instinto. Sua infância longa e desamparada, comparada com
aquela da galinha e do novilho que correm e procuram, ao nascer, sua
comida, é característica do modo como a natureza o tratou. A ideia de
que ele seja introduzido na vida social com todos os meios de comunicação já formados, sejam eles palavras ou gestos, não é plausível. É um
erro, proveniente do hábito, considerar a voz como o instrumento específico da linguagem; esta é um instrumento entre muitos outros.
Poderíamos procurar nos hábitos dos animais superiores a ideia primeira pela qual chegamos a nos vestir, a construir casas, a desenvolver
instrumentos. Vemos de forma bastante clara nisso aquilo que devia
ser a origem dos nossos hábitos. Nenhum animal, exceto o homem,
tenta se vestir, mas se ele o fizesse, isso nada significaria; pois há tribos
cujos homens nada vestem ou quase nada e ninguém negará que as
primeiras tentativas de se vestir não consistiram em fazer servir à decência ou à comodidade aquilo que a natureza coloca a nossa disposição. O mesmo se passou em relação aos primeiros abrigos: seria bastante interessante ver aqueles animais colocados no mais alto grau da
série mostrar a mesma espécie de aptidão que o homem para fazer trabalhar livremente e somente sob o império das circunstâncias, os recursos da natureza; mas é provável que ninguém nunca tenha imagi-
nado que o animal selvagem pudesse ter construído uma espécie de
abrigo particular (como o castor, o papa-figo, a abelha) e que daí teria
teriam vindo, sem *saltus* nem lacuna, as cabanas, os palácios e os tem-
plos das raças superiores. O mesmo se aplica aos instrumentos: as pedras e as clavas foram os primeiros a serem usados; mas somente por-

que a natureza os oferecia aos seres que ela havia dotado de uma inteligência suficiente para ver a vantagem que se poderia tirar disso.

Ora, só uma ideia errônea sobre a natureza da linguagem pode nos impedir de compreender que a analogia é perfeita entre esse instrumento e os outros, e que é inútil e em vão procurar para a linguagem a base imaginária dos signos articulados específicos, concordando de uma maneira necessária com as ideias humanas. Um estudo sobre os meios de comunicação dos animais inferiores e sua importância seria certamente interessante e instrutivo; mas o ponto principal é examinar até onde a entonação, o gesto, a atitude, o movimento, que concorrem de uma forma secundária e mediata para a expressão do sentimento, concordam com aquilo que vimos ser, no homem, o início da linguagem. Contudo, não devemos nos surpreender em ver frequentemente esses meios de comunicação empregados de forma restrita em função da incapacidade daqueles que os empregam de desenvolver seu uso; seriam esses os fenômenos verdadeiramente análogos ao fenômeno da linguagem humana, a ponte lançada sobre o *saltus* e que atemoriza algumas pessoas. Se a teoria darwiniana é verdadeira, e se o homem é proveniente de um animal inferior a ele, é preciso admitir que, ao menos as formas transitórias desapareceram, as espécies que as representavam podendo ter sido exterminadas por ele na luta pela sobrevivência. Se essas espécies pudessem renascer, veríamos que a forma transitória da linguagem não foi um pequeno estoque de signos articulados naturais, mas um sistema inferior de signos convencionais, do gênero da entonação, da pantomima e do gesto.

Entre esses três meios naturais de expressão, o gesto, a pantomima e a entonação, meios que ao longo da discussão foram mencionados a todo instante, é somente por um processo de seleção natural e porque o mais bem adaptado deve triunfar que a voz se tornou o mais preeminente, a tal ponto que demos à comunicação do pensamento o nome de linguagem (jogo da língua). Não existe laço misterioso entre o aparelho do pensamento e o aparelho da articulação. À exceção dos gritos e das entonações naturais produzidos pela emoção (e não articulados), os músculos da laringe e da boca não estão mais perto da alma que os dos movimentos voluntários, aos quais os gestos pertencem. Além do fato de que nada na linguagem, evidentemente, indica que esse laço existe, há um fato que prova positivamente o contrário: é a ausência de expressão vocal nos surdos, que possuem, como os outros homens, o aparelho da articulação, mas que, pela única razão de o nervo auditivo se encontrar paralisado, escapam do contágio da linguagem convencional. É cem vezes mais interessante estudar uma pessoa surda de nascença que todos os macacos e todos os animais chilreantes do mundo.

Aqui, a analogia entre o gesto e a linguagem é das mais instrutivas. Os braços, as mãos são instrumentos musculares movidos pelo mesmo pensamento que produz julgamentos e imagens. Entre inúmeras faculdades, o surdo de nascença tem aquela de produzir gestos infinitamente variados, transportados pelas vibrações do éter luminoso até o órgão sensitivo da visão nele e nos outros. Existe uma base natural de gesticulação instintiva que é suficiente para sugerir à inteligência humana todo um sistema de signos visíveis pela expressão voluntária do pensamento, sistema que é diariamente colocado em funcionamento por aqueles cuja surdez os priva dos outros meios de exprimi-lo. Do mesmo modo, a laringe e a boca são órgãos musculares que a vontade faz mover, como ela faz mover os braços e as mãos. Esses órgãos exercem outras funções além daquelas da articulação, e a entonação que produzem as cordas vocais não servem apenas para o discurso. Entretanto, além de muitas outras coisas, esses órgãos produzem uma infinita variedade de vibrações modificadas, transportadas pelas vibrações semelhantes do ar a um outro aparelho sensitivo, o ouvido, naquele que fala e naquele que escuta, e os sons assim transportados são suscetíveis de inúmeras combinações. Existe, portanto, também, uma base natural de expressão tônica, e isso foi, do mesmo modo, suficiente para sugerir à inteligência humana vários sistemas de signos audíveis para a expressão voluntária do pensamento, empregados uns ou outros pelos homens.

Não há nada aqui que exija a presença de um laço particular entre o pensamento e a fala. Pode-se dizer num sentido, é verdade, que a voz nos foi dada para falar, mas é como dizer que as mãos nos foram dadas para escrever. Os órgãos da articulação nos servem também para degustar, para respirar, para comer. É assim que o ferro nos foi dado para que pudéssemos fazer trilhos, o que significa que, entre as substâncias que a natureza apresenta aos homens para seu uso, o ferro é aquela que melhor se adapta a esse emprego. Era preciso apenas uma coisa: que os homens tivessem o tempo de perceberem para que eles se dedicassem a isso. Os homens aprenderam pela experiência que a voz é ainda, em suma, e por razões facilmente compreensíveis, o melhor meio de comunicação. O uso da voz exige pouco esforço muscular; as mãos, muito menos ágeis e feitas para trabalhos mais rudimentares, permanecem livres para agir ao mesmo tempo; a voz chama a atenção de um número maior de pessoas e, ainda, de pessoas mais afastadas; a linguagem articulada coloca em funcionamento apenas uma pequena parte dos recursos da voz e, entre todos os sons que ela pode produzir, doze ou quinze são suficientes para se falar uma língua. A seleção desses doze ou quinze sons não é determinada por razões etnológicas. Eles foram escolhidos acidentalmente, assim como as línguas foram feitas, sobretudo os sons abertos que são fáceis de produzir e se distinguem sem dificuldades uns dos outros.

Essas considerações determinantes fizeram da articulação vocal em toda parte o principal meio de expressão, e esse meio foi de tal modo desenvolvido que a entonação e o gesto se tornaram acessórios.

E quanto menor é a condição intelectual daquele que fala ou daquele a quem se fala, mais o gesto e a entonação se tornam, outra vez, partes importantes do discurso. É preciso que o homem seja altamente cultivado para que a palavra escrita e lida tenha para ele o mesmo valor que a palavra pronunciada e ouvida; para que a personalidade do escritor, seu pensamento, sua emoção se comuniquem com simpatia. E ainda, vimos no capítulo XII que há línguas (como o chinês, por exemplo) nas quais a entonação e as flexões da voz são empregadas de uma maneira secundária e convencional, para suprir a insuficiência das palavras.

Se concordarmos que a vontade de comunicação é a causa da produção da linguagem e que a voz é seu principal agente, não será difícil estabelecer outros pontos relativos ao primeiro período de sua história. Tudo o que se apresentava por si só como meio prático de se fazer entender era aproveitado imediatamente. Dissemos que a reprodução intencional dos gritos naturais, reprodução que tinha como objetivo exprimir alguma coisa análoga às sensações ou sentimentos que esses gritos haviam produzido, foi o começo da linguagem. Não se trata aí de articulação imitativa, de onomatopeia, mas isso conduz a ela e se aproxima de tal maneira que a distinção é aqui mais teórica do que real. A reprodução de um grito é, de fato, de natureza onomatopaica; ela serve para significar de forma secundária, aquilo que o grito significou diretamente. Tão logo os homens adquiriram a consciência da necessidade de comunicação, e se lançaram às primeiras tentativas, o domínio da imitação cresceu. Eis aí o corolário imediato do princípio que acabamos de estabelecer. A inteligência mútua sendo o objetivo, e os sons articulados, o meio, as coisas audíveis serão as primeiras a serem exprimidas; se o meio fosse outro, as primeiras coisas representadas teriam sido outras também. Ainda nos servindo de um velho, mas feliz exemplo, se quiséssemos expressar a ideia de um cachorro tendo como instrumento um pincel, traçaríamos o desenho do animal; se nosso instrumento fosse o gesto, imitaríamos algum de seus atos visíveis mais característicos, morder ou balançar o rabo; se nosso instrumento fosse a voz, diríamos *au-au*. Eis aí a explicação simples da importância que devemos atribuir à onomatopeia no primeiro período da linguagem. Não temos necessidade de recorrer, para explicá-la, a uma tendência especial do homem à imitação. Podemos certamente dizer que o homem é um animal imitador, mas não de um modo instintivo e mecânico. Ele é imitador porque ele é capaz de observar e de apreciar aquilo que ele vê nos outros animais ou na natureza e de reproduzi-lo se ele encontra alguma vantagem nisso, a diversão, o prazer, ou a comunicação. Ele é imitador como ele é artista, e a segunda dessas faculdades não é senão o desenvolvimento da primeira.

O domínio da imitação não se restringe aos sons da natureza, embora estes sejam os objetos de mais fácil reprodução. Podemos julgá-lo por meio de uma análise das palavras imitativas em todas as línguas conhecidas. Há meios de combinar os sons que trazem à mente a ideia do movimento rápido, lento, brusco, etc. pelo ouvido, da mesma forma que ela poderia ser trazida pela visão e sabemos muito bem que na época em que o homem utilizava, sobretudo, esse meio de expressão, ele devia se prender muito mais às analogias às quais ele queria dar forma do que hoje nós fazemos tendo em vista a abundância de expressões de que dispomos. Nossa opinião a respeito de questões como essa é extremamente sujeita ao erro, porque somos todos o produto do hábito e da cultura sendo muito difícil nos colocar no lugar dos homens que pensavam de forma espontânea. Mas poderemos pesquisar, meditar, especular sem perigo nessa direção se lembrarmos sempre que a inteligência mútua é o objetivo da linguagem e que tudo o que conduz à realização desse objetivo é um meio aceitável. Não correremos o risco, assim, de pender para o lado dessa doutrina absurda que é a significação natural e absoluta dos sons articulados, e a junção desses elementos uns aos outros, junção pela qual teríamos chegado a exprimir ideias complexas.

Há ainda um ponto ou dois ligados à teoria da origem iniciativa da linguagem e que pedem algumas palavras de explicação. Primeiramente, ela se baseia na descoberta de que a onomatopeia formou o elemento predominante da linguagem no primeiro período dos tempos históricos. Esse período está ainda muito distante da origem para que possamos concluir alguma coisa. O objetivo foi, inicialmente, encontrar meios de comunicação e, uma vez encontrados esses meios, quase não nos preocupamos com o modo como eles surgiram. Vimos inúmeras vezes que a tendência dominante no desenvolvimento da linguagem, tendência que existe ainda, é o esquecimento e a indiferença daqueles que falam em relação à origem das palavras que eles empregam. Eles sabem o que essas palavras significam e isso basta. Os mais sábios não poderiam contar a história senão de uma pequena parte de seu vocabulário e, ainda assim, esta seria uma história curta. Ora, os mais antigos dialetos não são menos convencionais que os mais novos. O selvagem não conhece mais que o homem civilizado as etimologias das palavras que ele emprega. Nada contribuiu mais para a descrença dos linguistas sérios na teoria da imitação do que a maneira pela qual se passou dos limites da verdadeira ciência para fazer remontar nossos vocabulários a reproduções mímicas. A teoria se fundamenta, sem dúvida, em parte, na presença de um elemento imitativo considerável no discurso e na adição contínua de novas palavras, feita por esse meio à linguagem ao longo da história; ela eleva a onomatopeia à categoria de *vera causa*, atestada por exemplos familiares (condição sem a qual nenhum causa poderia ser reconhecida como tal); mas ela se fundamenta também, e sobretudo, na necessidade, necessidade que diz respeito a toda a história da linguagem em suas relações com o pensamento do homem, o uso da fala e o valor desse uso. Eis aí o ponto de apoio do qual a teoria tem necessidade. Não teremos dado uma explicação científica da origem da linguagem se não associarmos essa origem ao primeiro período de seu desenvolvimento, e se não fizermos dele um todo homogêneo e sem ruptura.

Em segundo lugar, podemos achar, à primeira vista, que essa ruptura existe e perguntar por que não continuamos a produzir um grande número de palavras por meio da onomatopeia. Um instante de reflexão basta para mostrar que essa objeção não tem fundamentos. A onomatopeia serviu para fornecer palavras no começo, da maneira mais praticável. À medida que ficou mais fácil, através dessas primeiras palavras, fornecer outras, pela diferenciação e pelas novas aplicações dos signos já existentes, o método primitivo caiu comparativamente em desuso, e isso continuou até nossos dias, ainda que ela não tenha sido completamente abandonada.

Nossa teoria fornece uma solução satisfatória para uma dificuldade que exerceu influência em algumas mentes. Por que os germes da linguagem seriam o que chamamos de raízes, signos indicativos de coisas abstratas como as ações e as qualidades? Certamente, costuma-se dizer, os objetos concretos são aqueles que a mente apreende antes de qualquer outra coisa, e mais facilmente. Sem discutir filosoficamente essa questão, e nos limitando a observar que apreendemos apenas não os objetos em si, mas suas qualidades ou ações concretas, responderemos que a linguagem é um composto de signos e que as qualidades separadas dos objetos são aquelas suscetíveis de serem significadas. Para retornar ao nosso exemplo anterior, poderia haver um estado de espírito no qual teríamos a impressão concreta e vaga de um cachorro, suficiente para que se reconheça um cachorro parecido com aquele que já vimos, mas sem uma percepção distinta de cada um de seus atributos. Enquanto esse estado persistisse, toda produção de signo ou de nome seria impossível. É apenas quando se concebe claramente sua forma que se pode traçá-la por meio de uma pintura rudimentar, ou suas ações características, que se pode reproduzir a ação de morder, de balançar o rabo, de latir, por meio de imitação, e que se pode esperar produzir uma palavra cuja ideia será cachorro. O mesmo se aplica aos outros casos. A ação de comparar e de abstrair precede o signo; isso se passa em todo o curso da história da linguagem; o conceito, primeiramente, em seguida o ato de nomear. *Au-au* é o tipo, o exemplo normal de todo o gênero *raiz*. É um signo, uma sugestão que evoca na mente convenientemente preparada uma certa concepção ou série de concepções: o próprio animal, o ato de ouvi-lo, o tempo em que se ouviu e tudo o que se segue. Ele não significa uma dessas coisas separadamente, mas todas elas juntas. Não é um verbo, porque se fosse um verbo ele se ligaria à ideia de predicação; não é um nome; mas podemos empregá-lo tanto como nome quanto como verbo. O que ele significa, sobretudo, é a *ação de latir* e eis aí precisamente essa forma de abstração que atribuímos hoje às *raízes*. O mesmo acontece com as três maneiras de significar cachorro que mencionamos; somente a pintura tem um caráter mais concreto que as duas outras, sendo, em alguma medida, sua antítese. É um fato curioso e que mostra o quanto o caráter do signo depende do instrumento empregado, que os sistemas hieroglíficos para a representação do pensamento (que eram originalmente sistemas independentes subsistindo paralelamente à linguagem e que lhe foram úteis apenas mais tarde) começam pela representação dos objetos concretos e chegam secundariamente à designação dos atos e das qualidades. Em chinês, uma combinação hieroglífica da Lua e do Sol constitui o caractere que exprime *luz* e *brilho*. Na linguagem falada, os dois astros, ao contrário, podem ser designados pela palavra *brilhante* (cf. p. 46). Em egípcio, a figura de duas pernas em movimento significa *andar*, ao passo que em inglês, o *foot* (*pé*) foi assim nomeado porque ele é o *caminhador*.

Que por esse método chegamos a fazer um estoque de signos suscetíveis de serem desenvolvidos pelos processos observados ao longo do período histórico da linguagem, parece impossível negar racionalmente. Se isso é verdade, tal método não apenas não é contraditório com aquele em jogo no curso da ação humana rumo à linguagem, até onde esse curso é conhecido, mas concorda perfeitamente com ele; assim, podemos nos orgulhar de ter encontrado a solução dessa parte do problema que nos interessa aqui. Uma solução científica exige que se considere o homem como ele é, sem outros dons que os dons que ele possui, mas também com todas as suas faculdades, e que se examine se e como ele pode adquirir rudimentos de linguagem análogos àqueles que a análise histórica nos mostra ter sido os germes de desenvolvimentos subsequentes, mas para além dos quais o fio da história nos escapa. E como, se fosse necessário, o homem adquiriria hoje esses rudimentos de linguagem, assim ele pode e deve tê-los adquirido. Não se trata aí de um parte da ciência histórica da linguagem, mas seu corolário; é um assunto para o antropólogo que, também, é um linguista e que sabe o que a linguagem é para o homem e como ela é o que ela é. Aquele que conhece apenas os fatos das línguas e não sua origem não domina o seu assunto.

Sem dúvida, uma linguagem assim produzida só pode ser rudimentar e grosseira. Mas isso não impede que o antropólogo moderno aceite a teoria. Se negamos que o homem primitivo esteve desde o início de posse dos outros elementos da civilização, se pensamos que ele os fez sair gradualmente de começos medíocres criados por ele mesmo, não há razão para que, no que concerne à linguagem, elemento de civilização como qualquer outro, isso seja diferente. Mesmo nas línguas vivas, a diferença de gradação é grande, como em todas as partes da cultura humana. Pode-se exprimir em inglês uma infinidade de coisas que não se poderia dizer em fijiano ou em hotentote; e, certamente, podem-se exprimir muitas coisas em fijiano e em hotentote que não se poderia dizer na primeira linguagem dos homens. Pois temos na língua chinesa um brilhante e surpreendente exemplo do que se pode fazer em matéria de expressão acompanhada de todas as distinções que a mente exige, por meio de um pequeno número de raízes todas vazias, desprovidas de elemento formal. Essa língua nos mostra também como se pode construir frases com raízes, deixando à mente a cuidado de suprir a expressão das relações. O grego, o alemão e o inglês podem exprimir uma ideia numa frase de meia página, por meio de conjunções que ligam os membros da frase, os incidentes, à ideia principal, e esses membros e incidentes entre si. Trata-se aí de um recurso que somente as línguas altamente cultivadas e fortemente flexionais possuem. Muitas outras línguas não podem formar senão frases simples, porque elas não possuem, de fato, outros conectivos além do *e* e do *mas*, ainda que elas possuam um número razoável de elementos formais para construir uma frase com partes do discurso. Outras prescindem até mesmo dessas partes distintas; elas indicam apenas o fato ou a ideia de forma bruta cabendo à mente adivinhar as circunstâncias e completar o sentido das palavras; temos aí de um passo a mais que damos para trás em direção a uma condição da linguagem em que um ou dois sons formavam uma frase. Os homens, portanto, não começaram com partes do discurso que eles teriam em seguida aprendido a costurar; mas por articular sons tendo um sentido e sob os quais as partes dos discursos estavam escondidas em germe, uma palavra única era suficiente para contar todo um fato, toda uma história, como ainda acontece algumas vezes; diríamos apenas que se fazia então por indigência aquilo que se faz hoje por economia. Afirmar que o homem tenha falado durante o primeiro período da linguagem por meio de frases, como ouvimos hoje, isto é, por meio de combinações de sujeito, predicado, adjetivos, etc. é afirmar que suas primeiras habitações possuíam porões e andares, que suas primeiras vestes possuíam laços e botões, e seus primeiros instrumentos, cabos e parafusos. Essas condições nos quatro últimos casos não seriam possíveis senão por uma dádiva milagrosa feita no dia de seu nascimento, não a dádiva das faculdades, mas a dádiva dos resultados elaborados por essas faculdades, e aquela de uma educação já pronta. O mesmo se aplica à linguagem. Supor que o homem possuía inicialmente uma forma de expressão complexa é se aproximar da teoria da origem milagrosa da linguagem.

A palavra *milagrosa* mais do que a palavra *divina* foi cuidadosamente escolhida por nós para caracterizar a teoria em questão, porque ela é uma teoria puramente descritiva. Pode-se perfeitamente sustentar a opinião que lançamos nesse capítulo sem preconceito em relação à crença na origem divina da linguagem, pois somos todos livres para acreditar que as tendências que impulsionam o homem para a aquisição da linguagem existem nele por obra do Criador com um fim previsto e determinado. Se a linguagem fosse em si mesma um dom, uma faculdade, uma capacidade especial, poderíamos dizer igualmente que o homem a recebeu diretamente de Deus. Mas como ela é um produto, um resultado histórico, afirmar que ela tenha surgido toda pronta ao mesmo tempo que o homem, é afirmar um milagre. Uma tal doutrina não pode se produzir senão juntamente com a narrativa milagrosa da aparição do homem sobre a terra. Ao contrário, a doutrina da verdadeira natureza da linguagem como ela está estabelecida pela ciência linguística destrói completamente, ao menos em sua forma antiga, o dogma da origem divina da linguagem.

A faculdade humana que produz mais diretamente a linguagem é, como vimos, a de adaptar de forma inteligente os meios ao fim. Não se trata aí de uma faculdade simples; mas, ao contrário, uma faculdade bastante complexa e complicada; não cabe ao linguista, não mais que ao historiador, explicar os segredos da mente humana; essa tarefa pertence ao psicólogo. Todas as forças psíquicas que a linguagem supõe e que estão escondidas no fundo dessa faculdade de adaptar o meio ao fim são de seu domínio. Ele tem um trabalho particularmente interessante a realizar, o de descobrir os fundamentos do edifício e mostrar a base na qual repousa a linguagem, a sociedade, as artes plásticas, as artes mecânicas, etc. Depois, explicar como o poder criativo do homem se encontra em seguida enormemente aumentado pelos efeitos que ele produz. O auxílio do psicólogo é sempre precioso e ele o é, sobretudo, para o estudo da linguagem; pois a linguagem é mais do que todo o resto o corpo do pensamento. É porque a linguagem é a encarnação, a revelação direta dos atos da alma que se passou a olhar a ciência linguística como um ramo da psicologia e que se quis lhe aplicar os métodos dos estudos psicológicos. Trata-se aí de um erro suficientemente refutado por nossa exposição da natureza e da história da linguagem, de modo que não acreditamos ser necessário nos estender nesse ponto. A linguagem é simplesmente o produto e o instrumento mais direto e mais completo das faculdades íntimas do homem. Ela é o meio que o conhecimento usa para se exteriorizar tanto em relação a si mesmo, como em relação aos outros.

As relações imediatas da linguagem com o pensamento fizeram surgir esse erro mais grosseiro de identificar a fala com o pensamento e a razão. Nossa exposição basta igualmente para refutá-lo. Apenas uma compreensão torta da natureza da linguagem pode nos conduzir ao erro nesse ponto. É verdade que a palavra razão é empregada de uma maneira tão vaga e com acepções tão variadas que um cérebro pouco lúcido e um argumentador pouco exato se enganariam; mas aquele que se dispôs a esclarecer seus semelhantes sobre tais questões não pode se enganar em relação aos princípios fundamentais. A linguagem é, em suma, a manifestação mais evidente das altas faculdades do homem, a que influi mais sobre as outras e é esse conjunto de faculdades superiores que se chama, de forma vaga, a razão. Eis aí todo o fundamento dessa identidade pretendida. Há muitas faculdades que concorrem para a produção da linguagem e que possuem diversos modos de manifestação. Tomemos o ser humano mais normalmente dotado e fechemos o curso de uma só classe de impressões sensitivas, o ouvido, e ele não falará nunca. Se a linguagem fosse a mesma coisa que a razão, seria preciso definir esta como uma função do nervo auditivo.

Cabe ao psicólogo decidir se, entre as faculdades que concorrem para a produção da linguagem, existe alguma que não pertença, de um modo e de outro, a uma espécie animal. Tudo o que se pode dizer é que até agora esse ponto não foi provado e que não é necessário que ele o seja: a diferença de grau entre as faculdades do homem e aquelas do animal basta perfeitamente para explicar que um seja capaz e o outro incapaz de linguagem. Um maior poder de comparação, uma percepção mais geral das semelhanças e das diferenças e, consequentemente, a faculdade superior de abstrair ou de considerar as diferenças e as semelhanças características, como atributos dos objetos comparados; acima de tudo, o conhecimento de si mesmo, a faculdade de se contemplar, de se ver agir e sentir, tais são, ao que parece, os traços distintivos da superioridade humana. É um injustiça extrema negar que certos animais não estejam muito perto de possuírem a soma das faculdades necessárias à produção da linguagem. Na resultante que chamamos sua *inteligência*, vemos que existe o poder de associar ideias a signos, signos que nós criamos para eles, e pelos quais nós os guiamos e os governamos; o limite está aqui: o animal compreende o signo, mas não é capaz de criá-lo. Há um longo intervalo entre suas faculdades e as nossas e que não pode ser vencido; e é uma covardia procurar aumentar esse intervalo e enchê-lo de barreiras, com medo de ver comprometida a supremacia humana.

Há ainda um corolário importante para nossa doutrina da linguagem, como elemento constituinte da civilização humana. Sua produção não tem nada a ver, enquanto causa, com a evolução do homem saindo de uma espécie inferior. A linguagem toma o homem tal como ele é e o eleva do estado selvagem à perfeição que ele é suscetível de atingir; ele tem apenas que levar em conta essa mudança limitada proveniente dos efeitos da hereditariedade comum: o filho do homem cultivado é mais passível de instrução que o filho do homem selvagem; a cultura nasce da cultura e se um povo bárbaro é subitamente colocado diante de instituições civilizadas, essas instituições são degradadas por ele. O poder do intelecto, a atividade do aparelho cerebral, é desenvolvida pela fala; mas o homem a quem a fala é recusada não está, por essa razão, separado do homem que a possui, por uma diferença parecida com aquela que separa uma espécie animal de outra. Para o zoologista, o homem era, quando ele começou a falar, o que ele é hoje; é só para o historiador que não há coincidência entre o ponto de partida e o ponto de chegada. "O homem não poderia se tornar homem senão pela linguagem; mas, para possuir a linguagem, era preciso que ele já fosse homem" é um desses provérbios órficos que, considerados enquanto tal, enquanto expressões poéticas cuja fisionomia paradoxal suscita atenção e reflexão naqueles que os escutam, são verdadeiramente admiráveis; mas fazer deles a pedra de toque e o fundamento de uma doutrina científica seria completamente ridículo. É como se disséssemos: "um porco não é um porco se ele não for engordado, mas para que ele seja engordado é preciso que ele seja um porco". O jogo de palavra no aforismo acima repousa na dupla significação da palavra *homem*; interpretado convenientemente, ele significa o seguinte: "O homem não poderia se elevar do que ele é por natureza àquilo que ele estava destinado a ser sem o auxílio da fala; mas ele jamais teria produzido a fala se ele não fosse dotado desde a origem dessas faculdades que ele possui e que o tornam homem". Eis aí precisamente nossa doutrina.

Dissemos que o linguista é incapaz de fazer sequer uma conjectura plausível sobre quando os primeiros germes da linguagem apareceram, e sobre a duração dos períodos consagrados ao seu desenvolvimento. As opiniões diferem bastante nesse ponto e não poderiam, neste momento, ser objeto de consenso, pois não há critérios para julgá-las. Tudo o que vemos desde o começo do período histórico nos faz crer que o progresso foi lento; quanto a saber qual foi esse grau de lentidão, isto é pouco importante, e essa investigação pode ser deixada à ciência de amanhã, se é que ela chegará lá; mas aquilo que devemos evitar é imaginar que a produção da linguagem foi uma tarefa na qual os homens se engajaram, à qual eles dedicaram sua atenção, que absorveu uma parte de sua energia nervosa e os impediu de trabalhar em outra direção. A formação das línguas é puramente um incidente da vida social e do desenvolvimento da civilização. Cada passo feito nessa direção é determinado por uma causa eventual, que é a geradora do ato de nomear. É igualmente falso pensar que os homens fizeram estoque de palavras para seu uso e para o uso dos seus descendentes, o que seria supor que eles fizeram estoque de juízos e ideias, para que seus sucessores revestissem de palavras essas ideias e esses juízos. Em cada um desses períodos, a humanidade encontra unicamente aquilo que ela necessita. Uma geração ou uma época pode, é verdade, ao dar corpo favoravelmente a uma distinção particularmente fecunda, imprimir uma impulsão mais forte no progresso da linguagem e lançar os fundamentos de uma nova porção do edifício; foi assim, por exemplo, quando os primeiros indo-europeus introduziram em sua língua (como vimos mais acima) uma forma predicativa especial, um verbo; esse fato é análogo a essas felizes invenções ou descobertas (a manipulação do ferro, a domesticação dos animais, por exemplo) que abriram um novo caminho à história de uma raça, fazendo-a entrar lá onde, ao que parece, qualquer outra raça poderia ter igualmente entrado; temos o hábito de chamar esses eventos de acidentais, e essa palavra é bastante justa se considerarmos que eles são o produto de forças e de circunstâncias tão numerosas, tão indetermináveis que não poderíamos, de antemão, prever seu resultado; mas, seja ela lenta ou rápida, o fato é que a formação da linguagem é contínua. O progresso pode ser acelerado ou diminuído pelas circunstâncias e pelos hábitos de uma sociedade, mas ele não para nunca; e em nenhum período da história, a linguagem seguiu sua marcha diferentemente de como ela segue atualmente.

O nome que podemos dar ao progresso da linguagem é pouco importante. Seria ele invenção, fabricação, conselho, produção, geração? Cada um desses termos tem seus prós e contras. Pouco importa, desde que compreendamos a coisa tal como ela é; não nos preocupamos muito com a fraseologia que se empregará para caracterizá-lo. Podemos, de forma bastante conveniente, comparar uma palavra a uma invenção; ela tem seu lugar, seu tempo, seu modo, suas circunstâncias; houve preparação nos fatos e nos hábitos anteriores de linguagem; ela é convocada para exercer uma influência no desenvolvimento futuro de uma língua; tudo isso faz com que se possa dizer que toda palavra é uma invenção. Mas o conjunto da linguagem é uma instituição, uma obra coletiva da qual participaram milhares de gerações e milhares de operários.

XV
A ciência da linguagem: conclusão

Caráter do estudo da linguagem; sua analogia com as ciências físicas. • Métodos históricos desse estudo; a etimologia; regras para o sucesso de sua realização. • Filologia comparada e ciência linguística. • História do estudo científico da linguagem.

Nossa conclusão a respeito do estudo da linguagem deve ser breve e servir de corolário ao que já dissemos. Para o leitor que aceita nossa doutrina tal como a expusemos, o resto é evidente. Para aquele que a rejeita, é o momento de argumentar.

Primeiramente, se o estudo da linguagem é ou não ciência, isso é de um interesse secundário. Esse estudo tem seu caráter, sua esfera, sua importância do ponto de vista dos outros departamentos do conhecimento geral. Que algumas pessoas deem ao nome ciência uma definição que é inaplicável à linguística, eis aí algo que, para nós, não tem grande importância.

O que importa ao linguista é não deturpar a natureza de seu estudo e não deixar que seu terreno seja movediço, como poderia acontecer se o entendêssemos como ciência física ou ciência natural, numa época em que esses tipos de ciências enchem o homem de estupor tendo em vista suas maravilhosas descobertas e concedem quase exclusivamente a elas próprias o nome de ciências. Essa diferença de opinião entre os linguistas sobre a questão de saber se o estudo da linguagem é um ramo da física ou da história é um sinal que nos mostra que o estudo da linguagem está em período de formação. O conflito está quase resolvido agora: certamente é tempo de as falsas opiniões sobre a natureza da linguagem e, consequentemente, sobre a natureza do estudo da linguagem voltarem à escola. Toda matéria cujas circunstâncias, hábitos e atos dos homens constituem um elemento predominante só pode pertencer a uma ciência histórica ou moral. Nunca uma só palavra em nenhuma língua foi pronunciada sem a intervenção da vontade humana. Essa mesma vontade agiu em todos os desenvolvimentos e mudanças da linguagem em virtude de preferências fundadas nas necessidades ou na comodidade do homem. Somente um equívoco radical sobre a natureza desses fenômenos, uma perversão de sua analogia com as ciências naturais poderiam fazer figurar a ciência linguística entre as ciências físicas.

Essas analogias são impressionantes e as empregamos com frequência em comparações instrutivas. Não há ramo da história que se aproxime tanto das ciências naturais quanto a linguística; que lide com tantos fatos separados e suscetíveis de serem combinados de tantas e tantas maneiras. Uma aglomeração de sons chegando a formar uma palavra é uma entidade objetiva quase tanto quanto um pólipo ou um fóssil. Podemos colocá-la sobre uma folha de papel, como uma planta num herbário, para examiná-la à vontade. Embora ela seja o produto da ação voluntária, não é algo artificial; a vontade humana constitui apenas uma pequena parte de sua essência. Buscamos aí as circunstâncias que determinaram essa vontade sem que o homem tenha tido consciência dela; vemos numa palavra uma parte de um sistema, um anel de uma cadeia histórica, um termo de uma série, um signo de capacidade, de cultura, um laço etnológico. Assim, um pedaço de sílex talhado, um desenho grosseiro de algum animal, um ornamento, é um produto da intenção, mas o vemos, independentemente dessa circunstância, como um puro registro histórico, como um fato tão objetivamente real quanto um osso fóssil ou uma pegada. Os materiais da arqueologia são ainda mais físicos que os da linguística e nem por isso se pensou em algum instante considerar a arqueologia como uma ciência natural.

Como a linguística é uma ciência histórica, suas provas e seus métodos são igualmente históricos. Eles não são demonstrados de modo absoluto; e eles se compõem de probabilidades como os fatos dos demais ramos da história. Não há aí regras para a aplicação estrita e cuja infalibilidade dos resultados seja absoluta. Não existe nenhum meio que dispense a pesquisa de ir procurar em todos os testemunhos, de dispô-los, de compará-los e julgá-los quando estes forem contraditórios. É preciso saber tirar conclusões, mas com cautela, sem ir longe demais; é preciso, também, saber ser prudente e não concluir tanto nessa parte como nas demais partes da investigação histórica.

O procedimento da pesquisa linguística repousa no estudo das etimologias, e na história individual das palavras e de seus elementos. Das palavras, passa-se às classes de palavras e, depois, às partes do discurso; em seguida, às línguas como um todo. É, portanto, da exatidão das pesquisas etimológicas que depende o sucesso geral, e o aperfeiçoamento do método aplicado a esse estudo distingue o linguista moderno dos seus predecessores. Os linguistas de outrora tinham o mesmo ponto de partida: a semelhança ou analogia de forma ou de sentido que se pode identificar entre as palavras; mas seu trabalho era irremediavelmente superficial; era guiado por similitudes que não existiam senão na superfície; o lingüista não levava em conta a diversidade essencial, escondida sob essas semelhanças aparentes e fazia como o naturalista que comparava e colocava junto as folhas verdes, o papel verde, as asas verdes dos insetos e os minerais verdes. Ele não prestava atenção nas fontes de onde eram provenientes esses materiais; em uma palavra, ele não dominava seu assunto o bastante para que pudesse desenvolver um método. Um conhecimento mais amplo dos fatos e, consequentemente, uma percepção mais clara de suas relações mudariam tudo isso. Sobretudo a separação das línguas em famílias com divisões e subdivisões, sem parentesco, com parentesco, graus de parentesco causaria uma revolução, ao estabelecer um critério para julgar o valor das analogias aparentes. Compreendeu-se que lá onde havia parentesco entre duas línguas a semelhança entre duas palavras constituía uma probabilidade em favor de sua identidade etimológica; que lá onde não havia parentesco, a probabilidade ia em sentido contrário, e que para ser bem-sucedido em seus esforços, o pesquisador de analogias de palavras devia ser guiado pelas afinidades demonstradas das línguas entre si. Enquanto essas afinidades não forem estabelecidas, as comparações não serão senão meras tentativas hesitantes feitas com prudência em todas as direções e cujos resultados não devem ser exagerados. Mas quando chegamos a constituir uma família como a família indo-europeia, com seus ramos, seus sub-ramos e seus dialetos, todos reconhecidos sobre um vasto conjunto de testemunhos e somente depois de um exame aprofundado; a ver ao lado dela uma família como a família citissa; e ao dela, ainda, uma outra família como a família semítica; então, há lugar para subordinar a comparação de detalhes entre os ramos à comparação dos ramos e das famílias entre si. Sem dúvida, a questão de saber se todas as famílias não guardam, em última instância, um parentesco permanece aberta; mas ela é, como vimos nos capítulos anteriores, extremamente difícil de ser resolvida e não é senão quando tivermos compreendido a fundo a estrutura de cada família poderemos atribuir algum valor às semelhanças aparentes de palavras que podem ser identificadas. Não basta que o trabalho tenha sido feito sobre um ponto e que tenhamos analisado a estrutura de uma família. É preciso que tenhamos submetido à análise completa cada um dos termos da comparação para que o assunto possa ser considerado como comensurável.

Enfim, há duas regras fundamentais que não podemos jamais deixar de levar em conta no estudo comparado das línguas: 1ª considerar as classificações genéticas estabelecidas; 2ª dominar completamente as duas línguas que se pretende comparar. Por não segui-las, volumes repletos de escombros linguísticos desordenados e de conclusões vagas e falsas a partir de premissas insuficientes são publicados todos os dias. Mas se adotarmos essas duas regras, não haverá limites para o progresso do estudo comparado e para os resultados que ele pode produzir. Já observamos que nenhum fato da língua poderia ser compreendido se não os colocássemos junto de um fato análogo; certamente, enquanto ele permanecer num canto do mundo inexplorado pela ciência, algumas das opiniões que nós professamos hoje com confiança poderão ser revistas.

O estudo comparado, na verdade, não pertence mais ao estudo da linguagem que a qualquer outro ramo da ciência moderna; mas ele marcou suficientemente o novo movimento científico, no começo do século, para que o nome de *filologia comparada* se tornasse, como no passado aquele de *anatomia comparada* e, depois, de *mitologia comparada*, popular entre os contemporâneos. Essa terminologia é bastante exata, tão logo se trate de colecionar os elementos e escolhê-los, a fim de determinar as relações existentes entre as línguas e de penetrar os segredos de sua estrutura e de seu desenvolvimento; mas se torna insuficiente se a aplicarmos a toda a ciência linguística, à *glotologia*. A filologia comparada e a ciência linguística são os dois lados de um mesmo estudo. A primeira abarca, primeiramente, os fatos isolados de um certo conjunto de línguas, os classifica, indica suas relações e chega às conclusões que essas relações sugerem. A segunda faz das leis e dos princípios gerais da linguagem seu principal objeto, e não faz uso dos fatos senão como apoio. Uma é a fase do labor, a outra a fase da crítica e do ensino dogmático; uma semeia, a outra colhe; uma é mais importante como educação científica, a outra, como elemento de cultura geral. Mas é inútil estabelecer entre esses dois ramos de uma mesma ciência uma questão de preeminência, pois ambas são igualmente indispensáveis ao linguista sério.

Entretanto, essas duas partes de um mesmo estudo diferem o suficiente para que o se possa se sobressair em uma e não em outra. A filologia comparada é repleta de uma infinidade de detalhes, como são a química ou a zoologia e sabemos que podemos ser um admirável manipulador sem ser versado nas grandes generalizações da química; ou ser habilidoso na anatomia comparada sem ter, para tal, noções exatas em biologia. Poderíamos apresentar como provas homens de nosso tempo que gozam de uma alta reputação como mestres da filologia comparada, mas que, ao tentar refletir sobre as grandes verdades da linguística, cometem erros grosseiros e absurdos e, mesmo sobre pontos secundários, revelam uma completa ausência de teorias plausíveis. O trabalho de comparação foi feito e continua sendo feito em grande escala e com resultados valiosos; mas a ciência da linguagem propriamente dita está na infância e seus princípios são o assunto de uma grande diversidade de opiniões e de grandes controvérsias. Já não é sem tempo que esse estado de coisas, tolerável no começo de uma ciência, cesse e que em linguística, como nas outras ciências de observação e de dedução – por exemplo, a química, a zoologia, a geologia – haja um corpo não apenas de fatos reconhecidos, mas de verdades estabelecidas que se impõe a todo aquele que se pretende pesquisador.

Fazer aqui a história da ciência linguística não nos parece necessário. O espaço é insuficiente e, além disso, este é um assunto que merece ser tratado separadamente como já foi feito[5]. Os começos da ciência remontam aos primeiros olhares que lançaram os homens sobre os fatos que se passavam neles mesmos e fora deles mesmos. Os germes de todas as doutrinas modernas importantes se encontram nas reflexões dos filósofos gregos, por exemplo, mas de forma confusa e misturados a muitas concepções falsas. Eles não conheciam senão sua própria língua e não podiam, consequentemente, chegar às verdadeiras generalizações. No grande movimento do último século, a ciência linguística não poderia deixar de participar da renovação que experimentaram todas as outras ciências. O impulso lhe foi dado pelas especulações e pelas deduções de homens como Leibniz e Herder, pelas classificações de línguas feitas na Rússia, sob o reinado de Catarina, por Adelung e Vater, etc. pela introdução do sânscrito na ciência da Europa pelo fato de Jones e Colebrooke terem compreendido suas relações com as línguas europeias e assinalado a importância dessas relações. Está aí a causa decisiva do rápido sucesso dos estudos linguísticos. Os fatos acumulados, mas confusos, se arrumaram por si só e sobre a base da filologia indo-europeia se ergueu o edifício da filologia comparada. Friedrich Schlegel foi um dos precursores dessa ciência e Franz Bopp foi o fundador. Ao mesmo tempo em que a grande gramática comparada das línguas indo-europeias de Bopp foi publicada, Grimm publica sua

---

5. A principais autoridades são: LERSCH, L. *Sprachphilosophie der Alten* (1840). • STEINTHAL, H. *Geschichte der Sprachwissenschaft bei den Griechen und Römern* (1862-1863). • BENFEY, T. *Geschichte der Sprachwissenschaft und orientalischen Philologie in Deutschland* (1869). Dr. J. Jolly acrescentou um esboço do assunto a dois capítulos da sua tradução para o alemão de *Language and the study of language*, do mesmo autor deste livro; e encontramos muitos detalhes interessantes sobre a matéria em *Conférences sur la science du langage*, de Max Müller, primeiras séries.

gramática comparada das línguas do ramo germânico, duas obras-primas que elevaram a linguística à categoria de ciência.

Observa-se que quase todos esses nomes são alemães; é que, de fato, à Alemanha pertence quase toda a glória de ter criado a filologia comparada; os outros países contribuíram apenas de forma secundária. Entre os contemporâneos alemães, os nomes de George Curtius, Pott, Benfey, Schleicher, Kuhn, Leo Meyer, são os mais evidentes; mas esses estudiosos têm seus compatriotas, igualmente eminentes, e tão numerosos que a lista ficaria demasiado longa se fôssemos nomear todos. Fora da Alemanha, há Rask, na Dinamarca, Burnouf, na França, Ascoli, na Itália que têm o direito de serem colocados ao lado dos grandes mestres alemães.

Mas ao passo que a Alemanha é a escola da filologia comparada, os estudiosos desse país foram muito menos distintos naquilo que chamamos de a ciência da linguagem. Há neles (assim como alhures) uma tal discordância de opiniões sobre pontos da mais fundamental importância, uma tal incerteza de doutrina, uma tal indiferença nesse ponto, uma tal inconsequência, que se pode dizer que a ciência da linguagem ainda não assistiu, entre eles, ao seu nascimento. Acostumados como estamos a olhar para a Alemanha para nos guiar em todas as matérias linguísticas, apenas acreditaremos que há no mundo uma ciência da linguagem quando esse país possuir uma. Entretanto, considerando os avanços, de um lado, da filologia e, de outro, da antropologia, o período de caos não vai durar por muito tempo; se começarmos a aprender a conhecer os fatos da vida e do desenvolvimento da linguagem que estão mais ao nosso alcance, chegaremos a doutrinas coordenadas e sensatas sobre a natureza, a origem e a história da mais antiga e mais preciosa das instituições humanas.

CULTURAL

Administração
Antropologia
Biografias
Comunicação
Dinâmicas e Jogos
Ecologia e Meio-Ambiente
Educação e Pedagogia
Filosofia
História
Letras e Literatura
Obras de referência
Política
Psicologia
Saúde e Nutrição
Serviço Social e Trabalho
Sociologia

CATEQUÉTICO PASTORAL

Catequese
Geral
Crisma
Primeira Eucaristia

Pastoral
Geral
Sacramental
Familiar
Social
Ensino Religioso Escolar

TEOLÓGICO ESPIRITUAL

Biografias
Devocionários
Espiritualidade e Mística
Espiritualidade Mariana
Franciscanismo
Autoconhecimento
Liturgia
Obras de referência
Sagrada Escritura e Livros Apócrifos

Teologia
Bíblica
Histórica
Prática
Sistemática

REVISTAS

Concilium
Estudos Bíblicos
Grande Sinal
REB (Revista Eclesiástica Brasileira)
RIBLA (Revista de Interpretação Bíblica Latino-Americana)
SEDOC (Serviço de Documentação)

VOZES NOBILIS

O novo segmento de publicações da Editora Vozes.

PRODUTOS SAZONAIS

Folhinha do Sagrado Coração de Jesus
Calendário de Mesa do Sagrado Coração de Jesus
Almanaque Santo Antônio
Agendinha
Diário Vozes
Meditações para o dia-a-dia
Guia do Dizimista

CADASTRE-SE
www.vozes.com.br

EDITORA VOZES LTDA.
Rua Frei Luís, 100 – Centro – Cep 25.689-900 – Petrópolis, RJ – Tel.: (24) 2233-9000 – Fax: (24) 2231-4676 –
E-mail: vendas@vozes.com.br

UNIDADES NO BRASIL: Aparecida, SP – Belo Horizonte, MG – Boa Vista, RR – Brasília, DF – Campinas, SP –
Campos dos Goytacazes, RJ – Cuiabá, MT – Curitiba, PR – Florianópolis, SC – Fortaleza, CE – Goiânia, GO –
Juiz de Fora, MG – Londrina, PR – Manaus, AM – Natal, RN – Petrópolis, RJ – Porto Alegre, RS – Recife, PE –
Rio de Janeiro, RJ – Salvador, BA – São Luís, MA – São Paulo, SP
UNIDADE NO EXTERIOR: Lisboa – Portugal